中学语文

教学

金牌全解

韩延明 ◎ 著

光明日报出版社

图书在版编目（CIP）数据

中学语文教学金牌全解 / 韩延明著. --北京：光明日报出版社，2016.9（2021.8 重印）
ISBN 978-7-5194-2000-0

Ⅰ.①中… Ⅱ.①韩… Ⅲ.①中学语文课—教学研究—文集 Ⅳ.①G633.302-53

中国版本图书馆 CIP 数据核字（2016）第 230688 号

中学语文教学金牌全解
ZHONGXUE YUWEN JIAOXUE JINPAI QUANJIE

著　　者：韩延明	
责任编辑：曹美娜	责任校对：赵鸣鸣
封面设计：范晓辉	责任印制：曹　诤

出版发行：光明日报出版社
地　　址：北京市西城区永安路 106 号，100050
电　　话：010-63169890（咨询），010-63131930（邮购）
传　　真：010-63131930
网　　址：http://book.gmw.cn
E-mail：gmcbs@gmw.cn
法律顾问：北京德恒律师事务所龚柳方律师

印　　刷：三河市华东印刷有限公司
装　　订：三河市华东印刷有限公司

本书如有破损、缺页、装订错误，请与本社联系调换

开　　本：170mm×240mm
字　　数：392 千字　　　　　　　　印　张：22
版　　次：2016 年 9 月第 1 版　　　　印　次：2021 年 8 月第 2 次印刷
书　　号：ISBN 978-7-5194-2000-0
定　　价：69.00 元

版权所有　　翻印必究

陈忠实为商南高中七十年校庆题词

七十年育桃李遍布神州新世纪创辉煌薪火相传

热烈祝贺陕西商南县高级中学七十华诞

原下 陈忠实

序　言

　　地处商山南麓的韩延明老师筹划出版一本关于语文教学的文集,并经朋友介绍托我作序。由于近来身体欠佳,况且我从未为这样的文论作序,也不认识这位老师,还真不上心。但朋友提醒说:"陈老师还记得吗?您曾经为商南县高级中学题过字,这位老师就是那所学校的。"想起来了,那是2011年,商南县高级中学七十年校庆,该校请我题词。因为商南高中是陕西省示范性高中,三秦名校,我就答应了。

　　得知韩延明老师就职于这所名校,是资深语文教师,我带着一丝好奇心随手翻了翻目录和文稿,顿时眼前一亮。一是文稿的确与众不同,单看标题就很有磁性,很吸人眼球;二是这些文稿勾起了我对自己50多年前难忘的6年教学生涯的回忆,激活了我对教育的情结,觉得特别亲切;三是一个大山深处的普通教师能在那样艰苦的条件下孜孜不倦,笔耕不辍,获得如此有分量有价值的成果,实在难能可贵。于是欣然命笔,草成此文,是为序。

　　这本文集收录的57篇文论,犹如海边五彩斑斓的贝壳,熠熠闪光,是当之无愧浓缩的精华。文稿涉及面很广,形式不尽相同,内容异彩纷呈。阅读这本文集,犹如走进神奇的百花园,令人眼花缭乱,目不暇接。文集特点鲜明:一是方便实用。每篇文论都针对语文考试而来,无论是知识讲解还是方法点拨,无论是理论阐释还是实战演练,都紧扣命题趋势和学生实际,可以视之为一部多功能应试"宝典"。二是精到全面。语文学科的考试内容特别是高考题型中的阅读与写作,在文集中都有大量精到的分析讲解,堪称语文教学的"百宝箱"。三是新颖独特。其新颖性主要表现在观点新、选材新、构思新、形式新。文论选用最新的范例,以独特的视觉,阐释自己独到的见解,给读者带来一种全新的感受。四是理、例兼容。既有宏观上的理论剖析,又有微观上的运用指导,二者水乳交融,相得益彰。

　　翻阅文集,在惊叹作者勤奋与睿智的同时,也让人感慨良多。在当下这个浮躁的社会，有几人能静下心来搞点研究？一位教育家说："教而不研则浅，研而不教则枯。"一个教师，没有自己的理论思想，没有自己的研究成果，就像一个作家没有被世人公认的重磅作品，要想出成绩，无异于蜀道登天；要想成为名师大家，只怕是痴人说梦。当然，任何成果的取得都不是轻而易举的，教研之路与文学创作一样，也必定是一条布满坎坷与荆棘的艰辛之路。但无论怎样，请牢记汪国真的那句话："既然选择了远方，便只顾风雨兼程。"

　　非常欣喜的是，在陕西商洛这块具有浓厚文化氛围的教育园地里，盛开了一朵耀眼的奇葩。《中学语文教学金牌全解》这本智慧的结晶，不仅总结了过去的教学研究成果，给人们提供了教学、考试便捷、规范的蓝本，更带给人们深深的思考。著名教育家魏书生曾经说过："只教不研，行而不远。"教学研究不只是少数人的专利。前路已经有了航标，全体教育工作者应该见贤思齐，用智慧和汗水，去谱写精彩的华章。我们相信，教研之风形成之时，就是三秦大地教育质量突飞猛进之日。我们期待着这一天的到来！

2015 年 10 月

学海遇迷津　愿为引渡人(代序)

陕西省商南县高级中学校长　白涛

书稿在案,墨香盈室,一气读之,感慨万千。韩延明老师毅力之顽强、恒心之持久、治学之精微令人叹服。在基础教育研究不被看好的今天,能有这样一位孜孜求道者,于教学之余,笔耕不辍,洋洋洒洒,著成1200余篇300多万字的教学论文,的确难能可贵。尽管这里选录的只是其中极少的一部分(约二十分之一),但浓缩的是精华,诚如见过壶口瀑布,不难想象黄河的磅礴;到过三峡大坝,便能感受到长江的浩瀚一样,透过这些文字,我们能感受到韩延明老师在语文教学研究中所付出的艰辛和汗水。

韩延明,1962年生于陕西省商南县湘河镇莲花台村,这里山高水丰,滔滔丹江穿境而过。山,赋予了他敦厚仁爱、虚怀若谷的人格;水,赋予了他睿智灵秀、自强不息的品行。他自小热爱学习,成绩优异。1978年夏天,在刚刚恢复高考、招生计划特别少的情况下,他考入商洛师范学校。毕业后,分配到湘河中学任教,开始了他"传道受业解惑"的职业生涯。面对一双双渴求知识、希望通过知识改变命运的眼睛,他决心做一名迷津引渡人。他曾教学初中数学,发现应用题是学生的短板,得分率普遍较低,而得分低的原因在于读不懂题意。于是,他撰写了《数学应用题五"读"教学法》一文,在《商南教研》上发表,得到了专家和同仁的充分肯定。从此,他一发而不可收。学生的难点、疑点,就是他的触发点、思考点、研究点。由于教学成绩突出,2003年被调入商南县高级中学任教。新的岗位、新的教学任务在向他挑战。他深知,要给学生一碗水,自己就应当像涌泉。于是,他进修完本科汉语言文学专业,直至取得西北大学研究生学历。这是怎样的一种艰难攀登!同时,他时刻不忘迷津领渡人的初衷。阿基米德说过:"给我一个支点,我就能撬起地球。"韩延明老师则说:"既然给了我高中语文教学的支点,我就要撬起高考这座大山。"于是,他息交绝游,远离牌桌、饭局等一切娱乐场所,钻研《大纲》,深挖教材,探寻教法,凡《考纲》涉及的考点,无不潜心研究。天道酬勤,韩延明老师的努力终于获得了回报:他先后获得"全国教科研先进个人"、陕西省教育科研型名师、高考作文研究专家、《考试指南报》特约撰稿人、《优秀作文选评》总顾问、《疯狂作文》超级教练等数十项荣誉和职务。

综观该书,大体呈以下三个特点:一是实用性强。语文,是高考的重头戏,也是制约尖子生的瓶颈学科。尤其令学生头痛的是作文。而这,恰恰是他研究的重点。从材料作文的命题、立意、结构布局,到材料的运用、语言表达、遣词造句,每一个细节都有精到的见解。例如,《眉目传情,顾盼生辉》系统讲述了高考作文拟写标题的方法;《有米之炊,仍需巧为》解决了如何使用材料的问题;《人美身段秀,文美好结构》强调了结构布局的重要作用;《语言巧包装,妙手著华章》阐释了好的语言表达在"夺眼球"方面的特殊作用;《高考满分作文是怎样"炼"成的?》则全面、实用地介绍了作文夺取高分的技巧。不仅如此,鉴于很多同学苦于作文老是停留在原来的水平上,得不到提升,韩延明老师在作文升格方面也做了大量有益的探索,撰写了《叙例惜墨如金,议论恣意纵横》《巧裁云锦做霓裳》《缘事析理,深刻犀利》等多篇论文,从细微处入手,操"刀"演练,使原本平庸的作文有了大幅度的提升。二是接地气。在韩延明老师的笔下,少有古今中外教育流派、名师大家的经典论述,更多采用身边的实例,让读者学有榜样,行有示范,很接地气。如,在"升格示例"中,就采用了陕西商南高中陈锟、程垒、屈玥、杨乐等同学的作文,深入剖析其存在的问题,指出改进的方法,达到提分的目的。三是语言生动形象。一篇文章,内容再好,如果没有好的语言做载体,也会味同嚼蜡,难以卒读。韩延明老师善于采用比喻、排比、移用等多种修辞手法,娓娓道来,把原本"枯燥"的学术文章变得亲切和善,让人乐于接受。例如《广采百花巧酿蜜》《巧裁云锦做霓裳》等,比喻贴切生动;《秀外诚可贵,慧中价更高》则化用名人诗句,把内容和形式的辩证关系分析得透彻明了。

这的确是一部好书,集知识性、实用性、趣味性于一炉,值得广大语文教师和中学生学习借鉴,也适合教育行政人员和中学生家长阅读收藏,潜心读之,定有收益!

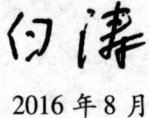

2016 年 8 月

前　言

说到语文，不少人都认为，语文学不学无所谓。是中国人，谁不会写方块字，谁不会说中国话？说到高考语文，很多考生都认为，语文很难把握，充满太多的"变数"，认真应对不见得考得好，随意应付不见得考得差。有了这众多的误解，语文被冷落了，疏远了，语文成绩难免不尽如人意。

其实，语文学习也有它自身的内在规律，解答语文试题也有不同的方法技巧。学习语文，不仅要在知识积累上下功夫，更要在方法技巧上寻突破。掌握了规律与技巧，就掌握了解题的制胜法宝，就可以轻松自如地应对考试，在群雄角逐中独领风骚。有一位学生跟我交谈时说："老师，到高三了，我才知道，原来学习语文竟还有这么多门道！"的确，解答不同类型语文试题都有其自身的"门道"。掌握了这些"门道"，就可以拨开迷雾，走出困惑，在考场上游刃有余，稳操胜券。

然而要找出这些"门道"，悟出这些"门道"，绝不是人人都可以轻易做到的，它需要我们具有一种执着的精神——那就是教学研究。

从教近四十年来，脑海里一直萦绕着一个挥之不去的问题，那就是：怎样才能轻松、高效地完成教学任务？有了这样的问题，我苦思冥想，不敢有丝毫的懈怠，在完成教学任务之余，常常泡在阅览室里查阅资料，东奔西走向同仁虚心讨教，深入到学生中去调查了解实情……终于，我找到了答案——一个优秀的教师不能只"教"不"研"。在"教"中发现问题，深入研究，探寻规律，提炼成果；再用既得成果去指导自己更好地"教"。这样，教师教得轻松了，学生学得轻松了，成绩的提高也轻松了。尝到了甜头，我更有了劲头。不知不觉中，教研让我情有独钟，如痴如醉；也在不知不觉中，我总结、积累了大量的教学研究成果，并纷纷见诸报端。我把这些成果作为学案印发给学生，引导他们在分享快乐的同时，掌握提升成绩的"金钥匙"，受到了广泛好评。

取得一点成果固然可喜，但那种喜悦只有自己独享，成果的受益者也只是我任教的少数班级学生。怎样让研究成果发挥最大效益,为更多的师生提供借鉴和帮助？我想起了孟子的那句话:独乐乐不如众乐乐。在领导的鼓励和同事的帮助下,我准备把自己多年来的研究成果结集出版,奉献给大家,以期能给同仁和学生带去些许启迪与帮助。这本文论,从成语使用、文言常识、病句纠错、诗歌鉴赏、语言表达、文本阅读、写作技巧等方面,对语文试题的解题方法作了一个系统的讲解。目的在于直观地引导大家正确认识语文,了解语文考试,掌握解题规律,改进解题方法,提高学习效率,做到资源共享。文论的编写努力突出技巧性、实用性和可操作性。

其实,萌生出版文集的想法由来已久,并于去年10月恳请陈忠实先生写了序,今年又恳请白涛校长对文稿作了审定并作序,但迟迟未能付梓。因为对于我这样一个收入不高的普通教师而言,高额的出版费用实在压力山大。正在困窘无助之时,商南县高级中学的黄昕先生慷慨解囊,给予大力资助,实现了我的夙愿。黄昕先生酷爱国学,热心公益,乐善好施,功德无量。在此,我谨向黄昕先生表示衷心的感谢!

尽管这本文集编辑出版的只是我研究成果的极小一部分,但由于水平有限,文集编写难免挂一漏万。如有不妥与疏漏之处,敬请广大读者多提宝贵意见。不胜感激!

韩延明

2016年8月

目录 CONTENTS

一、理论纵横篇 ... 1
眉目传情　顾盼生辉　3
"有米之炊"仍需"巧为"　8
创建高中语文"好"课堂的有效探索　15
聚得千山雨　采来一天云　20
叙事散文的"情趣"与"理趣"　26
高考满分作文是怎样"炼"成的？　29
捕捉"危险信号"　巧妙诊断语病　36

二、写作指导篇 ... 47
逐条细分解　整体求大同　49
知警言要义　悟话外之音　53
新材料作文"沉甸甸的手机"写作导练　57
必备高考作文试题热点预测演练　64
高考作文预测"学车感悟"写作指导与示例　70
新材料作文"青蒿传奇"导写与示例　79
材料作文"校长致歉"导写与示例　87
材料作文"性命·生命·使命"导写示例　95
新材料作文"出错之后"导写与示例　103
秀外诚可贵　慧中价更高　109

高考记叙文写作夺魁方略 116

图文类材料作文审题技法指导 120

三、应试技巧篇 129

咏史以明志 怀古以讽今 131

羌管悠悠霜满地 马蹄声声入梦来 136

文言断句考情梳理及技法指导 140

语言巧包装 妙手著华章 145

人美身段秀 文美好结构 152

画虎画皮画骨 知人知面知心 163

诗歌鉴赏解题指导与专题精练 169

巧设误会 妙趣横生 185

最新热点素材三维透视 190

直击时事热点 紧扣时代脉搏 199

滴水显人意 花瓣总关情 208

广采百花巧酿蜜 213

面对面倾诉 心与心交流 217

传记类文言文阅读技法指导 225

窥一斑而知豹 见一叶知而秋 230

童话体写作技法例谈 238

远近高低细描摹 242

从"咏竹"看材料作文的多角度切入 250

格律诗排序一技谈 255

四、升格示例篇 259

叙例惜墨如金 议论恣意纵横 261

福祸多变幻 坦然向天歌 266

是非"大数据" 喜忧两相倚 271

巧裁云锦做霓裳 277

新材料作文"诈捐"升格示例　281
缘事析理　深刻犀利　288
素材巧"包装"　美文任品尝　294

五、杂论碎语篇　299

中国诗人别称知多少　301
"中国谜语大会"质疑　304
"守株待兔"再辨证　307
"烟霞满纸"是敬辞　309
"曾几何时"：误用频率之最　312
"上行下效"不可滥用　315
"无独有偶"误用多　318
古诗文曲解辨证　321
"七月流火"你用对了吗？　325
为"加官晋爵"正名　328
"登堂入室"探微　330
"难兄难弟"是两个成语　332

01

理论纵横篇

眉目传情　顾盼生辉

——高考作文怎样拟写标题

郑板桥在总结自己的创作经验时说:"题高则诗高,题矮则诗矮,不可不慎也。"人们也常把标题比作"眼睛",以此来说明它的重要性。的确,一个巧妙别致的标题,往往会让人眼前一亮,成为一把打开评卷老师心门的金钥匙。有一篇题为《丰子恺画人不要脸》的文章,乍看标题疑窦丛生。急急品读,原来文章是说丰子恺画人无须画脸,就可以准确表现出人物的喜怒哀乐。如此充满悬念的标题目,不禁令人拍案叫绝!一个好标题就像一个人生就一双漂亮的眼睛,"眉目传情",一下子就深深打动了读者,是一块博得读者美好印象的第一块敲门砖。

一、高考作文拟题原则

1. 切合主题。人常说,眼睛是心灵的窗口。因此,作为"眼睛"的标题要准确扣合文章内容,含意清楚,宽窄合度,让阅卷老师看了标题就能感知文章主题。如果标题对主题具有暗示或提示作用,阅卷教师就可以很快抓住文章的主题思想,对立意的精准与否做出准确的判断。如 2015 高考课标卷Ⅱ满分作文《用创新书写美丽人生》,标题紧扣材料关键词"创新",一语中的,扣题严谨。

2. 符合文体。什么样的人穿什么样的衣,什么样的文拟什么样的题,文章的标题一定要和文章体裁相协调。议论文体的标题一般为"论点型"或"论题型",即标题就是论点或标题概括论证的对象或范围。如 2015 高考重庆卷满分作文《守住道德的底线》(论点型)、浙江卷满分作文《为文与为人》(论题型);记叙文体的标题或点明人物,或概括事件,如 2015 高考山东卷满分作文《失了尾的鱼》、天津卷满分作文《我的老师真有"范儿"》。

3. 干练利落。文章的标题应该像一个短小精悍的人,宜言简意赅,简短明了,不能拖泥带水,冗杂烦琐。要用最简约的文字表达最丰富的情感或意蕴,让人觉得加一个字太繁,去一个字则过简。如2015高考江苏卷满分作文《老爹》、浙江卷满分作文《谐和之妙》。

4. 不落窠臼。文章要创新,文题也要"唯陈言之务去",追求"语不惊人死不休"的境界。文章的标题要力求新颖独特,不落俗套,使人"一见钟情""怦然心动"。议论文要摒弃"小议……""由……说开去"等陈旧模式,以新奇赢人。2015高考课标卷Ⅱ满分作文《立意标新二月花》,拟题新颖别致,比直书"创新"更有韵味,更有嚼头。

二、高考作文拟题要求

1. 形象醒目。拟题时要尽量避免俗套的体例词语,如"记""说""论""议""二三事"等陈词滥调,寻求形象生动的表达,让人看了眼睛一亮,精神一振,心里一热。2015高考山东卷满分作文《解救被目的绑架的思想》,标题用拟人的手法,非常形象地阐释了"只有摆脱功利性的目的,才可能成为生活的诗人"的道理,"绑架"的运用,使抽象的事理变得形象化、具体化,让人回味无穷。

2. 形式优美。拟题所遣之词、所用之字要富有表现力和美感,令人一见顿生爱慕之情。标题的形式美包括妙用修辞手法,讲究音韵平仄,注意色彩搭配和句式变化等方面。2015高考广东卷满分作文《心之所至 境之所达》,运用对偶拟题,句式整齐一致,"至"与"达"先仄后平,读来朗朗上口,极富美感。再如2014高考安徽卷满分作文《变则通 通则久》,运用顶针修辞手法,既凸显了"善变"则"通畅"、"通畅"则"长久"的要旨,又使前后两句紧紧粘连,一脉贯通。

3. 概括凝练。好的作文题目,应该用最简练的语言概括文章内容,揭示文章主旨,让读者窥一题而知全文要义。2015年高考湖南卷满分作文《修心如莲》,简短的四个字,用生动的比喻高度概括文章的主旨,既浓缩了文章精髓"修心",又用一个"莲"字形象指明"修心"的至高境界,让读者联想到莲花的圣洁高雅,心灵的洁净神圣,增添了文学色彩,凝练的标题包孕了丰富的内涵,真乃辞约义丰。

4. 精警诗意。精警,诗意,是对拟题的更高要求。精警的标题,能给人警醒,发人深思,在玩味文字美的同时获得心灵启迪,赢得阅卷老师的青睐。如2015高考浙江卷满分作文《为降落找块福地》,将人的情感载体比作降落伞,将心灵的归宿比作降落地,比喻贴切,给人以警醒。而一个满含诗意的标题,意境高雅,情趣盎然,令人陶醉其中,击节赞叹。2014高考江苏卷满分作文《家里养着月亮》,用凝练含蓄的诗歌语言为题,想象大胆新奇,意蕴幽美,诗意盎然,给人以美的享受。

三、考场作文拟题技法

技法一:巧用修辞,增添文采。有人说:"修辞是作文的魔水。"如果将这些"魔水"恰当地运用到写作拟题上,便可以点石成金,焕发光彩。在拟题时灵活地运用修辞手法,能化腐朽为神奇,增添文采和感染力。

(1)比喻。如 2015 高考江苏卷《智慧是一间寂寞空屋》、上海卷《像蜗牛一样活着》、四川卷《老实做船　聪明是帆》、湖北卷《我是地上泉　来报地下恩》等,运用比喻,形象生动,把抽象的道理讲得具体可感。(2)比拟。如 2015 高考课标卷Ⅱ《为自己插上一双创新的翅膀》、《带着一颗创新的心上路》;高考天津卷《"魏晋风度"诊断》、湖南卷《借风唤花醒　获赠一枝春》等,或以物比人,或以人比物,比直陈其事更具情味。(3)引用。如 2015 高考安徽卷《绝知此事要躬行》、《莫为浮云遮望眼》;高考福建卷《路漫漫其修远兮,吾将上下而求索》、湖北卷《泉眼无声惜细流》、湖南卷《行到水穷处　坐看云起时》等,诗词名句信手拈来,文采斐然,韵味无穷,让读者眼前一亮,感到非常亲切。(4)反问。2015 高考重庆卷《等一等又何妨?》,反问质疑,具有强烈的警示作用。(5)对比。2015 高考广东卷《这么近那么远》,"远"与"近"对比,深刻阐述二者的辩证关系,让读者体味不懂得敬畏自然的结果。(6)列锦。如 2015 高考四川卷《大地·镜子·天平》、2014 高考山东卷《窗子·画框·心情》等,标题全用名词连缀而成,形式整齐,思维缜密。

技法二:设置悬念,引人入胜。在标题里设置悬念,把文章跌宕的情节含蓄地浓缩在标题中,能紧紧抓住读者的心,激起阅读兴趣和欲望,让读者急于探究谜底,欲罢不能。如 2015 高考全国卷Ⅱ《平凡中的伟大》、四川卷《做一个老实的聪明人》;2014 年高考新课标卷Ⅱ《梧桐树的诉说》、《爱的伤害》;天津卷《"智慧芯片"无智慧》等,看到标题人们不禁要想:"平凡"又何以"伟大"?"老实"又如何"聪明"?"梧桐树"对谁"诉说"?说了些什么?"智慧芯片"为何没智慧?这些标题故意设置悬念,有一种无形的磁力强烈吸引着读者,吊足了读者的胃口。

技法三:化用经典,推陈出新。化用经典名言警句、歌词、广告词等入题,既可以显示考生的聪明睿智,又能省时省力,雅俗共赏,妙化无痕,可谓一箭数雕。如 2015 高考全国卷Ⅱ《敬业者　人恒敬之》化用孟子的"敬人者,人恒敬之"、上海卷《亦刚亦柔两相宜》化用苏轼的"浓妆淡抹总相宜"、四川卷《聪明在左　老实在右》化用冰心的"爱在左,同情在右";2014 年高考新课标卷Ⅰ《执子之手　与子共进》化用《诗经》里的"执子之手,与子偕老"、新课标卷Ⅱ《虽己所欲　勿施于人》化用《论语》的"己所不欲,勿施于人"、浙江卷《一门一世界　一路一人生》化用佛教用语"一花一世界,一叶一菩提"、安徽卷《打破规则　也成方圆》化用孟子的"不以规矩,不能成方圆",这些标题让经典幻化出新意,巧妙为我所用,别有一番情趣。

技法四:反弹琵琶,逆向出彩。拟写标题要敢于挣脱思维定式和传统观念的束缚,跳出因循守旧的条条框框,逆向联想,标新立异,发前人所未发。如2015高考浙江卷《言不总为心声》,标题颠覆了"言为心声"的传统思维模式,文章大胆揭示有些时候"言不由衷"的现象,令人耳目一新;福建卷《走的人多了　也就没了路》,标题逆鲁迅名言"其实世上本没有路,走的人多了,也便成了路"而来,论述了惯于走坦途、捷径的潜在弊害,劝诫人们要敢于走自己的路,新颖不二;安徽卷《眼见未必就是实》大胆质疑"眼见为实"旧理念,旗帜鲜明地提出"有时候,眼见未必为实,别让眼睛欺骗了你的大脑"的论断,反弹琵琶,翻出新意,显示出考生不落窠臼的思辨能力。

技法五:借用算式,新颖独特。将数学符号、等式、不等式等引进标题,借以昭示所要表达的主旨,具有新颖独特、直观醒目、引人入胜的特点,往往收到出奇制胜的效果。如2015高考湖南卷《1＋1＞2》,作者用不等式拟题,文章从1＋1＝2切入,自然引出1＋1＞2的现象,生动地阐述了活中的"1"一旦融入集体,就不再是孤立的"1",它的力量远远大于"1",即1＋1＞2,强调合作的重要性,新颖独特,十分切题。再如2014高考新课标卷Ⅰ《100－10＝0》,引等式入题,引起读者极大的阅读兴趣。作者从拆字的角度,提出100减10在生活中也是对的,因为如果减去的"10"是"100"的前两个数字,结果就等于"0"了。这个标题,非常睿智地诠释了"规则"不是一成不变的,打破规则,别有一番天地,如此别出心裁的解读,充分体现了考生的创新意识与能力。

四、考场作文拟题常犯的错误及对策

1. 文不对题。或没有审清题意,或词不达意,常常造成标题与材料内涵或文章内容牛头不对马嘴的失误。2015年高考课标卷Ⅱ失误文《分享是种美德》,考生没有透彻理解材料,立意脱离了材料体现的"创新""敬业""热爱"等主旨,以"分享"为题,直接偏离题意。对此,要咀嚼材料,品出文"味",把握文"脉",选准角度,一语中的。

2. 平淡庸俗。拟题缺乏文采,缺乏新意,显得干瘪乏味,俗不可耐。2015年高考江苏卷失误文《什么是智慧》,恰如一杯白开水,淡然寡味。可采用"题显论点"的方法拟题,再运用一些技巧对题目做一些包装,如《背上智慧行囊远行》。

3. 拖沓冗长。题目表述繁杂,拖泥带水,唠叨不休,显得过于臃肿,缺乏精气神。2015年高考山东卷失误文《执着坚持梦想,甩开无谓的羁绊奋然前行》,标题占了满满一行的空间,拥挤不堪,不干练,不美观。可采用压缩法,提取精髓,去其枝叶,如《坚守梦想,奋然前行》。

4. 含糊其辞。标题指代不明,令人费解或产生误解。2015年高考广东卷失误文《知其名不如感受其实》,从材料题旨看,标题中的"其"应是指代自然,而文章却把"其"看作人或物,单看标题,极易产生误解。标题要尽量避免使用不定代词"或""其""彼"等,以消除歧义,确保一目了然。

"有米之炊"仍需"巧为"

——议论文如何合理使用事实素材

众所周知，写作议论文，通常运用摆事实的方法阐释道理。然而，不少考生只是力图"让事实说话"，而不善"论理"。这就导致了议论文中事例堆砌、引例不当、以叙代议等弊端频频出现，造成文体特征不明显，论证没有力度。写作议论文如何引用事例是有一定技巧的，考场作文更要谙熟此道。

一、引用事例要遵循"六条原则"

1. 切忌以叙代议。"以叙代议"就是论证不够，叙述来凑。在引用事例时不厌其烦，事情的经过甚至细节都作一一赘述，叙述文字占据了大量篇幅，显得叙述有余，论证不足，文体不伦不类，自然就谈不上论证的力度和深度了。如2014高考重庆卷满分作文《高举责任的大旗》，文章引用吴斌一例证明"责任的坚守"：

我们直到现在都不会忘记"最美司机"吴斌，他虽然早早地结束了自己年轻的生命，但他精神长存，虽死犹生。吴斌驾驶客车从无锡返杭途中，突然有一块铁块像炮弹一样，从空中飞落击碎车辆前挡风玻璃砸向他的腹部和手臂。面对肝脏破裂及肋骨多处骨折，肺、肠挫伤，吴斌强忍剧痛，换挡，刹车，将车缓缓停好，拉上手刹，开启双跳灯，以一名职业驾驶员的高度敬业精神，完成一系列完整的安全停车动作，确保了旅客安然无恙，而他自己却因伤势过重不幸去世，年仅48岁。

作者用大量文字交代事情经过，叙述成分太多，而没有充分展开议论，显得叙多议少，文体特征不明显。另外，素材陈旧，容易使人产生视觉疲劳。

2. 注意点面结合。考场作文因为字数的限制，不可能随心所欲，恣意驰骋。

因此,当备用素材比较多时,不能平均用墨,就要学会取舍——首选的素材重点引用,可适当展开,是为"点例";二级素材尽量压缩,几则素材以并列的形式呈现,言简意赅,是为"面例"。点面结合,不仅内容充实,而且行文活泼多变。如2015年高考课标卷Ⅱ《创新铸就辉煌》一段:

> 历史上,商鞅变法让秦国从众多的诸侯国中脱颖而出,从而统一天下;赵武灵王顺应形势需要,冲破重重阻碍,果断实行"胡服骑射"的政策,最终实现了富国强兵的理想;而堂堂大清王朝在经历繁盛之后闭关锁国,因循守旧,不思改革,最终验证了"落后就要挨打"的道理。20世纪70年代末期,我们的国家领导人大胆创新,在经济领域,提出了改革开放的发展策略;在国家统一的问题上,提出了"一国两制"的解决方案;在外交上,提出了求同存异的灵活原则。这让中国在短短几十年的时间里全面发展,取得了举世瞩目的成就,赢得了世界的尊重和赞誉。

作者用商鞅、赵武灵王、大清王朝三例形成面例,再用中国领导人大胆创新的点例相佐证,内容丰富,正反对比,详略有致,论证有力。

3. 务求繁简适当。对那些新颖别致、人们普遍关注的焦点热点以及不为人熟知的事例,应该适当展开,以此增添看点,增强吸引力;相反,对那些人们熟知的"经典"事例,可作简笔处理,一语带过。这样,既可保证繁简有度,突出亮点,又能节省笔墨,确保行文简洁干练。请看以下两例:

> ①当东野圭吾获得推理小说"三冠王"的称号时,想必他也不得不感激那个曾经默默坚持、不懈耕耘的自己。连续几次入围直木奖却都与之擦肩而过,他被讥讽为"最为直木奖所厌弃的男人"。然而,他在推理世界里摸索前行从未止步,在复杂人性中洞若观火永不退缩。大胆地突破本格推理框架,他深刻探讨人性善恶,最终成就了《嫌疑人X的献身》这一高峰,被尊为新一代推理天王的地位。(2015年高考湖北卷《声震世界必长久缄默》)

> ②曹雪芹"批阅十载,增删五次"终成红楼巨著,歌德用一辈子的岁月酿造《浮士德》,卢米埃尔兄弟十几年反复试验揭开电影放映的秘密,两院元勋师昌绪为祖国奉献出自己全部的光和热……(2015年高考湖北卷《泉眼无声惜细流》)

例①对人们不太熟悉的东野圭吾一例适当展开,凸显趣味性、新颖性,紧紧吸引读者的眼球;而例②对读者熟悉的数则事例一笔一事,毫不拖沓。以上两例,足以体现作者巧妙处理素材的智慧。

4. 力避陈词滥调。事例选用的标准有很多,规避老生常谈、崇尚新奇别致当是重要标准之一。不要动辄屈原、苏轼、陶渊明,一味在古人堆里寻救兵;要开阔视野,关注生活,关注时事,用生动鲜活、富有生活气息的事例扮靓自己的文章,赢得人气,获得理想的得分。如2015高考福建卷《路漫漫其修远兮,吾将上下而求索》的片段:

成功需要敢于面对荆棘的勇气。2011年的内地首富梁稳根,他的成功之路就曾布满荆棘。初涉社会,毫无经验的他开始艰苦创业,贩羊、做酒、做玻璃纤维、开发有色金属焊料……这些尝试最终都以失败而告终。伏尔泰说"人生布满了荆棘,我们想的唯一办法是从那些荆棘上迅速跨过",梁稳根并没有被失败打倒,而是以大无畏的勇气,决定走一条新的路——发展重工业。这在当时的中国是前无古人的,周遭的冷嘲热讽铺天盖地而来。可是,他下定决心,执意用勇气去开拓这条新路。事实胜于雄辩,最终"三一重工"这个中国企业的名字,让"中国制造"在国际上获得了越来越多的认可。

胡润研究院发布的《2011胡润百富榜》,"三一"集团董事长梁稳根以700亿元身价首次成为"2011年中国大陆首富"。这则素材内容新颖且具轰动效应,无疑会像一块磁铁紧紧吸引读者的注意力,给文章增加看点。

5. 巧用试题材料。对于试题呈现的材料,完全可以就地取材,大胆拿来为我所用。如果用得恰到好处,不仅可以节省时间,而且可以使行文紧扣题旨,以免"跑调"。当然,引用试题材料不能照搬照抄,而要根据表达需要,选好切入点,做好取舍。同时,要瞄准引用契机,安排好引用的合适位置,做到自然贴切,顺理成章。

(1)开头引用。根据文章立意,选取试题材料的某一"点"或某一侧面,对原材料进行高度提炼概括,顺势引出论题,充当"引子"的作用。如2015高考重庆卷满分作文《等一等又何妨》一文的开头一段:

看到作文材料,我的内心忽然颤抖起来。之所以颤抖,是因为这只是发生在我们身边的一件小事,居然让"乘客"那么不静心。其实,等一等又何妨?

(2)中间引用。行文中间将试题材料顺手拈来,不动声色"嵌入"字里行间,既可以用作论据支撑自己的观点,又可以巧妙点题,以防偏离中心,可谓一箭双雕。如2015高考重庆卷满分作文《微善亦是正能量》一文,行之中间有这样一段:

看了小男孩要求司机等一等他的妈妈,乘客先是抱怨后是沉默的故事后,我想到了另一个问题。我们追求的正能量不一定存在于那些叱咤风云的人物身上，也不一定只存在于轰轰烈烈的故事中，它在平凡人身上甚至小孩身上也能得到体现。真正的可贵，不是一个人做多大的善事，而是一个人可以时时处处行微善。

作者由试题材料稍稍扩展开来，以小见大，回归到"微善亦是正能量"的大主题上来，恰如其分，扣合了主旨。

6. 涵盖古今中外。要想增强文章的论证力度，在事例选用上要防止单一化，应兼顾不同国籍不同时代不同领域，涵盖古今中外，这样的事例往往更具有典型性和代表性。否则，说理就未免显得勉强，难以令人心悦诚服。2015年高考课标卷Ⅱ《为自己插上一双创新的翅膀》一文，引用我国著名绘画大师齐白石、德国柏林大学著名教授普朗克、"世界杂交水稻之父"袁隆平等事例，广涉古今中外，兼具不同门类，全方位阐述创新的意义，说理透彻深刻，不容置疑。

二、"引例"之后如何适时"议例"

写好议论文，既要善于引用事例，更要善于阐发事例。只引用一大堆材料而不加以剖析论证，这些材料只不过是一堆杂乱无章的"工具"，无法发挥它们应有的作用。这就需要作者依据材料进行分析阐释，使感性材料上升到理性的高度，成为论理的支撑点。如何"议例"，没有固定的技巧，临场常用的方法主要有以下几种：

1. 生发材料假设推理。这种方法就是在"引例"之后，运用假设推理的方法对事例进行分析，推导出与事例完全相反的结果，从而证明论点。这种论证方法的思路是：反面假设——展示结果——点题强调。其要领是围绕论点假设，或正例反设，或反例正设，在正反对比中强调论点。常用的标志性词语有"假如"、"试想"、"如果"、"倘若"等。如2015高考重庆卷满分作文《多一分钟宽恕》一段：

三国时曹操刺杀董卓失手，逃到了吕伯奢家借宿。吕伯奢一家本准备杀猪备酒，好生款待曹操。曹操却只因听到对方一句"缚而杀之，何如？"便心生疑虑，提剑杀了吕伯奢全家，仓皇而逃，最后留下个不仁不义的骂名。假如曹操当时多一分钟的等待，多一分钟的宽恕，让对方说明原委，吕伯奢一家就不会死于非命，曹操也不会为天下人所唾骂。一分钟的宽恕，可以改变一个人的命运，可以改变一个企业的未来,可以改写一个国家的历史!

　　文章从反面假设,推出一个截然不同的结局,孰是孰非,昭然若揭,有力地向世人证明:"多一分钟宽恕"是何等的重要!

　　2. 依据材料追根溯源。这种方法就是从因果关系上把论点与材料联系起来进行论证。具体地说,就是沿着"为什么"这条思路,探求事例的根源,挖掘其本质,使内容逐步深化。这种方法的论证思路是"为什么——是因为——所以——"。常用的标志性词语有:"因为……所以……"、"之所以……是因为……",或者单用"因为""所以""因此""为什么"等。如2015高考福建卷满分作文《把握方向　把握人生》一段:

　　他曾经是莘莘学子万分敬仰的创业天才,5年时间内跻身福布斯"大陆富豪排行榜"第8位;他也曾是无数企业家引以为戒的失败典型,一夜之间负债2.5亿。而如今,他又是一个著名的东山再起的成功人士,再次创业成为身家数百亿的企业家。他就是史玉柱。史玉柱之所以能够再次崛起,就在于他能够及时地拨正方向,吸取走错路的教训——浮躁、狂热、冒进。一位哲人说过,总结自己的失败比获得一次成功更为可贵。史玉柱正是有了这样可贵的品质,才为自己的人生创造了精彩。

　　文段由果探因,深刻剖析了史玉柱由成功到失败到再次成功的根源,突出了"及时地拨正方向"在人生逆转中所发挥的重要作用,从而有力证明了论点。

　　3. 正反对比彰显是非。俗话说,没有比较就没有鉴别。引用材料进行剖析之后,为了突出事理,明辨是非,再援引内涵与之相反的材料,二者形成鲜明的对比,使善者益善,恶者益恶,从而达到彰显主旨的目的。

　　(1)同质对比。是指用同一个人或同一事物不同时期、不同场合的状况作对比。这样的对比可以使人物形象更为突出,是非对错更为明了,增强论证效果。如2015高考福建卷满分作文《人生多歧路　成败转头空》一段:

　　李代沫因吸毒和收留他人而被刑拘,这个拥有优美嗓音的歌者,在公众心目中的形象瞬间破碎,他代言的多个广告都被电视台撤下。违反法律酿下的苦果,其苦涩程度可想而知。在此之前,光明的前途等着李代沫,他的歌声可以打动千万观众;但这一切都在他误入歧途后化为泡影,他的精彩人生从此谢幕,引得多少人为他摇头叹息。

(2)异质对比。是指将不同特质的人或事物放在一起进行比照映衬。通过对比,黑者更其黑,白者更其白。如2015高考山东卷满分作文《顺其自然》片段:

……"谁将百岁人间事,只换山中一局棋"的围棋大师吴清源以其棋法不定、顺其自然、和谐无际著称。不拘泥于世俗琐事,如溪谷清流,他的棋技就像他的人生一样顺其自然,往往棋随意走,令人捉摸不定。顺其自然是一种怡然自得的心性。

……葛朗台不会顺其自然,只顾及自己的财富,最后在财富中悲惨地死去;海滩上的小乌龟被游客救起,却导致更多小乌龟接到错误的信号,成群结队地被老鹰扼杀。

文章先从正面举例,论证顺其自然是一种智慧,再从反面举例,论证不顺其自然的严重危害,对比鲜明,说理透彻。

4. 设问反问发人深省。叙例之后可以运用设问或反问句式,引导读者对事例进行由表及里的深层次思考,让人受到警醒,主题得到升华。2015高考湖北卷满分作文《积小流以成喷泉》,在引述了中国"氢弹之父"于敏带领团队潜心研究氢弹一例后,发出强烈的诘问:"不鸣则已,一鸣惊人,不正好可以阐释这位伟大科学家的精神吗?于敏带领中国骄傲地跻身世界前列,难道他不就是新中国崛起之路上默默流淌的泉水?"连续反问掷地有声,于敏默默奉献的品格令人肃然起敬!再如2015高考福建卷满分作文《成功之路没有捷径》片段:

柯震东、房祖名等"大牌"们沉溺于一时的快感,最终因吸毒而入狱;昔日的抗震小英雄雷楚年,为利益迷了双眼,坑蒙拐骗,最终银铛入狱……这种急功近利、贪大求全的心态能帮人找到通往成功的捷径吗?答案是否定的,试图用不正当的手段走捷径的人,到头来很可能是以身试法,让自己身陷囹圄!

引例之后运用设问,明确地告诫人们成功之路没有捷径。观点鲜明,毋庸置疑。给那些企图投机取巧的人当头一喝。

5. 巧用比喻纵身挖掘。引用事例之后,运用比喻论证的方法适当延伸,既形象生动,又深刻精辟,能够更好地、最大限度地发挥事例的作用。如2015高考课标卷Ⅱ满分作文《平凡中的伟大》一文,在引述了清洁工、园丁、医生、农民等事例后,进而运用比喻论证:

这些人如悬崖边上不为人知的腊梅,在寒冬季节里,不怕风吹雪压,傲然挺立。它们"俏也不争春,只把春来报",散发出淡淡的清香,你能说它的风采不及在春风中摇曳、受万人瞩目雍容华贵的牡丹吗?

形象的比喻,揭示了众多普通劳动者"平凡而又伟大"的精神品质,重申主旨,更加形象地突出了中心。

创建高中语文"好"课堂的有效探索

日本教育学家大田尧先生与我国教育界同仁研讨素质教育时讲了一个故事。大田尧先生说,他在农村有一位朋友,给他剖开了一个苹果,苹果核中有苹果的种子。朋友指着种子说,每颗种子里都有自己的设计图,我的工作就是培土、施肥、浇水,使这个设计图按照设计发展成一个优质的苹果。这位朋友还告诉他,他只施有机肥料,从不施无机肥料,完全让种子自由发芽、成长,这样的苹果才又香又甜。如果施无机肥料,那生长出来的苹果,不是原来种子中设计的苹果。大田尧先生举了这个例子后说,这就是素质教育。大田尧先生的意思很清楚,它是要告诉我们:教育必须尊重学生的个性,教育必须尊重教育的规律,循序渐进,不能急于求成。因此,填鸭式、满堂灌的教学方式必须改革。

《普通高中语文课程标准(实验)》(以下简称新课标)中提出:"高中语文课程要充分发挥其促进学生发展的独特功能,使全体学生获得应该具备的语文素养,并为学生的不同发展倾向提供更大的学习空间,要为造就时代需要的多方面人才,培育和弘扬民族精神,增强民族创造力和凝聚力,发挥应有的作用。""使学生具有较强的语文应用能力和一定的审美能力、探究能力,形成良好的思想道德素养和科学文化素质,为终生学习和有个性的发展奠定基础。"新课标的核心理念就是以人为本,以学生为中心,促进全体学生有所侧重地多指向、多层面立体化发展。

为了更好地体现科学的教育规律,尊重学生成长和发展的个性;为了更好地体现和实践高中语文新课标的理念和目标,体现其人本思想和人文关怀;为了让学生更好地理解和接受新课标改革的理念,改革陈旧的课堂教学方式,我探索并提出了高中语文"三好"课堂教学理念。"三好"指"学生好才是真的好"、"大家好才是真的好"、"考试好才是真的好"。

课堂是学生发展的空间,学生好才是真的好。

教师在课堂教学中,要把学习的时间和空间还给学生,让课堂真正成为发展学生语文素养和能力的舞台。让学生得到发展,学生好的课堂才是真正好的课堂。

高中语文学科有极强的艺术性,与其他学科侧重于科学性不同。对于其他学科来说,学生需要着重解决的是知识和技能问题;而语文学科,学生需要着重解决的是审美问题。其他学科的学习效果的评价是对不对,而语文学科的效果评价通常不是对不对,而是好不好,或者美不美。其他学科的答案通常是唯一的,一千个人的答案只有一个,否则,通常被视为错误答案;语文学科的答案则是多样的,"一千个读者眼中有一千个哈姆·雷特",才是正确的。如果一千个读者眼中只有一千个哈姆·雷特,反而是错误的,就像雪融化后只能变成水一样,是语文教学的失败。艺术性还有一个特点,就是能力的形成需要不断练习。强调科学性的学科,只要会了就不需要练习了。语文学科会了还不够,还需要上升到艺术性。追求美,以至更美。例如三角形的做法,一千个人做出来的图形可以做到完全一样,并且一旦会做,也就不必再做过多练习了。而语文学科的很多技能都需要达到艺术美,追求美以至更美。就拿简单的写字来说吧,光把字写正确还不够,还要把字写得美,以至更美,那就要不断练习。还要把文章读得美,理解得美,表达得美,运用得美,就更是需要大量的练习了。要体现语文学科的艺术性,要让语文学科的审美价值充分发掘出来,要让语文散发出多姿多彩的魅力,要让语文课堂生气勃勃。要让学生的语文素养和能力获得发展,光靠传统的教师的讲授是断然不行的,必须把课堂还给学生。要让学生多阅读,多思考,多交流,多练习,多反思,才能真正让学生好,能真正让学生好的课堂,才是最好的课堂。

当然,让学生多练,绝不是说教师在课堂上完全不讲,而是指教师应尽可能地组织学生多动脑,多动口,多动手,让学生的能力在实践中得到提升。一些简单的知识,对高中的学生而言确实不需要讲了;而对于学生在学习过程中的失误和不足,则应予以及时纠正,对学生实在难以解决的问题则更应当给予科学、精当、切实的讲解。尤其要注意规律性的知识和技能,要真正让学生过手,要让学生学会学习。正如叶圣陶先生所说:"任何功课(不限于语文),'讲'都是为了达到用不着'讲',换个说法,'教'都是为了达到用不着'教'。怎么叫到用不着'讲'用不着'教'?学生入了门,上了路,他们能在繁复的事物之间自己探索,独立实践,解决问题了,岂不就是用不着'讲'给'教'了?"要组织学生明确每堂课的学习目标、学习重点,让学生每学一篇作品都有所收获,绝不能让学生放任自流,入宝山而空收归。绝不能让教师在课堂上"目中无人"唱独角戏,以完成教学任务、完成教学设计、保证教学进度、发展教师的能力为主要目标。

课堂是所有学生的发展空间,大家好才是真的好。

古人云:"一花独放不是春,万紫千红春满园。"教师在课堂上应尽可能地调动每一个学生的积极性,让每个学生都参与课堂学习,让每一个学生的语文素养和能力都得到发展。如果采用以教师讲授为主的方式,学生便不可能有充分的时间和条件参与课堂学习。因此,要让每一位学生充分地参与课堂学习,必须改变课堂教学方式。在这方面,我采用了小组合作学习的教学方式。

小组合作学习的关键是小组建设,这是能使小组合作学习有效开展的前提。小组建设的关键是确定组长。组长在小组合作学习中有组织作用,小组合作学习能否有效开展,跟组长的组织能力密不可分。因此,必须确定好组长,尽量让那些积极、主动、有号召力的学生当组长。组长的产生,可以由同学选举,也可以由教师指定。组长确定之后,教师应对组长进行培训,再由组长培训并确定各位组员在学习、交流、展示等课堂常规活动中的职责,如发言人、记录人、检查人等。分工的原则是"人人有事做,事事有人做"。要让个小组成为生机勃勃、积极向上的学习团队。各位成员团结协作,发挥特长,合作探究,共同进步,攻克一座座学习难关。同时,还应让各小组间形成竞争的态势和激励机制。这样才能在有限的时空中,充分调动每一位学生的学习积极性和主动性。

较长时间的教学实践证明,小组合作学习能发挥学生的个性爱好和特长,在一定程度上体现了因材施教的理念。小组合作学习的确在很大程度上有利于调动绝大多数学生的学习积极性,有利于培养和发展学生的语文素养和能力,能在课堂上将"大家好才是真的好"的教学理念落到实处。

课堂是学生人生发展的空间,考试好才是真的好。

美国人本主旨哲学家马斯洛认为:"人是一种不断需求的动物,除了短暂的时间,极少达到完全满足的状况,一个欲望满足后往往又会迅速地被另一个欲望占领。……人类的需求构成了一个层次体系:生理、安全、爱、尊重和自我实现五个层次。而每当一种需要得以满足后,另一种需要便会取而代之。"自我实现的需要是最高层次的需要,而考试则是高中学生自我实现最重要的途径。因此,只有能让学生考好的课堂才是真正好的课堂。

这种说法,在社会各界,乃至世界各国都大力提倡素质教育、批判应试教育的背景下,可能难免有鼓吹应试教育之嫌。但是我认为,作为教师,有必要让学生树立对考试的正确认识。其一,考试不是素质教育和应试教育的本质区别,素质教育也需要考试,考试能在一定程度上检验和提高学生的素质。考试不一定是应试教育,只有为考试而存在的教育才是应试教育。其二,通过考试选拔人才是历史的进步。考试也是当今世界各国都在运用的最科学、最公正、最合理的选拔人才方式。为全国各级各类高校选拔人才的高考,也是科学、公正、合理的。我们不能否定考试存在的价值,也不能否定高考的价值,只能以积极的态度应对高考,否则社会将开历史的倒车,陷入混乱的局面。高考成绩的优劣,在很大程度上,直接关系着学生的命运和发展。这也使广大学生及其家长乃至社会各界都密切关注高考的原因。如果高中教学与高考无关,不能为学生人生的发展打下坚实的基础,学生、家长、学校、社会都是不会满意的。因此,高中各科教师必须认真严肃地对待高考。必须让自己的教学活动与高考密切相关,让每一位学生都能在高考中取得满意的成绩,为人生事业书写辉煌的一笔。其三,我们不但不能否定高考,我们也不能否定平时的考试。因为考试除去选拔功能之外,还有检测、评价等功能。学生学习的效果怎么样,只有通过考试的方式,才能做出相对科学的评价。再由考试结果的反馈,警示学生注意学习中存在的问题和不足,调整学习态度和策略,提高学习效率。所以,我们不但不否定高考,也不能否定平时的考试(包括小测验)。其四,应当明确考试也是一种学习方式。考试不仅有选拔功能、检测评价功能,而且考试还是一种非常高效的学习方式。一方面,几乎每一份测试题,都在较短的时间内,较为系统地考查学生的语文基础知识和能力素养。试卷的信息容量较大,训练也较为科学严密。另一方面,考试的量化评价和教师的精心讲评,能在很大程度上激发学生的学习兴趣和学习的主动性、积极性。从这两个方面来说,无论在知识、信息、能力的考查上,还是在学习态度方面,都为学生提供了一次学习的机会,而且是高效学习的机会,有利于学生更全面、更深刻地学习语文知识,形成语文能力。同时,考试能刺激和调动学生学习的主动性和积极性,从而培养学生良好的语文素养。不难想象,如果取消考试,学生的学习积极性和学习效果将会怎样地不尽如人意。因此,作为学生,尤其是高中生,应该正确认识和对待考试。正如赏识教育家周弘先生的女儿所说:"童年真是太美好了,我太喜爱考试了。"

经过多年的教学实践,我发现随着学生观念的转变和认识的提高,考试非但未给学生造成过重的课业负担,反而让学生接受并适应了通过考试检查和评价自己的学习效果,并通过考试强化学习的教学方式。"考试好才是真的好",这一理念还说明,学生的语文知识、语文能力、语文素养,乃至人生修养都能通过考试的刺激,在较短的时间内得到较快的提高和发展。因此,作为高中教师,尤其是高中语文教师,在课堂教学中一定不能忽视考试这一有利于学生发展的元素。

总之,高中语文"三好"课堂理念以一种通俗的方式来理解和践行素质教育理念和新课标理念,将语文课堂变成学生充分发展的空间。力求通过这一理念的实践,让每一位学生的语文基础知识和基本技能乃至人生愿景都能得到较好的发展。通过较长时间的实践,不但在理论上颇得学生的认可,而且在实践上也取得了较为满意的效果。同时,体现了高中新课程改革以学生为中心的人本主义思想。只有学生的学习主动性和积极性调动起来了,才谈得上课堂教学的高效,才有利于学生语文素养等各个方面的发展。

聚得千山雨　采来一天云
——例谈高考作文"内容充实"

元代文人乔梦符谈到写"乐府"的章法时，提出"凤头""猪肚""豹尾"之喻。其中"猪肚"，就是文章主体要像猪肚子那样有充实、丰富的内容。高考作文基础等级也明确提出"内容充实"的要求，"内容充实"成为高考作文评分的重要标准。"内容充实"就是言之有物，持之有据。所述之事、所记之人、所议之理、所抒之情能给人以实实在在的感觉，也就是用足够的高质量的材料彰显文章的主题。如，写议论文，论据要典型充足，既让事实说话，又作纵深阐述；写记叙文，人物和事件要具体实在，要有完整典型的情节；写说明文，说明的属性要清楚，材料要充分。

就议论文来讲，要做到"内容充实"，主要应在使用素材和论证技巧上下功夫。因为写议论文，就是合理选择素材、巧妙使用素材、运用逻辑纽带缜密阐释道理的过程。可以从以下几个方面充实内容，增加论证力度。

一、同类铺排

由于高考作文受篇幅的限制，一篇文章之中不可能也不允许海量运用素材，而又要求内容要充实，这就自然形成了一对矛盾。解决这一矛盾的最佳策略，就是将素材进行高度压缩，以最少的篇幅展现最多的信息。具体来说，就是将同一性质、同一层面的几则素材组合在一起，形成铺排。这样，既丰富了文章的内容，又以排比的句式增添了气势，使文章显得富有文采，可谓一箭三雕。如：

关爱别人，你做到了吗？电影巨星成龙用自己的实际行动告诉世人："我做到了！"他把拍电影所得的报酬献给了慈善机构。邵逸夫以孩子的琅琅读书声做出回答："我做到了！"于是，全国不少学校都建起了一栋栋名字响亮的教学楼——逸夫楼，大庇天下学士。黄晓明用自己的慷慨之举发出回应："我做到了！"九年中捐

款千万,他践行着一生行善的承诺。(2014年高考全国卷满分作文《关爱让你我更亲近》)

　　文段将三则"爱心"素材高度浓缩,巧妙组合,形成铺排,在强烈地表达出作者观点的同时,让人感到浓烈的情感倾泻,有气势,有力度。

二、正反对举

　　人常说:有比较才有鉴别,有鉴别才能选优,有选优才能发展。在议论文的论证过程中,可以首先选取与观点相同的素材,顺向从正面加以论述,支撑自己的观点;接着逆向选取与观点完全相悖的素材,展示其价值走向或命运结局,通过剖析原因,从反面证明自己观点的正确性。通过正反对举,不但使文章内容更加丰富,逻辑更加严密,而且是非更加分明,论证更加有力。如2014年全国课标Ⅰ卷满分作文《狭路相逢　合作共赢》一文中的一段文字:

　　合作共赢,成美好声誉。如今的方舟子、崔永元大战让人大跌眼镜。从最初的"华山论剑"到如今的"死缠烂打",恨不得将对方置于死地。而频繁的脏话粗口更为央视名嘴、打假斗士的脸上抹了黑。他们不曾看到,爱因斯坦和波尔的"巅峰对决",二人既为竞争关系,又互相欣赏,彼此学习,在学术论战中产生了许多新的思想。两位科学巨人就如同那合抱的选手,在竞争中相互协作,实现共赢。

　　作者先列举方舟子、崔永元大打口水战终致两败俱伤的丑闻,再引用爱因斯坦和波尔相互协作,实现共赢的美谈,一反一正,是非分明,无可辩驳地证明了"合作共赢"的观点,凸显了主旨。

三、点面结合

　　受篇幅和考试时间的限制,一篇"不少于800字"的考场作文,选用素材时一般以三至四个为宜。这样一来,常常影响思想意蕴的表达,出现表意单薄、意犹未尽的现象。解决这一矛盾的方法,就是重点引用二至三个素材,引料可适当展开,使其详尽丰富,然后纵深论述,此为"点例"。同时,再搜集扣合主旨的几则素材,经过精心压缩、组合,构成排比,由个别到一般,全面展开,此为"面例"。点面结合,可以丰富文章的容量,增添厚度和力度。需要注意的是,素材之间齐头并行,不能有重复或交叉。如2014年高考重庆卷满分作文《小细节影响大人生》中的两段:

密斯·凡·德罗是20世纪四位最伟大的建筑师之一,在被要求用一句最概括的话来描述自己成功的原因时,他只说了五个字:"魔鬼在细节!"他反复强调的是,不管你的建筑设计方案如何恢宏大气,如果对细节把握不到位,就不能称之为好的作品。对细节的疏忽就会毁掉一个宏伟的规划,真可谓小细节影响大人生!

……

注重细节,罗阳托起了舰载歼—15的成功试飞;注重细节,英国数学家欧几里得才能从《几何原本》中读出音乐般的美妙;注重细节,德国生物学家海克尔才能从达尔文的《物种起源》中检出生物世界无与伦比的统一的美丽;注重细节,科学家杨振宁才会引用《答侯少府》中的"性灵出万象,风骨超常伦"来描述狄拉克的反粒子立论所带来的精神震撼。

第一段详引密斯·凡·德罗作为"点例",重点突破;紧接着又引用罗阳、欧几里得、海克尔、杨振宁四例全面铺开,形成"面例",延伸开去。如此由点到面,点面结合,涵盖面极广,用密集的典型实例来阐释道理,令人心悦诚服。

四、人物互补

天地之间,人、物共通。同理,在议论文写作中,既可以用古今中外的名"人"典例为自己据理力争,也可以用大自然中的万"物"规律为文章增添理趣。特别是当"名人"势单力薄,不足以为我所用,难以有力地支撑自己的观点时,就要视通万里,放眼万象,"善假于物也"。从历年大量考场作文来看,考生大都习惯于使用名人素材,而普遍忽视了"事物"素材的使用,显得千篇一律。如果能做到"物"尽其用,人、物互补,不但丰富了文章内容,更增添了亮点和可读性,何愁不能脱颖而出呢?2014年高考全国课标Ⅱ卷满分作文《拒绝"喂食主义"》一文,先用"人"来举例:

在学校里经常可以看到天气变化时为孩子送衣服和雨伞的家长,经常可以见到在家里衣来伸手饭来张口的孩子,而家长对这些孩子的要求比较单一:"你好好学习就行了,将来考个好大学有份好工作就对得起爸妈了。"小孩子不会自己吃饭吗?显然不是!中学生不可以学习生活自理吗?当然可以!以爱之名包办了孩子的一切,这到底是爱还是害?

接着再用"物"举例加以佐证:

记得小时候去动物园游玩时,我经常会和其他游人一起喂食动物,那种喂食的快感和观看动物夺食的乐趣至今让我难忘。可是,那些圈养的动物还能否直接让它们回归大自然呢?当然不可以,因为它们已经失去了觅食的能力。

……

正如一只雄鹰长久地待在鸡群里,她就不再是一只鹰,而是变成了一只鸡;一只老虎圈养在动物园里给游人观看,它就不再是百兽之王,而只是一个道具。

文章先列举日常生活的两个场景,从"人"的角度论述"喂食"之害,容易引发读者的共鸣;进而作者由人到物,突出强调圈养的动物难以适应自然、鹰变成鸡、老虎成为道具等严酷现实,向人们敲响警钟:拒绝"喂食"!素材新颖,内容充实,发人深省。

五、名言助阵

一般说来,名言警句的引用能反映出一个人阅读量的多寡和文化素养的高低。在议论文中巧引名言警句,不但显得语言丰富,而且使文章充满文化气息,熠熠生辉,增强说服力和感染力。可以说,名言、警句在议论文中是一道亮丽的风景。如果写作时思路受阻,人物素材有限,不可忘记借助名言警句丰富文章的内容。名言警句可用作开头或结尾,揭示或深化主题;也可与例证交错使用,强化论证的分量。巧妙运用名言,不仅在基础等级上丰富了内容,而且文采四溢,又获得发展等级的得分,可谓一石二鸟。如2014高考湖北卷满分作文《驻足欣赏又何妨》中的两段文字:

(1)我欣赏"何妨吟啸且徐行?竹杖芒鞋轻胜马,谁怕?一蓑烟雨任平生"的洒脱。在数次遭贬之后,苏轼并不是只想"攀登";反之,却在岭南定居,"日啖荔枝三百颗,不辞长作岭南人","试问岭南应不好?却道,此心安处是吾乡"。他用"徐行"的姿态驻足岭南,写下了千古传诵的名篇。

(2)"陌上花开,可缓缓归矣。"安宁的驻足中我们可以欣赏到陶渊明"采菊东篱下,悠然见南山"的美景;欣赏到刘禹锡"苔痕上阶绿,草色入帘青"的惬意。这是山顶所没有的独特景色,是自然与宁静的水乳交融。

这两段文字在上文举例论证的基础上,大量引用古诗文名句,以抒情的笔调谈论"攀登"的感悟,材料丰富翔实,例证与引证共举,例证让人真实可感,引证成为有力的补充与延伸,增添了文采,使文章情、趣、理三位一体。

六、多维论证

写作议论文,务必掌握"因事说理"的方法技巧。即针对某一个素材或论题,要善于从远近高低不同的方位进行全面阐述,犹如诸葛亮的"八卦阵",无论从哪一个角度都防守严密,无懈可击。多维论证的手法不拘一格,可以分析原因,揭示本质,是谓"因果论证";可以假设推理,演绎归谬,破中有立,是谓"假设论证";可以双向对举,通过对比,彰显是非,凸显主旨,是谓"对比论证",不一而足。多维论证手法多变,行文灵活,可以使内容更加丰富,论证更加精辟。如2014高考湖北卷满分作文《不为羁绊　向上攀登》中的一段:

一个成功的人,不为辉煌成绩所羁绊,他才能更上层楼,高人一等。李娜,第一位获得大满贯冠军的亚洲人,她用自己的努力极大地推动了网球在中国乃至亚洲的发展。2011年荣获法网冠军后,她并没有沉溺于当时的辉煌之中,认为一个大满贯足以使之名垂青史,相反,她更加努力,更加执着……诚然,李娜是不会为辉煌羁绊的,她跳出牢笼,追求更伟大的自我,才得以成就一世美名。倘若2011年后她踌躇满志,功成身退,或许她头上的光环也不会有如今这样鲜亮,她的人生会暗淡不少吧!更或许,中国乃至亚洲网球的历史也将改写!

文段先用李娜不满足于现状,不为辉煌羁绊,从正面来证明"人生就像一场走向天堂的旅行,不拘泥于个中细节,而要往前走,向上攀登"的论点,然后从反面假设,通过演绎推理,揭示出一个截然相反的负面结果,以此警醒人心,强化论点。

七、纵深挖掘

要想使文章内容丰富有说服力,不能只"用事实说话",更应纵向揭示"新闻背后的新闻",写议论文更是如此。议论文要求论据充分,说理深刻。只举事例难免肤浅乏力,光讲道理难免空洞枯燥,故而一篇成熟的议论文应既摆事实又讲道理。既要讲"是什么",又要讲"为什么",还要讲"怎么做",这样,论据就充分了,内容就充实了,论证就有力了。常用的方法是,以实例或名言为触发点,一石击破水中天,形成涟漪,向四周横向延展,再纵深挖掘,最终深入骨髓,直抵核心。如:

(1)曾经,那个放歌长吟"长风破浪会有时,直挂云帆济沧海"的李白,那个徘徊高歌"采菊东篱下,悠然见南山"的陶潜,那个身受腐刑之辱却选择"隐忍苟活"的太史公……尽管在通往理想的道路上他们不断遭受挫折,但他们并没有坚持固守,而是拂去身上的浮尘,关上一扇通往趋炎附势的名利之门,却打开了一扇可以眺望自由放飞心灵的窗。学会变通吧,正因为懂得变通,他们发现心灵的转弯处风景美不胜收。(2014年高考安徽卷满分作文《我们需要变通》)

(2)雨果说得好:"即使你成功地模仿了一个天才的人,你也缺乏他的独创精神,这就是他的天才。我们来赞美大师吧,但不要模仿他们。还是让我们别出心裁吧,如果成功了,当然很好;如果失败,又有什么关系呢?"比如说美国的麦当劳,它是什么餐呢?是正宗的西餐吗?肯定不是,那会让西方正宗的西餐大师脸红的。但这种创新却赢得了市场,可谓是成功的创新了。(2014年高考安徽卷满分作文《随人作计终后人　自成一家始逼真》)

以上两例引出素材之后,并没有就此罢休,而是乘势而上,娓娓道来,环环相扣,层层深入,充分向深度和广度挖掘拓展,把论证引向更加理性的高度。这样,使读者感到内容丰富,说理精深,自然赢得掌声和鲜花。

高考作文在体裁上议论文"唱主角",对于叙事性文章来说,要做到内容充实,就要求过程清楚,叙述具体,描写细致。要用多种描写手法,要有生动的细节刻画。如2014年高考江苏卷满分作文《广场舞·红头绳》一文,通过对扎红头绳的奶奶跳广场舞的叙写,表现"青春不朽"的主题。文章既有对人物外貌、服饰的描写,也有动作、语言、神态和细节的描写,叙事细致完整,人物形象饱满,读起来充实感人。

叙事散文的"情趣"与"理趣"

叙事性散文是以写人、记事为主要内容的散文。它通过叙事反映社会生活,刻画人物形象,表达作者的爱憎感情。好的叙事散文如行云流水,妙趣横生,处处充满美感。在写法上,叙事散文重在"因事缘情",善于在叙事中寄寓作者丰富和复杂的情感底蕴和蕴含事理,是叙事散文写作的关键。

叙事性散文怎么写,方法很多,作者可以各取所长,各显神通;但有一点是相通的,那就是在叙事中抒发感情,寓含哲理。叙事性散文不同于一般的记叙文,不能赤裸裸表"情"达"意",要求含蓄有趣,即为"情趣"。它阐释的哲理不能生硬刻板,而应不着痕迹地蕴含在叙事或抒情之中,让读者在对美文的欣赏中不知不觉地明事理,长智慧,即为"理趣"。

叙事性散文的"情趣"主要体现在抒情的含蓄性,手法的多样性,要做到"藏"而不露。一般有以下几种方法:

(一)藏情于叙。指通过叙述事件来抒发感情,即寓情于事,使感情从具体事件的叙述中自然地流露出来,去感染读者。这种渗透着感情的叙述,使读者品味起来就更觉真诚、可亲、有趣。请看下面这段文字:

记得那年春上,奶奶生日,家里又揭不开锅了,你从外边借回一元钱,买了三斤豆腐。豆腐做好了,你一筷子夹给奶奶,一筷子夹给我,我让你吃,你说你嫌豆腐有一股味儿,反胃。婶娘,我那时真傻,还以为那是真的,就三两口扒吃了豆腐,后来在厨房里,却见你吞着野菜吃,我才知道你是哄了我。我后悔地哭起来,你却笑了,说我懂事,让我以后长大有钱了,再给你买多多的豆腐吃。可到现在,我一块豆腐也还未给你买了吃,你却死了。(贾平凹《哭婶娘》)

上文作者叙述的是发生在"文革"年代乡村生活中的一件小事。但在叙述中,却倾注着作者的无限深情。在这段文字中,作者没有直抒一句情,然而那真挚的情、热烈的爱,却深深地烙在"我"和读者心中。

(二)藏情于物。指通过写物来抒发感情。即在描绘动态和静态的物体时,不只反映事物的状态特点,而且把内心世界的爱憎、好恶的感情交融于物体中表露出来。例如古清生的《总有那一片蛙声》中的一段:

唯有月夜,那块草地是完全属于我的。这时候夜安睡了,一轮皎洁的月儿来到水洼子上,映得那水好一片白。在白水之上,忽然有不知来于何处的小蛙,欢快地跳跃,仿佛是要把那一轮月儿从水中端详个究竟,或者坐在月儿之上,让月儿浮托它走。小蛙们如同孩子,待它们游戏得尽情的时候,就一齐坐在水上唱歌。那就是在我的生命中离不去的蛙声了。惯于在夜里读书和写作的我,就极爱着那一扇窗,起起伏伏的蛙声,能让我的思绪飘浮,进入这样一个季节深处。

这段文字写月夜看蛙跳、听蛙鸣。作者运用联想、想象、比喻、拟人等手法,把小蛙们活泼可爱的形态描绘得活灵活现,憨态可人。动与静相结合,月与水相映衬,蛙与蛙相嬉戏,勾画了一幅静谧醉人的月夜蛙鸣图,借助"小蛙"的描写流露出作者由衷的欣喜之情。

(三)藏情于景。我们常有这样的感受:感情的火山爆发了,不可遏止;但赤裸裸地吐露出来似乎太可惜,希望它在读者心中多留一会儿,于是把它藏于山水草木之中,把无形的情思化为有形的景物。例如下面一段文字:

两岸的豆麦和河底的水草所发散出来的清香,夹杂在水气中扑面地吹来;月色便朦胧在这水汽里。淡黑的起伏的连山,仿佛是踊跃的铁的兽脊似的,都远远地向船尾跑去了。但我却还以为船慢……(鲁迅《社戏》)

这是鲁迅《社戏》中的一节。获准出了门的"我"像飞出了笼的小鸟,心里格外激动。这种滚烫的情怀,作者不忍直吐,便融于"香气""水气"和"仿佛是踊跃的铁的兽脊似的"山中,每一事物都渗入作者的缕缕情思,借此控制自己感情的狂澜。

叙事性散文的说理不同于议论文,它不需要旗帜鲜明地亮明观点,也不要求有严密的逻辑纽带,而是巧妙地在叙述和抒情中显示"理趣"。

一、寓理于情

寓理于情,既可以使情具有深度、厚度,又可以使理念闪烁出充满个性色彩的情思,拨动读者的心弦,收到情理双至的效果。叙述性散文里的"理",是需要读者透过字里行间去挖掘、去品味的。一般地,抒情性文字大都含有一定的"理","情"和"理"水乳交融。如赵丽宏《光阴》中的这段文字:

  时间,光阴和黑暗都无法改变他进行的节奏。欢笑不能挽留他的脚步,叹息也不能使他停步。你珍重他,他便在你的身后长出绿荫,结出沉甸甸的果实。你漠视他,他就化为轻烟,消散得无影无踪。

  作者以清丽飘逸的笔触,运用对比的手法,表达了对时间的哲理性思考。从表面上看,是书写对光阴的慨叹、留恋之情,细细品味,文中深含哲理,告诫人们应该珍惜时间,不要让他从我们手中悄悄溜走,以致留下终生的遗憾。

二、寓理于叙

  有些叙事性散文,借事说理,叙事是手段,是载体;明理是目的,是真意。作者要述说某一个道理,却不直接说出来,而是先构写一个故事,通过精当评论生发,把道理清楚生动地揭示出来。这样说出的道理生动,有趣,给人留下深刻的印象,能够得到读者的认可。

  如有一篇《有一种智慧叫放弃》的叙事散文,写有个孩子,伸手到一个装满糖果的瓶里去,他尽其所能地抓了一把糖果。当他想把手收回来时手却被瓶口卡住了。他既不愿放弃糖果,又不能把手缩出来,不禁伤心地哭了起来。一个旁人对他说:"你知足些吧!只拿一半,让你的拳头小一些,那么你的手就可以很容易地拿出来了。"

  这是一篇叙事说理的典范之作。"贪"是大多数人的毛病。有时候,如果我们抓住自己想要的所有东西不放,就会带来压力、痛苦、甚至毁灭。特别是现代社会,有些人变得越来越贪,什么都不愿放弃,结果却什么都得不到。作者通过一件小事,说明了一味贪多,往往什么也得不到,而适当放弃是一种智慧的选择的道理。寓理于叙,作者把道理讲得透彻精辟。人们读其事,思其理,自然就产生了情感共鸣。

  写作叙事散文要严防步入以下误区:一是线索不清晰,不能贯串全文始终;二是材料散乱,与题旨对接不紧;三是叙述概念化,缺少细节渲染;四是语言缺少过渡照应,行文显得生硬;五是议论抒情比重过大,文体成了"四不像"。

高考满分作文是怎样"炼"成的？

——从2013年一篇高考满分作文谈起

先看下面这篇2013年高考满分作文：

在平衡的生活中诗意地栖居

四川一考生

生活如酒，过于浓烈则辣喉，过于浅淡则无味，只有平衡的味道才显醇厚；生活如歌，过于高昂则刺耳，过于低沉则抑郁，唯有平衡的曲调才显悦耳；生活如画，过于繁杂则缭乱，过于简朴则无韵，唯有平衡的笔触才显美丽。

荷尔德林说："人生充满劳绩，然而人，诗意地栖居在这片大地上。"人生漫漫旅途中，让我们在奋斗的同时学会欣赏沿途的风景，让我们在平衡的生活中诗意地栖居！

在平衡的生活中诗意地栖居，我们要在奔跑中学会憩息。虽然"路漫漫其修远兮"，但我们仍然要在路途中"制芰荷以为衣兮，集芙蓉以为裳"。

遥望两千多年前，孔子驾车周游列国。游说，辅君，讲学，座下弟子三千，他为了心中的理想奔走忙碌。然而，孔子并不是只知道奔走。他懂得在忙碌的奔走中停下来歇一歇，他能够在奔走中明白停歇的意义。于是我们眼中的孔子，便是那两袖清风至贤至雅的圣人！反观当下，多少人在匆忙的奔跑中丧失了心力，名利正如那绑在驴子脖子上的萝卜，诱惑着人们不断地奔跑、追求。驴子的结局是力竭而亡，人又如何呢？人成了奔跑的机器，没有了灵魂，没有了精神，何其可悲！生活需要平衡，奔跑中需要停歇，唯此，我们才能懂得生活的旋律，诗意地栖居！

在平衡的生活中诗意地栖居，我们要在追求中学会享受。因为事业固然是我必须打造的圣殿，但在这圣殿之后还应有一个花园。

阿尔卑斯山脚下有一块著名的标牌，上书"慢慢走，欣赏啊！"是啊，在你奋力攀登绝顶、追逐胜利的同时，别忘了享受沿途如画的美景。生命在追求与享受中圆满，人生因奋斗与欣赏而美妙！鲁迅先生执笔时庄严肃穆，那支笔可作棍棒，敲醒百万愚民；又可化为刀枪，直刺敌人心脏。于这样的冷峻、肃穆中，先生为自己心中的事业——中华民族的觉醒耗尽了心血。然而，在萧红笔下，我看到的鲁迅却是一个温和的、懂得享受生活的老人。那青花瓷瓶中插着的小花，那袅袅烟雾中轻缓悠闲的神态，那一本正经探讨服装搭配的话语，让我感受到了一个别样的懂得生活的鲁迅先生。他不是一生伏于案头的作家，他在追求事业的同时，享受着生活带来的酸甜苦辣，他在平衡的生活中酝酿醉人的诗意，铸就了辉煌而又不失美好平淡的人生。

从儒家的中庸之道一路走来，中华五千年的文明都在向你宣告着平衡生活的智慧。让我们且歌且行，于平衡的生活中诗意地栖居！

这是2013年高考四川省一篇难得的满分作文，堪称高考满分作文的"标杆"之作。我们可以通过对这篇佳作的解剖分析，再通过与其他省份高考满分作文的比对，探寻获取满分作文的秘诀，以利于2014年的考生们备战高考，摘取作文桂冠。细细咀嚼，这篇文章有以下几个突出的亮点：

1. 开篇精彩，先声夺人——精"炼"凤头。作者起笔不凡，连续三次设喻，把生活比作酒，比作画，比作歌，类比得当，形象地揭示了平衡之妙。三个句式相同的比喻又构成排比，语言气势磅礴，酣畅淋漓。在此基础上，再引用名言，水到渠成地引出中心论点，自然点题。

好的开头是成功的一半。从古到今，人们写文章都十分注重精"炼""凤头"。大凡传世之作，无不从"头"精心雕琢。高考作文亦如此。2013年高考全国各地满分作文中，以开篇取胜的不乏其例：

①当暮霭沉沉时，我们被劝说要相信楚天辽阔；当草长莺飞时，我们被劝说要防备前方蜀道之难；当我们成长到某一阶段时，我们都被提醒着完成那个不合时宜的人物。于是童真就如那风铃声，渐行渐远。（2013年高考浙江卷满分作文《遗失的童真》）

本文开篇以排比句式，铺叙了当下青少年的童心正在泯灭的生活现状，入题迅捷。少不更事的"我们"总是被人牵着鼻子走，催得"被成熟"，"被长大"，变得"大器早成"，殊不知"我们"丢失了几多童心、童趣，遗失了宝贵的童真！

②是什么,让你烦躁时拥有闲看庭前花开花落的心境?

是什么,让你不安时仍拥有一份闲看天际云卷云舒的畅然?

是平衡,拥有一种平衡的心境,画会儿画,下会儿棋……我愿借得平衡一缕魂。(2013高考四川卷优秀作文《借得平衡一缕魂》)

这篇佳作使用设问的修辞格,自问自答,点明了"平衡"的题旨。两个"疑问"意在引起读者的注意,有激发阅读兴趣之妙;一个"答案"抖开谜底,巧妙点题。在设疑解疑中,使读者得到了满足,更留下深刻的印象。

③同样是一锅沸水,同样的时间,硬邦邦的胡萝卜出来后软了;易碎的鸡蛋出来后硬了;而咖啡豆,虽然出不来了,但它让水变成了咖啡。面对同样的环节,胡萝卜选择了屈服,软化自己;鸡蛋选择了防守,保护自己;咖啡豆选择了改变,成就了咖啡的芳香怡人。(2013高考重庆卷优秀作文《改变自己》)

文章开篇亮人眼目,十分精彩。在沸水中,胡萝卜因"屈服"而变软,鸡蛋因"防守"而变硬,咖啡豆因为顺势而变,"成就了咖啡的芳香怡人"。孰是孰非,一目了然。在三者的鲜明对比中,突出了"改变"的重要意义。

2. 恰当引用,富有意蕴——锤"炼"语言。文章开头引用荷尔德林的名言点明题旨;接着引用屈原《离骚》的诗文,提醒人们,漫漫人生路,要学会享受生活;再引用阿尔卑斯山脚下的名言,告诫人们:放慢急匆匆追求的脚步,欣赏路边美丽的风景。大量名言警句的引用,使文章意蕴丰厚,表现出浓重的文化积淀,文采斐然。

"有文采"是高考作文发展等级的要求之一。做到"有文采",除了修辞格的综合运用、长短句的交错使用、整齐的句式以及和谐的音韵之外,巧妙引用名言警句也是重要的手段。它既可以反映考生的知识积累,表现考生驾驭语言文字的能力,又可以使文章熠熠生辉,增添内涵,真可谓一箭三雕。聪明的考生总是注重在名言的引用上大做文章,为自己的文章增添亮点。2013年众多高考满分作文正是凭借名言的引用而吸引了阅卷老师的眼球,从而一举夺魁。请看2013福建卷满分作文《不做流云愿为花》中的一段:

钱钟书说,春天需要放在窗口里看才是美的。是啊,窗口给春天镶上了俏丽的边儿。王蒙说,河流是一种被辖制的自由。是啊,河岸为河流提供了宽厚的臂膀,并在上面挂满了繁花绿荫。艾青说,为什么我的眼里常含泪水,是因为我对这土地爱得深沉。是啊,唯有爱得深沉,才会永久扎根,同呼吸,共命运,而不是任由它沉沦。泰戈尔说,天空不会留下痕迹,但我已飞过。是啊,有梦想的人,心有慧根,不会在任何一片空荡的天地久留。

这段文字大量借用中外名人的言论,运用排比的手法,形象生动地阐释了"无限制的'自由'必然会造成为所欲为的后果"的主旨,语言优美,底蕴深厚,一气呵成,显示了作者广博的文化积淀。读来痛快淋漓,令人拍案叫绝。

再如2013高考江西卷满分作文《难易相生 怕与不怕相生》一文,作者一开始就引用道家学派的鼻祖老子的名言,从对立统一的观点出发,指出"怕与不怕是相依赖而存在的,没有绝对的畏惧或喜欢",既巧妙地切入了所要论述的话题,又自然地引出对中学生"三怕"的分析。在具体分析"三怕"时,先引用理查德·怀斯曼的名言,进而引出第一个层面的分析,指出"一个人害怕与否,其能力的高低是关键因素"。之后又化用林徽因的话,从第二个层面展开论述,指出"真正的不畏,不是避开难题,而是敢于直面难题"。最后又引用徐志摩的话巧妙地结束全篇。这些直接或间接化用的名言,既可以作为文中的论据巧妙地证明自己的观点,又可以作为行文的线索衔接起论证的过程,同时也彰显了考生丰富的文化积淀。

3. 例证经典,以一当十——提"炼"素材。作者选用"孔子""鲁迅"两个经典例子,古今结合,详略恰当,有力地论证了观点。孔子能够在奔跑中明白停歇的意义,然而现实生活中又有多少人在匆忙的奔跑中丧失了心力,成了奔跑的机器。这一组对比,突出"生活需要平衡,奔跑中需要停歇"。"执笔时庄严肃穆"的鲁迅和萧红笔下"温和的、懂得享受生活"的鲁迅又是一组对比,突出"在平衡的生活中酝酿醉人的诗意"。

高考作文素材的选用,要力求典型、新颖、鲜活,做到人无我有,人有我新。只有这样,才能给阅卷老师带来一种全新的视觉感受。在素材的使用上,还要注意点面结合,详略得当,既保证文章的容量,又增强论证的力度。2013年高考全国大纲卷优秀作文《爱心暖流带来微幸福》一文,作者引用了美国的沙利文、三个"最美人物"("最美教师"张丽莉、"最美妈妈"吴菊萍、"最美司机"吴斌)、"提灯女神"南丁格尔等人的典型事例,做到了中西结合,古今兼备,感染力、说服力极强。2013年高考全国大纲卷优秀作文《天堂的模样》,主体部分用天津的哥马志刚、乌鲁木齐的捐款乞丐、汶川地震失去亲人和双腿的女孩廖智三人的事例连点成线,新颖别致,有耳目一新之感,阅卷老师的眼球一下子被紧紧"抓"住了。

再看下例:

反观刘铁男,一位原本人人敬羡不已的副部长级高官却成了人人唾弃的贪官,究其原因,难道不正因他丧失了内心深处的灵魂吗?做人当诚实,做官当清廉。可是他呢?造假、受贿、骗取国家贷款。在当今这个物欲横流、发展迅猛的时代,有太多的事物让人偏离内心的初衷,随波逐流,比如销售假奶粉、毒大米的无良商家,肆意排放污水的黑心厂家,还有那些向黄浦江倾倒了成千上万头死猪的养殖户门。是啊,一个人如果失去了内心深处的灵魂,就会像流星一样,只能于天际漂浮。(2013年高考福建卷优秀作文《守住内心的"灵魂"》)

示例通过"点"例——刘铁男和"面"例——销售假奶粉、毒大米的无良商家,肆意排放污水的黑心厂家,还有那些向黄浦江倾倒了成千上万头死猪的养殖户门,以"点面结合"的方式,从反面阐述"偏离内心的初衷"是极其丑陋、龌龊的。这样"由点到面"安排素材,既显得内容充实,说服力强,又显得行文多变,详略有致,足见作者组织材料的娴熟技巧。

4. 思路清晰,结构明朗——巧"炼"结构。作者为论述"在平衡的生活中诗意地栖居"这一中心论点,精心拟定两个并列的分论点:在平衡的生活中诗意地栖居,我们要在奔跑中学会憩息;在平衡的生活中诗意地栖居,我们要在追求中学会享受。然后分层论证,清晰地阐明了"诗意地栖居"的内涵,思路严谨,条理清晰,表现出作者缜密的思维品质和高超的论证能力。

议论文要做到思路清晰,结构明朗,通常使用并列式、层递式、总—分—总式等结构形式。与例文一样,2013年高考满分作文不少也是因结构明朗而力压群雄,脱颖而出的。

①并列式。2013年广东卷满分作文《谢谢你的好意》,采用并列式结构,抓住三个家庭都对富翁"表示感谢"这一关键词展开议论,对三个家庭的不同态度做出肯定的思考,扣题严密,说服力强。"谢谢你的好意,我真心真意地接受"、"谢谢你的好意,他日我必定奉还"、"谢谢你的好意,我心领了"三个分论点,分别照应三个家庭对捐助的不同态度,使得文章结构整齐,层次分明。再如2013年高考全国课标Ⅰ卷满分作文《携勇气前行》,作者拟定三个分论点构成并列:携勇气前行,便能不畏人生的顺逆交替,成就事业;携勇气前行,便能不畏被浓雾遮挡的前路,开辟新天地;携勇气前行,便能不畏生死、荣辱,坚定心中的信念与信仰。全文条分缕析,与例文有异曲同工之妙。

②层递式。2013年安徽卷优秀作文《追问让梦想更多彩》拟设了三个层次:"我说,要让梦想更多彩,重在方向的确立,重在方法的选择";"我说,要让梦想更

多彩,重在对现实的需求,重在对未来的思索";"我说,追问让梦想更多彩,因为追问让我们鼓足干劲,让我们离梦想越来越近"。全文分三层论证,第一层重在论述要有正确的"方向"与"方法",第二层论述要有前瞻性、预见性,具有长远眼光,第三层论述要付诸行动,为实现梦想而战。三个部分层层递进,论述深刻有力。

再如2013年全国课标Ⅰ卷满分作文《淡定有勇　花自盛开》一文,采用三个小标题的形式总领三个事例:"一朵花需要一些勇气";"一个人需要一些勇气";"一个民族需要一些勇气"。三个小标题暗中构成了层层递进的关系,从物(梅花)到人(林徽因)再到一个民族,犹如游人拾级而上,步步深入,最终领略到巅峰的无限风光。

③总—分—总式。2013年高考江西卷优秀作文《在怕的背后》属于典型的总—分—总式结构:开头紧扣材料中的"三怕"现象,提出全文的中心论点"这一系列的胆怯,有我们自己的原因,也有学校、国家的责任",接着从自己(个人)、学校(老师)、国家(教育体制)三个方面,设定了三个分论点("怕"的背后,有你我的"惰性思维";"怕"的背后,有老师的引导不当;"怕"的背后,有国家教育体制的不健全),并逐一展开论证。最后对这三个方面加以总结,结束全篇,铿锵有力,引人深思。总——分——总的结构,时时处处紧扣材料,既不旁逸斜出,也不拖泥带水,充分挖掘"三怕"背后的原因,深入思考学校教育的现状,既显示了考生善于思辨、精于布局的能力,也表现了现代中学生敢于直面现实、勇于揭露问题的胆略和勇气,确实是一篇立意深刻、结构严谨的考场佳作。

5. 对比论证,凸显主题——历"炼"论证方法。例文在论证方法上,主要采用了对比论证。文中对比主要有两组:一组是孔子与当下一些人的对比,另一组是"执笔时庄严肃穆"的鲁迅和萧红笔下"温和的、懂得享受生活"的鲁迅的对比。通过比较,孰是孰非不言而喻,凸显了主题,催人警醒。

除对比论证外,议论文常见的论证方法还有因果论证法、假设论证法等。综合运用多种论证方法,学会因事说理,不但能有效避免高考作文"观点+材料"式的幼稚病,更能纵深挖掘,在深度和广度上纵横驰骋,获取高分。在2013年高考满分作文中,因为熟练运用不同论证方法而受到阅卷老师青睐的不在少数。请看以下作文片段:

①面对纷繁嘈杂的社会,周国平毅然选择坚持自己的精神王国,面对世人的不解与嘲讽,他没有退却,没有犹豫,而是选择与清风为友,与天空做伴。心灯在内,他自斟自饮生命之酒,别有一番滋味。

......

曾经看过季老的一张图片，他的目光是那样的清澈，眼神又是那样的坚定。晚年的季羡林，一个人，一只猫，一前一后，漫步在燕园中，成为燕园中一道别致的风景。季老抛却浮名，远离喧嚣，选择在喧闹的社会保留内心的一片宁静。这样的不浮不躁如一首意味隽永、朗朗上口的诗歌，如一曲明亮欢快、节奏清晰的交响乐。

......

反观现在的社会，都市的脚步踏碎了细腻的梦。多少人在钢筋水泥中迷失了自我，他们感叹良辰美景虚设，却又有谁肯将浮名换成浅斟低唱，肯将宝马雕车丢弃，一蓑烟雨任平生？（2013江苏卷满分作文《坚守本真》）

周国平在小镇幽居十余年，晚年的季羡林"选择在喧闹的社会保留内心的一片宁静"，官场压制下的一群诗人不因浮华、利益而停下追求本真的脚步，此为正面论证。然后"反观"现实，概述如今人们迷失自我、心急火燎"熙熙于名利"的事实，从反面指出坚守本真的难得。正反对比，有振聋发聩之奇效。

②京剧名旦梅兰芳先生，在一次演出结束后，与众人喝彩声中，听见一老人大喊"不好"。散场后梅先生特意将老人请至后台："说吾孬者，是吾师也，请您指教！"……梅先生不觉得丢脸怨恨，反而拜老人为师。正是因为感谢挑错，改进不足，梅先生才能登上京剧舞台的巅峰，成为一代传奇。（2013年高考山东卷优秀作文《感谢挑错》）

作者在列举事例后，用因果论证法适当展开，证明了梅兰芳先生因"感谢挑错"而获得成功，增强了力度，突出了主题。

③章太炎先生出生于医学世家，自恃医技高明，直至有一次自己生病久治不愈，经名师挑错才知道自己的药方不管用。从此他苦心钻研，在医学领域也有所建树。假如没有那次生病后挑错，章太炎恐怕意识不到自己的不足，发愤学成从何谈起？感谢挑错，成就大师之学。

（2013年高考山东卷优秀作文《感谢挑错》）

作者先引用章太炎先生"经名师挑错"而"有所建树"的事例，接着反向假设——如果没有那次"挑错"，恐怕章太炎也就没有"大师"的美誉了，从而阐明了"知错就改，善莫大焉"的道理。

捕捉"危险信号" 巧妙诊断语病

辨析修改语病是高考的必考题。然而,学生对这类试题普遍感到无从下手,解答时随心所欲,失分率比较高。辨析修改语病,倘若只是宏观上了解语病的六大类型是远远不够的,还必须从微观上寻找突破口,这样既便于操作,又能提高准确率。这里介绍一种既简便又行之有效的方法:捕捉"危险信号",巧妙诊断语病。

判断一个句子有无毛病,犹如中医看病的"望闻问切"理论,"望"为第一。面对不同的选项,必须仔细地审视观"望",一旦发现"危险信号"(症状),这个选项就极有可能是有"病"的。这里所说的"危险信号",是指具有标志性的词语或句式。只要我们紧紧抓住这些"危险信号",巧妙诊断,就一定能轻松、高效、准确地对症施治,妙手回春。

危险信号一:介词或介词结构

"由于""关于""对于""当……时候""通过……使……"等之类的介词或介词结构一旦出现,就无异于亮起了红灯,必须引起高度警觉,这个句子极有可能是有语病的。一般说来,这类句子大多都是滥用介词而造成主语残缺。

例1. 关于《品三国》,粗粗一看,似乎与其他同类的书没有多大的区别,但反复品读,就会发现其意味深长。(2012江西卷)

诊治:该项的主语本是"《品三国》",因为之前有了介词"关于",就造成了主语残缺,只要删掉"关于"就可以消除语病了。

例2. 由于美国次贷危机的加剧,使各国政府不得不出台各种干预措施来稳定金融市场。

诊治:主语残缺。两个介词"由于""使"任意去掉一个,分别让"美国次贷危机的加剧"或"各国政府"充当主语。

例3. 各级财政部门要提高科学管理水平,特别是对农村基础设施建设经费的管理上,要做到心中有数,全盘考虑,周密安排。

诊治:"对……上"连用造成句式杂糅。可分别表述为"对农村基础设施建设经费的管理"或"在农村基础设施建设经费的管理上"。

例4. 当参加江西师大"重走校址路"自行车骑行活动的70名师生历经艰辛终于到达瑶湖校区的时候,受到了等候在此的近千名师生的热烈欢迎。

诊治:滥用介词结构"当……的时候"造成主语残缺,可去掉"当……的时候",让"师生"作主语。

例5. 改革公费医疗制度、实施医疗保险的问题,对于广大人民群众并不是一下子就能愉快接受的,这需要政府部门做好宣传解释工作。

诊治:滥用介词"对于"造成主客倒置,不合逻辑。应该是"广大人民群众对于改革公费医疗制度、实施医疗保险的问题……"。

例6. "新生代农民工"自从被列入重点关注的对象之后,各级政府将关心"新生代农民工"成长作为"十二五"的工作重点。

诊治:该选项偷换主语。应将"自从"放在"新生代农民工"之前,使之成为介词结构作状语,主语就只有"各级政府"了。

危险信号二:关联词

对近年来历届语病类试题进行比较分析,我们可以发现其中的一个潜在的规律,即:倘若选项中含有关联词(选项是复句),那么此类选项绝大多数是有语病的。因此,"关联词"就是一个"危险信号"。由关联词入手,往往可以轻松、高效地做出正确判断。这类语病比较普遍,主要有以下几种情况:

1. 关联词位置不当

例1. 一个省的文化系统如果能肩负起继承当地文化传统的使命,那么这个省的文化底蕴就会得到保持,而不至于中断和流失。

诊治:因为两个分句的主语不同,关联词应该放在主语的前面,此项关联词位置不当。应将"如果"放在"一个省的文化系统"之前。

例2. 我们相信中美双方只要把握大局,抓住机遇,加强交往与合作,注重沟通与协调,妥善处理重大敏感问题,两国关系就能持续健康的向前发展。

诊治:两个分句的主语分别是"中美双方"和"两国关系",主语不同,关联词应放在主语之前。应把"只要"放在"中美双方"前。

例3. 沈纯德认为,不仅在比赛中服用兴奋剂破坏了竞赛的公开、公平和公正,对运动员自身的身体健康也将带来极大的伤害,同时更严重破坏了田径运动在公众心目中的良好印象。

诊治:两个分句的主语都是"服用兴奋剂",主语相同,关联词应放在后面,属于关联词位置不当。应将"不仅"放在"服用兴奋剂"之后。

2. 关联词搭配不当

例、一个国家的工业水平,既取决于产量,而且取决于质量。

诊治:"既"与"而且"不能配搭。可改为"一个国家的工业水平,既取决于产量,又取决于质量"或"一个国家的工业水平,不仅取决于产量,而且取决于质量"。

3. 递进关系语序不当

例1. 现代文明不仅带来了理性化、工业化、市场化、都市化、民主化和法制化这些美好的社会制度,而且创造了前所未有的物质财富。

诊治:"不仅……而且……"是递进关系,两个分句内容轻重倒置,应交换位置。

例2. 强调联合制作的大戏,让人们不仅看到了中国戏曲的整体进步,而且看到了中国戏曲在现代化问题上迈出的可喜一步。

诊治:属递进复句,"看到了中国戏曲的整体进步"与"看到了中国戏曲在现代化问题上迈出的可喜一步"轻重倒置,应互换位置。

4. 滥用关联词造成分句间关系混淆

例1. 他在英语国家工作一年,不但进一步提高了英语交际能力,还参加过相关机构组织的阿拉伯语培训,掌握了阿拉伯语的基础应用。(2012全国卷)

诊治:分句之间不存在因果关系,也不存在递进关系,滥用关联词造成关系混淆,表意不明。

例2.对这部小说的人物塑造,作者没有很好地深入生活、体验生活,凭主观想象加了一些不恰当的情节,反而大大减弱了作品的感染力。

诊治:句中"没有很好地深入生活、体验生活,凭主观想象加了一些不恰当的情节"与"减弱了作品的感染力"属因果关系;"反而"表转折关系,使用不当。可把"反而"改为"因而"。

5. 关联词残缺

例1.会计专业的学生无论是中专生、大专生、本科生,毕业后如要从事会计类职业,必须通过考试取得会计从业资格证书才能上岗。

诊治:"无论"之后没有相应的关联词与之搭配,造成关联词残缺。应在"必须"前加"都"与"无论"呼应。

例2.如果能掌握各种类型的调查报告的特点,有助于在调查研究过程中抓住中心,突出重点。

诊治:第一分句用了"如果",第二分句缺少与之相应的关联词语,属于关联词残缺。应在"有助于"前加"那么就"。

危险信号三:并列短语

仔细研究高考语病类试题可以发现,大凡选项中含有并列短语(其标志是顿号及连词"和""与""及其"等),这些选项都是有语病的。也就是说,这些短语是不能并列使用的。短语(词语)不能并列使用的原因主要有以下几种:

1. 种属(包含)关系的短语并列不当

词语概念的内涵有大小之分,如果词语之间存在种属(包含)关系,即属于子概念与母概念的关系,就不能并列使用,否则就成了病句。

例1.长沙、株洲、湘潭城市群建设的启动,对道路、交通、媒体、通讯等行业提出了新的要求,与此相关,长沙商业圈无疑也将面对重新洗牌的机会。

诊治:"交通"包含了"道路",二者是种属(包含)关系,不能并列使用。可去掉"道路"一词。

例2.当一些西方媒体歪曲报道西藏发生的游行示威、将中国妖魔化时,澳大利亚的大多数媒体和报纸、电视台都公布了事实真相,破坏了西方媒体妄图达到它们险恶目的的阴谋。

诊治："媒体"属母概念，"报纸、电视台"属子概念，不能并列使用。可去掉"媒体"或"报纸、电视台"。

2. 概念交叉的短语并列不当

当词语（短语）间的概念有交叉部分时，这些词语或短语就不能并列使用，否则就成了病句。

例1. 贫困市民和下岗职工不再把干个体看作是丢脸的事，他们已经坦然地加入到个体户行列中来。(2012江西卷)

诊治："贫困市民"里有"下岗职工"，"下岗职工"里也有"贫困市民"，两个概念有交叉部分，不能并列。

例2. 中国冰雪健儿们在温哥华冬奥会取得的战绩，再一次说明中国队不管是男女项目还是团体项目，抑或是各单项，都取得了长足进步。

诊治："男女项目"与"团体项目""各单项"之间都有交叉部分，属于并列不当。

3. 并列词语的语序不当

如果并列词语的概念既不是种属关系，也不是交叉关系，还有一种情况不可忽视，那就是词语的顺序是否妥当。常见的错误是，词语的排列不合事理，有悖逻辑，这个句子也是有毛病的。

例1. 我国首座自主建造、设计、开发的第六代深水半潜式钻井平台，在我国南海海域正式开钻，标志着我国海洋石油工业深水战略迈出了实质性步伐。(2012四川卷)

诊治：按照常理应是"设计"在先，"建造"在后，属于语序不当。二者交换位置即可消除语病。

例2. 今年广东天气形势复杂，西江、北江可能出现五年一遇的洪水；省政府要求各地要立足防大汛、抢大险、抗大旱，做到排查在前、排险在前、预警在前，确保群众的生命财产安全。(2012广东卷)

诊治："排查在前、排险在前、预警在前"显然属于语序不当。按照逻辑顺序应是"预警在前、排查在前、排险在前。"

例3. 针对"三农"问题，全国政协组织专题调研组分赴黑龙江等地，与全国13个产粮大省政协联合调研，提出了关于稳定粮食生产、拉动农村消费、增加农民收入的建议。

诊治:"稳定粮食生产、拉动农村消费、增加农民收入"顺序不当,正确的顺序是"稳定粮食生产、增加农民收入、拉动农村消费"。

4. 并列词语违反同一律

同一律是形式逻辑的基本规律之一,就是在同一思维过程中,必须在同一意义上使用概念和判断,不能混淆不相同的概念和判断。如果并列的词语不属于同一个概念范畴,就违反了同一律而成了病句。

例、这家乒乓球馆设施齐全,可为乒乓球爱好者提供不同档次的球台、球拍、球衣、球鞋等乒乓器材。

诊治:"球衣、球鞋"不属于乒乓器材,不是同一范畴的概念不能并列。可将"球衣、球鞋"去掉。

5. 词语并列造成歧义

并列的词语之间关系混乱,表意不明,可以有两种或两种以上不同的理解,造成语义上的歧义。

例1. 许多投资者不了解证券投资和基金产品的风险,没有区别股票和基金产品与储蓄、债券的差异,贸然进行证券和基金投资。

诊治:"没有区别"的可以理解为"股票与后三者基金产品、储蓄、债券的差异",也可理解为前两者与后两者的差异,还可理解为前三者"股票、基金产品、储蓄"与债券的差异。

例2. 伊朗核问题的解决,最终要靠美国、俄罗斯、中国和伊朗的谈判来解决。

诊治:谁跟谁谈判? 四国关系的表述有歧义。

6. 并列修饰语与中心语搭配不当

当并列词语充当修饰语时,其中的某些修饰语与中心语不能搭配。

例、据悉,一种新型的袖珍电脑将亮相本届科博会,它采用语言输入、太阳能供电,具体高雅、时尚、方便、环保的功能和作用。(2012北京卷)

诊治:"高雅、时尚、方便、环保"同做"功能和作用"的修饰语,但"高雅、时尚、方便"显然不属于"功能和作用"的范畴,搭配不当。

危险信号四:能否、是否、好与坏、成功与失败

"能否""是否""好与坏""成功与失败"等词语包含了正反两方面的含义。语句中一旦中出现这类词语,就要引起我们的高度注意和警惕。一般地,这类语句往往会犯前后不能照应的毛病,就是通常所说的"两面对一面"。

例1. 对涉及百姓健康和公共利益的研发活动能否进行科学伦理的评价把关,是防止技术滥用、纠正科技应用偏差的重要保证。(2012安徽卷)

诊治:"能否"与"是"相对,属于"两面对一面"。可直接删掉"能否",或在"是"后加"能否"。

例2. 加快西部地区发展的步伐,除了要尽力争取国内外投资,建设好基础设施,努力发展高新科技产业之外,搞好节水农业,办好乡镇企业,也是一条能否发展西部经济的重要途径。

诊治:"要尽力争取""建设好""发展""搞好""办好"都从一面讲,而后面的"能否发展"从两面讲,前后不对应。应去掉"能否"。

例3. "低碳生活"这一理念,经过我国改革开放以来经济建设的成功和失败的实践,无可争辩地证实了这一理念的正确。

诊治:"成功和失败"与"正确"属于两面对一面。应删掉"和失败的"。

危险信号五:几种相对固定的特殊句式

在语病类试题中,有几种相对固定的特殊句式,它们的出现再一次发出了"危险信号"。可以说,只要这些句式出现,就基本可以断定这个句子犯了句式杂糅的毛病。句式1:原因是……造成(引起)的

例1. 据世界卫生组织发布的数据表明,人类68%的疾病的原因是由空气污染引起的,空气中的细菌、病毒是感冒的主要根源。

诊治:"原因是……引起的"连用,造成句式杂糅。可以分别表述为"人类68%的疾病的原因是空气污染"或"人类68%的疾病是由空气污染引起的"。

例2. "2·12"沙县森林大火的起火原因已调查清楚,专家称原因是当地一居民乱扔烟头造成的。

诊治:"原因是……造成的"属句式杂糅。可以分别表述为"专家称原因是当地一居民乱扔烟头"或"专家称是当地一居民乱扔烟头造成的"。

句式2:靠的是……取得的

例1. 目前,我国是联合国"人类非物质文化遗产名录"中入选项目最多的国家,这一成绩主要靠的是社会各界的共同努力取得的。

诊治:"靠的是……取得的"属于句式杂糅。可以分别表述为"这一成绩主要靠的是社会各界的共同努力"或"这一成绩是社会各界的共同努力取得的"。

例2. "奥运会"成功举办,"神舟七号"圆满发射,旱情的快速解决,靠的是全体勤劳勇敢的中国人的共同奋斗所取得的。

诊治:"靠的是……取得的"属于句式杂糅。可以分别表述为"靠的是全体勤劳勇敢的中国人的共同奋斗"或"是全体勤劳勇敢的中国人的共同奋斗所取得的"。

句式3:是由于……造成的

例1. 俏江南餐饮集团一直在野心勃勃地宣传它的上市计划,但是今年3月份提交给证监会的上市申请一直到现在仍然杳无音讯。有分析人士认为:这是由于近期频出食品安全事件,证监会已经暂缓了餐饮行业的上市所造成的。

诊治:句式杂糅。"认为"后面的内容可分别表述为"这是由于近期频出食品安全事件,证监会已经暂缓了餐饮行业的上市"或"这是近期频出食品安全事件,证监会已经暂缓了餐饮行业的上市所造成的"。

例2. 从外部条件看,孩子们产生厌学情绪,是由于学校和家庭对他们施加了过大压力造成的。

诊治:"是由于……造成的"连用造成句式杂糅。可以分别表述为"是由于学校和家庭对他们施加了过大压力"或"是学校和家庭对他们施加了过大压力造成的"。

句式4:有着……不可小视

例:中国古老的智慧、经典的知识尽管难以具有实际的功效,但它有着益人心智、怡人性情、改变气质、滋养人生的价值同样不可小视。

诊治:"有着……不可小视"连用造成句式杂糅。可分别表述为"它有着益人心智、怡人性情、改变气质、滋养人生的价值"或"它益人心智、怡人性情、改变气质、滋养人生的价值同样不可小视"。

句式5:据……表明(显示)

例:据西藏自治区统计局发布的最新数据显示,在自治区常住人口中,藏族人口占九成以上,为271.6万人。

诊治:"据……显示"属句式杂糅。可分别表述为"据西藏自治区统计局发布的最新数据"或"西藏自治区统计局发布的最新数据显示"。

句式6:是……为准

例:红学专家们对谁是《红楼梦》后四十回的作者这个问题有不同的说法,但现在一般采用是高鹗续写这一说法为准。

诊治:"是……为准"连用造成句式杂糅。可分别表述为"但现在一般采用是高鹗续写这一说法"或"但现在以是高鹗续写这一说法为准"。

句式7:包括……所组成

例:北接陆上丝绸之路、南连海上丝绸之路,将于2014年申遗的"中国大运河",包括了京杭大运河、隋唐大运河以及浙东运河所组成。

诊治:"包括……所组成"连用造成句式杂糅。可分别表述为"包括了京杭大运河、隋唐大运河以及浙东运河"或"是由京杭大运河、隋唐大运河以及浙东运河所组成"。

句式8:还在于……是……原因

例:房地产市场之所以陷入长达一年的萧条,除了市场周期性调整的因素外,还在于部分开发商追求暴利,哄抬房价,也是泡沫加速破裂的重要原因。

诊治:"还在于……是……原因"造成句式杂糅。可分别表述为"还在于部分开发商追求暴利,哄抬房价"或"部分开发商追求暴利,哄抬房价,也是泡沫加速破裂的重要原因"。

危险信号六:否定副词"不""没有""忌""否认""避免"等

否定副词的出现,可能预示着语句存在否定不当的毛病。这时,务必认清这些否定副词,然后根据双重否定表肯定,单数否定表否定的规律,再结合句意做出准确判断。特别强调一点,如果语句是反问句,则该句本身带有否定的意味,切不可忽视。

例1.近视患者都应当接受专业医师的检查,选择合适的眼镜,切忌不要因为怕麻烦、爱漂亮而不戴眼镜。(2012山东卷)

诊治:"切忌不要""不"属于三重否定,表示否定的意思,即不要戴眼镜,跟整个句子意思恰恰相反,属于否定不当。可去掉"切忌"。

例2. 很多人利用长假出游,怎样才能避免合法权益不受侵害,有关部门对此作了相关提示。

诊治:"避免"与"不受"是双重否定,表示肯定,意思成了"怎样才能让合法权益受侵害",否定不当。去掉"不"就可消除语病。

例3. 在激烈的市场竞争中,我们所缺乏的是,一是勇气不足,二是谋略不当。

诊治:"缺乏""不"是双重否定表示肯定,意思搞反了。删掉"不足"和"不当"就可以了。

例4. 难道有谁能否认长江不是向东流的吗?

诊治:句中的"否认""不"属双重否定表肯定,再加上反问语气(表示否定),就成为三重否定,等于说"长江不是向东流的",有悖现实,是个病句。

02
二、写作指导篇

逐条细分解　整体求大同

——多材料作文写作指导

【典型例题】

阅读下面的文字,根据要求作文。

材料一:2015年10月10日,黄晓明与杨颖在上海展览中心举办"世纪婚礼"。上百位明星出席,红毯就走了一个半小时,包括宾客、媒体及工作人员在内,共有两千多人参加。各项费用估计至少耗费人民币两亿元,让人瞠目结舌。这场婚礼也大获网友好评,纷纷直呼太羡慕了!各路媒体也争相报道。

材料二:2015年10月5日,屠呦呦获得2015年诺贝尔生理学或医学奖,成为第一位获得诺贝尔科学奖的中国本土科学家,也是第一位获得诺贝尔生理学或医学奖的华人科学家。但关于屠呦呦的媒体报道却显得有些冷清,甚至很多人根本不知道屠呦呦是谁。

请好选角度,确定立意,明确文体,自拟标题,写一篇不少于800字的文章。

【写作攻略】

写作时,既要找准两则材料的聚焦点,以此来确定文章的立意,又要挖掘材料呈现的现象背后的本质问题——即由果溯因或透过现象看本质。可以通过"三追问"(是什么、为什么、怎么办)来确定立意。

(1)思考这种现象是什么或反映的是什么。当前,我们社会存在着一种"新脑体倒挂"现象:为社会做出贡献的科学家,人们关注不足,以致他们付出很多却收获较少;而娱乐明星却因为得到过度关注,赚得盆满钵溢。

(2)思考为什么会有这种现象产生。如果单从事情本身来看,屠呦呦获得诺贝尔生理学或医学奖,当然是一件可喜可贺、值得举国欢庆的事情,因为这是继莫言获得诺贝尔文学奖后,中国终于培养出了诺贝尔科学奖获得者。而黄晓明举办奢华婚礼也无可厚非,毕竟国人的传统摆在那儿,喜事要大操大办,不仅明星如此,平民百姓也是如此。但问题在于看客们的反应。一个民族最关注什么,背后蕴含的就是什么样的人生观、价值观。对黄晓明奢华婚礼的过度关注,折射出的正是拜金主义、利己主义、享乐奢靡的思想毒瘤,是一种娱乐至上的观念思潮。而对屠呦呦获得诺奖的相对漠视,是因为人们没有关注到诺贝尔奖设置背后的理念,没有关注到我国教育科技的相对滞后。因此,文章可以从批判拜金主义、利己主义、享乐奢靡的人生观、价值观入手。

(3)思考怎样才会减少或杜绝这种现象。解决问题的关键是摒弃陈旧观念,树立时尚新风,真正落实科教兴国的理念,在思想上让国人树立正确的人生观、价值观。

【佳作展板】

崇高雅之道　弃庸俗之风
陕西省商南高中高三(27)班　高晓于

明星大腕大肆操办婚礼,耗费巨资,极尽奢华,令网友羡慕,眼球滴血;为世人祛病消灾荣获诺贝尔大奖的堂堂科学家却相形见绌,遭遇冷落,甚至竟有人不知道屠呦呦是谁!这一热一冷,一重一轻,足可以看出世风之倒向。我们不禁大呼:崇高雅之道,弃庸俗之风。

树立"富贵不能淫,贫贱不能移"之根。一代伟人,为楚国的兴盛费尽心血,无奈楚王昏庸至极,受佞臣迷惑,使四方苦不堪言。屈子走在山间,带来一股清圣之风,饮一杯浊酒,而叹世事无常;屡遭贬谪,遍尝"朝来寒雨晚来风"的痛苦凄凉,终在汨罗江旁用生命诠释了其人生信仰,不淫富贵,不斥贫贱,何等悲壮!屈子的"举世皆浊我独清,众人皆醉我独醒"叹出了其人生惆怅,但也正因为如此,才迎来了东方之朝阳,黎民百姓之期望。

痛斥"天下熙熙,皆为利来;天下攘攘,皆为利往"之风。在当下社会,拜金主义被一些人奉为处事标准,毒奶粉、瘦肉精等危害身体健康的非法产品因此层出不穷。何以至此?是道德的败坏,是利益的驱使,更是享乐观的作祟。过分的利己主义、享乐主义才导致"朱门酒肉臭,路有冻死骨"的悲剧发生。黄晓明的"世纪婚礼"令人感叹,而媒体对其疯狂的报道更令我们深思。在"眼球经济"盛行的当下,人们的目光随媒体的报道不断变化,以致越来越忽视最本质最纯真最美好的东西,加入到庸俗的行列,实在可悲呀!

铭记"奢华尽出成功后,逸乐安知与祸双"之遗训。世间万物虽盛,亦非取之不竭,用之不尽,更何况一己之财富?功成名就,亦非船到码头车到站,仍需百尺竿头更进一步,因为学海无涯,技无止境。莫言获得诺奖,依然走在田垄上,观一片红高粱,叹遍山金黄,何曾挥金如土,放浪形骸?作为中国本土科学家的屠呦呦,日复一日研究抗疟药,以身试药,身染肝疾,为了世人的健康,她何曾埋怨?何曾退缩?他们登上成功的巅峰,没有花天酒地,没有纸醉金迷。因为他们深知,成功不应成为资本,享乐不应成为终极追求。他们是智者,是伟人!

反观当下,炫富女,潇洒哥,数见不鲜;中国小伙国外买天价别墅,创吉尼斯纪录的重庆万人大火锅,人们乐此不疲。然而又有几人了解雕刻火药的大国工匠徐立平,又有几人知道解决国人吃饭问题袁隆平?

可悲!危险!面对如此之世风,我们不得不大声疾呼:崇高雅之道,弃庸俗之风!

点评:文章标题紧扣材料,醒目美观,凸显主旨。三个分论点以段首中心论点为轴心,围绕材料形成并列结构,从不同侧面全方位展开阐述,条分缕析,中心突出。在此基础上,由材料生发开来,联系当下社会现实,列举生活现象,指出"崇高雅之道,弃庸俗之风"的必要性和紧迫性,文章具有强烈的现实意义。结尾斩钉截铁,戛然而止,首尾照应,重申观点,具有极强的感召力。语句整散结合,引用恰如其分,素材经典丰富,都为文章增色不少。

【新题演练】

阅读下面的材料,根据要求作文。

材料一:民间名言:自新应似长江水,日夜奔流无歇时。

材料二:当代著名教育改革家魏书生认为,抽打自己的鞭子要掌握在自己的手里,在漫长的人生道路上,要经常鞭策自警,万不可以为有过一两次抽打就可以沿途平安了。

思路点拨:

这道作文题由两则材料构成,属于多则材料作文题。解读本题,首先要弄清楚每一则材料所表达的中心意思,然后再通过比较寻找出它们之间的共同点,这个共同点就是立意的关键和角度。第一则材料的意思是应持续不断地坚持自新,第二则材料的意思是持续不断地警醒自己才能求得自新进步。据此,可以有如下立意:

(1)凡事都要坚持不懈。成功的秘诀不在于一蹴而就,而在于坚持不懈。荀子的"锲而舍之,朽木不折;锲而不舍,金石可镂"这番话就道出了这个道理。做任何事情,只有持之以恒,才能取得骄人的成绩,才能登上人生的珠峰。

(2)自新进步永无止境。在漫长的人生道路上,我们不能满足一时的自新与进步,否则就有可能安于现状,止步不前,进而滑向退步守旧的深渊。自新与进步是没有止境的,唯有时时自新,事事自新,处处自新,才能打造精彩非凡的人生。

解读本题要防止截取片语,立意偏向。例如只截取第二则材料中的"抽打自己的鞭子要掌握在自己的手里"一句,立意为"要掌握人生的主动权""要善于鞭策自己"等,就偏离了材料的命题立意指向。

知警言要义　悟话外之音

——名言类材料作文写作指导

【典型例题】

阅读下面的文字,根据要求作文。

1. 书籍是前人的经验。(拉伯雷)
2. 经验是一面镜子,借鉴它,你能清楚地看到往事。(易卜生)
3. 倘只看书,便变成书橱。(鲁迅)

要求:根据上面三句话,自选角度,确定立意,明确文体(诗歌除外),自拟标题,写一篇不少于800字的文章。

【写作攻略】

这三句话是层层递进的关系。其中拉伯雷的话是第一层次,告诉我们书籍是人类思想的宝库,具有巨大的力量,是举世之宝。易卜生的话进一步告诉人们怎样对待书籍:经验是前人留给我们的一面镜子,我们可以用过这面镜子知道得失,少走弯路。鲁迅的话则从另一角度告诉我们,看书不能死读书,借鉴前人的经验不能机械模仿,而要结合实际情况加以思考,有所创新。这三句话相对独立又相辅相成,互为关联,我们可以这样思考立意:

从第一句话的角度:好读书,读好书;善于学习前人的经验;开卷有益,与书为伴;书犹药也,善读之则可以医愚。

从第二句话的角度:怎样借鉴前人的经验;吸取前人经验,使自己少走弯路;利用别人的经验,以弥补个人直接经验的狭隘性;前车之鉴,后事之师等。

从第三句话的角度:如果只是死读书,那前人的经验就有害无益;要掌握书,莫做书的奴隶;要利用、借鉴前人的经验使自己有所突破和创新。

从整体看来,单从某句话着眼,都不是最好的立意。应结合这三句话综合立意,这才算是最为切题的,如:学习借鉴前人经验既不能一味迷信,也不能全盘否定,要有所选择,有所思考,从而有所突破,有所创新,有所建树。

【佳作展板】

莫作他人思想的跑马场

陕西商南高中高三(27)班 范小钰

拉伯雷曾说:"书籍是前人的经验。"虽然这"前人的"三个字只做修饰定语,但在我看来,这三个字万万不可删去。的确,经验能让你清楚地看到往事,但作为"今之众人",我们要做的是借鉴而非照搬,是有选择地扬弃而非一味地接纳。莫作他人思想的跑马场,而要有自己的真知灼见。

很多人都问:"为什么要读书?读书有什么用?"答曰:"书是前人的经验。经验是一面镜子。借鉴它,你能清楚地看到往事。"宋濂天寒地冻之时抄书读书,为的是什么?不正是为了以史为镜,从书中借鉴经验,使自己在碰到类似情况的时候,不致落个丈二和尚的窘态。

特别赞同冯友兰先生的读书经验,"精其选,解其言,知其意,明其理"。通晓古今,四书五经倒背如流的文人墨客并不鲜见,而那些却只是泛泛之辈;那博览群书,却又跳出古人思想的学者,凤毛麟角,却是历史长卷上浓墨重彩的亮点。读书,读的是书中人,思的是心中我。想及那著名的长勺之战,曹刿阻止了鲁庄公击鼓进兵的鲁莽之举,而认为"一鼓作气,再而衰,三而竭"。击鼓激励士气,只要是熟读兵法的人都知道这个道理,但却只有曹刿一人用得恰到好处,只因他参透了兵法,懂得了兵法与士兵内心活动的结合。

周国平说过:"几乎一切创造欲强烈的思想家都对书籍怀着本能的警惕。"诚然,读书过滥导致不由自主地模仿。模仿和借鉴是两个截然不同的概念。模仿只是拾人牙慧,使你变成转述原书的扩音喇叭;借鉴才使你将愿书变成真正属于你的宝贵财富,才是真正做到了爱默生所言的"你是一个宇宙,而非一个卫星"。

当今社会,有多少部作品被指抄袭模仿国内外的好作品!暑期档《大圣归来》为何如此火爆?独树一帜的中国风、在《西游记》原版上的幽默改编、传达真善美的主旨,也许才是《大圣归来》票房取胜的关键。那完全模仿《汽车总动员》的国产动画《赛车总动员》为人诟病,自然成不了气候。

时间是一个筛子,会淘去一切沉渣。在借鉴前人经验的基础上,再添上自己的思想,方能成为人中龙凤。一个人在精神真正成熟之后,才会返璞归真,自足扬弃。苇草并不可悲,无思想的苇草才令人扼腕叹息。

望君谨记,莫作他人思想的跑马场!

点评:引用材料中拉伯雷的名言,引出自己的观点,然后引用古今中外的事例证明观点,可谓层层深入,言之有理。宋濂以史为镜,曹刿活学活用兵法,《大圣归来》在尊重原著的基础上的独特改编,无一不在证明读书要有自己的思想,莫作他人思想的跑马场。最后再一次重申观点:在借鉴前人经验的基础上,再添上自己的思想,方能成为人中龙凤,莫作他人思想的跑马场。整篇文章有理有据,有古有今,材料翔实,对比鲜明,格调高雅。

【新题演练】

阅读下面的文字,根据要求作文。

如果你考进了名牌大学,请用欣赏的眼光看看别人。如果你考不进名牌大学,请用欣赏的眼光看看自己。　　　　　　　　　　　　——马云

要改变人而不触犯或引起反感,那么,请称赞他们最微小的进步,并称赞每个进步。　　　　　　　　　　　　　　　　　　　　　　——卡耐基

一个不欣赏自己的人,是难以快乐的。　　　　　　　　——三毛

要求综合材料内容及含意,选好角度,确定立意,明确文体(诗歌除外),自拟标题,写一篇不少于800字的文章。

思路点拨:

三则名言中包含了正确处理"人与他人""人与自我"两方面关系的话题。

从"人与他人"的关系说,学会欣赏他人,看到他人身上的长处与优点,特别是那些不如自己之人的长处与优点。"尺有所短,寸有所长",那些看起来不怎么样的人,身上也可能有闪光点。从反面说,当今社会上的许多人总是太过浮躁,在获得成功之后往往会变得不可一世,狂妄自大,心胸也就日渐狭窄,容不下别人,更遑论欣赏他人。再者,欣赏与被欣赏有一种互动的力源,欣赏者具有愉悦之心,被欣赏者就会萌生仁爱之怀和成人之美的善念。欣赏他人,应是一种做人的美德。

从"人与自我"的关系说,当人生处于顺境或自身条件优于他人时,要学会放

55

低姿态,人生得意时切不可"忘形",要知道"山外有山楼外有楼",始终保持谦逊低调的品格。同时,当人生处于逆境或自身条件不如别人时,要看到自己身上潜藏的优点,学会自我肯定,自我认同,自我鼓励,学会在逆境中健康成长。良性的自我鼓励或暗示,是一种含蓄的期待,是一种信念的点燃,是一种"自我诱导"。

新材料作文"沉甸甸的手机"写作导练

【原创试题】

阅读下面的材料,根据要求写一篇不少于800字的文章。

2015年11月7日,一位网友转载一篇文章称,"孙子要苹果手机,奶奶背着装有零钱的竹筐来付钱。真是为这样的年轻人感到悲哀,心疼奶奶……"从发布的图片上,我们可以看到,年迈的奶奶弯腰背着竹筐,看上去有些吃力,而孙子只顾自己往前走,毫不关心奶奶。

对于以上事情,你怎么看?请选择一个角度,表明你的态度,阐述你的看法。

要求结合材料内容及含义,选好角度,确定立意,完成写作任务。除诗歌外文体不限,自拟标题;不要套作,不得抄袭。

【写作指导】

这是个任务驱动型材料作文,试题再现了奶奶艰难地背着装着零用钱的竹筐给孙子买苹果手机的情景,提出具体任务,要求表明态度,阐述自己的看法。材料中有两个人物:奶奶和孙子。我们可以主要从这两个人物入手,选择立意,表明自己对其中某一个人的行为的看法,然后提出解决问题的方案。

从奶奶的角度,奶奶背着一大筐省吃俭用的零花钱为孙子买手机,反映了家庭教育的问题。长辈痛爱子孙本来无可厚非,但如果爱得太深,爱的太过分,无疑就成了畸形的爱,就是溺爱,这对孩子的健康成长有百害而无一利。从这个角度可以立意为:"家庭教育要远离溺爱""溺爱是对孩子的伤害""爱我你就放放手""不要让爱扭曲孩子的性格"等。从孩子的角度,可以看到年轻人为了追求时髦、贪图享受的"啃老"现象,也可以透视出孙子的冷漠无情,对奶奶的付出毫无感恩之情,更没有半点孝心可言。从另一个层面分析,想要苹果手机可以靠自己的努力去获得,美好的生活靠自己去创造,不能坐享其成。由此可以有以下立意:"心怀感恩""呼唤孝心""不要让虚荣抹杀了孝心""自立自强,享受美好生活"等。这则材料还可以从社会的角度进行反思,在我国传统文化中,被称为"八德"的"孝、悌、忠、信、礼、义、廉、耻"是做人的根本,而百善孝为先,孝敬父母长辈是各种美德中占第一位的。当前我们所弘扬的真善美,就要从"孝"开始。因此,要倡导加强青少年"孝德"教育,提高他们的思想认识。这也是一个立意角度。

解读本题要谨防步入一个误区,就是不能整体理解材料寓意,准确把握命题意图,从奶奶的角度,大谈"要有爱心"、"关爱下一代成长"等。

【佳作示例一】

别让爱成了伤害

陕西商南高级中学高三(27)班　马旻夙

一个孩子不忍看到幼鹰被母鹰折断双翅摔下悬崖,于是便悄悄将小鹰接走,悉心照料。然而,这只小鹰在小孩的照料下变得身材臃肿,双翅退化,根本不足以翱翔九天,不久便死去了。

幼鹰必须经历断翅之痛、坠崖之苦,在挫折中经受磨炼,直至双翅强壮,方可遨游苍穹。人类不适当的爱,反而成为埋葬幼鹰的坟墓。鹰如此,人类又何尝不是这样呢?奶奶对于孙子的予求予取,也恰似一座坟墓,成为断送孙子前程的索命符。

正如著名诗人汪国真所说:"怕只怕,爱也是一种伤害!"溺爱成"碍",生活中不乏其例。李天一出身名门,身为"富二代"、"星二代",本应高起点高追求,只可惜老年得子的李双江夫妇对儿子"千般溺爱万般宠",致使其骄横跋扈,有恃无恐,最终触犯刑律,锒铛入狱,只落得千夫所指,万人唾骂!赵武灵王对儿子放纵娇惯,最终被不肖子活活饿死;晋武帝纵宠儿子奢侈无度,不学无术,其子即位后治国无方,西晋王朝走向衰亡。无论是李天一之"殇",还是赵武灵王之"悲",抑或晋武帝之"哀",都是溺爱惹的祸!"宠",宝盖下面一条"龙",这条龙被沉甸甸的"爱"压抑,又如何蛟龙出海,一飞冲天?

古人言:"不经一番寒彻骨,哪得梅花扑鼻香。"成长的过程就是在挫折和磨难中不断摔打走向成熟的过程。摒弃溺爱,让孩子告别温室,接受风雨的洗礼,这才是真正的爱。

王羲之幼年时,他的父亲便教他习字。他临池学书,池水尽黑,终成一代书圣;被誉为"中兴名臣""官场楷模"的曾国藩,对孩子的要求也极为严格,曾氏家法造就了大名赫赫的曾氏家族;李嘉诚在儿子七岁时便允许其参加公司董事会,成人之后更是要求其独立打拼,最终造就了一位加拿大出类拔萃的商界精英。

无数事实证明:溺爱出逆子,放手是真爱。须知庭院里跑不出千里马,花盆里养不出万年松。莫学张翼罩小鸡,应做雏鹰自飞翔。

然而,总有那么一些人,死死抱着"再苦不能苦孩子"的"至理名言"不放,被"爱"冲昏了头脑。他们对孩子的陋习熟视无睹,百般包容:孩子矫揉造作,他们说这是天真可爱;孩子挥霍浪费,他们说现在就是一个享受的时代;孩子胸无点墨却口出狂言,他们说这是志存高远;孩子要摘月亮,他们就去找梯子……殊不知,正是这样的纵容,正是这样变了味儿的爱,使孩子骄纵蛮横,不懂得长幼尊卑。

父母疼爱孩子天性使然,无可厚非,然而这份"爱"应是在情理法度许可的范围内健康的关爱。倘若"爱"得疯狂超越了限度,贻害的不仅是孩子、家庭,还有社会。用一颗冷静的心理智地去爱吧,千万别让爱成了伤害!

点评:这是一篇结构规范的议论文。作者由生活现象引入论题之后,从正反两方面展开论述,然后联系实际,列举溺爱的种种表现,指出其危害,进而指明解决如何去健康地去"爱"。最后归纳总结,点明题旨。文章最大的亮点是素材丰富,内容充实。李天一数例历数溺爱的危害,令人触目惊心;王羲之数例阐述严教出俊杰,放手是真爱,令人心悦诚服。众多素材高浓度聚合,多而不乱,详略有致,使论证巨有无可辩驳的说服力。运用引言论证、正反论证、比喻论证和排比等修辞手法,语言精美凝练,严密中不乏犀利,增强了表达效果。

【佳作示例二】

国将兴,必贵老而重孝

陕西商南高级中学高三(27)班　张印林

古语有云:"国将兴,必贵师而重傅。"时代的发展、文明的进步离不开教育,尊师重教已成为人们的共识。但同时我们也看到,在物欲的诱惑和超负荷的生活重压之下,亲情、孝道与我们渐行渐远,我们不得不大声疾呼:国将兴,必贵老而重孝!

背着竹筐的奶奶,用那一大筐可能一辈子省吃俭用积攒下来的零用钱,只为孙子买一部薄薄的苹果手机。而孙子,对佝偻着身子蹒跚而行的奶奶视若无睹,只顾自己往前走。他的心里脑子里,恐怕完全被"苹果"充斥。对此我们不禁要问:孝心都去了哪儿?我们的90后都怎么啦?

"啃老族"的出现,是因为我们的一些"小公主""小皇帝"从小就被捧着,抱着,举着,背着,缺少勤劳,不知孝顺,更谈不上感恩。不仅如此,他们还养成了唯我独尊、奢侈腐化的恶习。梁任公先生曾言:"少年强则国强,少年独立则国独立。"试想,倘若啃老一族当道,我泱泱中华如何"与天不老"、"与国无疆"?

羊有跪乳义,鸦有反哺情。敬老重孝,感恩戴德,历来被人们奉为圭臬,尊为美德。孟佩杰,这位曾经感动亿万国人的弱女子,父母早亡,养母瘫痪。从八岁开始,当别人家的孩子还在父母的怀抱中撒娇时,她便不得不承担起侍奉养母的重担。日复一日,任劳任怨,始终不弃不离。没有灶台高的她,每天踩在小板凳上生火做饭,不知摔了多少跤,却从未叫过一声苦。就这样,她和养母相依为命度过了4000多个日日夜夜。考上大学后,她将养母带在自己身边,悉心照料。孟佩杰,这位知恩图报的奇女子,用坚韧驱赶命运的不幸,用一颗孝心感天动地,在人们心中竖起一座不朽的丰碑。她是90后的骄傲,是国人的骄傲,是时代的骄傲!

北大才女刘媛媛曾说:"总有一天,教育部长会是90后,银行行长会是90后,甚至国家主席也会是90后。"当90后主宰一切的时候,我不禁想问:我们的90后将怎样引领时代潮流,把这个社会引向何方?

的确,年轻的一代是未来的主人,任重道远。要继承宏伟大业,倘若连"贵老重孝"的道理都不懂,我们还侈谈什么修身齐家治国平天下?然而,不知有多少人汲汲于富贵而典当了内心的纯真,丢失了传统美德?想想看,忙碌在外的你有多久没有给爸爸一个温暖的拥抱?有多久没有没有给妈妈捶捶背揉揉肩?有多久没有和家人一起安安心心吃顿饭?醒醒吧,国欲兴,无贵老而重孝可乎?

故今日之责任,不在他人,全在我青年。青年"贵老"则国运行之远,青年"重孝"则国运行之久。唯愿吾辈青年,贵老而重孝,则我泱泱中华复兴大业指日可待。似此,实则国家之大幸,民族之大幸!

点评:本文审题准确,拟题富有文采,立意深邃高远。在结构上,按照"是什么""为什么""怎么办"的思路行文,构思严密,论述深刻。运用素材取舍精当,点面结合,能够在引例之后充分展开,深入剖析,既给人以深深启迪,又凸显主旨,发人深省。在语言表达上,作者将梁启超《少年中国说》的名句信手拈来,用得不留痕迹,恰如其分,感情浓烈,使读者受到强烈的感染,足以显示作者知识积累的深厚和语言运用的智慧。大量反问句的运用,具有咄咄逼人的气势,显示了论理、抒情的"力度"和"浓度"。

【佳作示例三】

等你老了……

陕西商南高级中学高三(27)班　陈思齐

"放心吧！等你老了,我会养活你的！"小时候,他向爸爸要零花钱时这样说。

"放心吧！等你老了,我会照顾你的！"长大些,他向爸爸要乔丹球鞋时这样说。

"放心吧！等你老了,我会孝顺你的！"再大些,他向爸爸要苹果手机时这样说。

如今,父亲真的老了。母亲去世得早,是父亲辛辛苦苦将他拉扯成人,脸上那一览无余的沧桑在诉说着昔日难忘的经历。皱纹一条条地多了,白发一根根地疏了,双手一次次地抖了,可儿子陪他的时间却一天天地少了。儿子总是忙呀忙呀,忙到还没发现父亲已经老了。

前些天,父亲感染了风寒,咳嗽得不行。实在熬不过,就打电话给他。他说自己正在谈一个上千万的大单子,等钱赚到手,就回来照顾父亲。可今天,他还没忙完呢,就接到一个医院打来的电话。电话那头传来一个急促的声音:"我是市中心医院的医生。你父亲住院了,请你赶快来一趟。"他意识到事情的严重性,急忙赶到医院,被告知父亲由于不住地咳嗽,引发了急性肺炎。他心头一紧,要是早点带父亲来看医生,也许就不会这么严重了。

他坐在父亲的病床前,可老是心神不宁,心里总惦念着那笔大单子:上千万啊！谈成了就能大捞一笔啊！

躺在病床上喘着粗气的父亲似乎看出了他的心思,平静地说:"你去忙吧。这还有护士呢。"他抬起头,茫然地看着父亲。"没事,你快去忙吧。"父亲又催促道。"那……那我先去了啊！有时间我再来陪您。""快去吧,别耽误了正事。"接着,又是一阵长时间的咳嗽。

经过几天的协商,生意终于谈成了,双方签订了协议。大把的钞票马上就要到手了,他高兴地合不拢嘴。突然,电话响了:"快来医院,你父亲突发心脏病,正在抢救。""前几天不还是还好好的吗？""别废话,快来！"

他火急火燎地赶到医院,抢救室的灯已经关了。他冲进抢救室,分明看到父亲被白布遮盖着，眼睛睁得很大。他身体一软，"扑通"一声跪在地板上。他没有流泪，可他的心在滴血……

恍惚中，他耳边传来电视剧《爱无悔》中罗仁杰的深情道白："孝顺，不是等父母老了再去尽孝。尽孝要趁早，不要留下'子欲养而亲不待'的遗憾！"

出殡那天，他护送着父亲的灵柩缓缓向前，心里像被掏空，慌得很。不知从街道旁的哪个店铺里传来熟悉的歌声："我怕来不及，我要抱着你，直到感觉你的皱纹，有了岁月的痕迹……为了你我愿意……直到不能呼吸，让我们形影不离……"

他泪眼婆娑，心如死灰。

点评：这是一篇感情真挚、耐人寻味的叙事性散文。开篇展示几个生活场景，展现儿子向父亲的一次次索取，也表现出儿子怀有感恩回报之心。然而，父亲老了，有病了；儿子发了，有钱了。终于到了儿子兑现承诺，来"养活""照顾""孝顺"父亲的时候，老人却默默地走了，给儿子留下终生遗憾。故事真切动人，令人回味无穷。作者用饱含深情的笔墨叙事、抒情，父亲躺在病床上善解人意的叮咛，儿子内心深处无尽的内疚与忏悔，无不强烈打动着读者的心，从中受到警醒。

【佳作示例四】

一位不肖孙的忏悔

陕西商南高级中学高三(27)班　范小钰

亲爱的奶奶：

自从您抛下我独自去了天堂，我才明白我是多么幼稚，我是多么离不开您！您给我买的苹果手机我精心保管着，但再也不曾使用，因为我怕它勾起痛苦的回忆。

犹记得那段时间我疯狂地迷恋上了网络，一心想要一部昂贵的苹果手机。当然，爸爸妈妈是不会满足我这种奢侈的要求的。因此，在他们那儿碰壁之后我便想到了您。果然，您当即就答应了我，但说要我等一等，您要准备钱。您总是这样有求必应，就像活菩萨；而我，只是心安理得地欣然接受。

我只顾沉浸在美梦即将实现的喜悦中，丝毫没有考虑您哪会有那么多钱为我买手机。在苦苦等待了两天之后，我实在耐不住了，您怎么拖了这么久呢？是否要反悔了？对，我要主动出击，以防夜长梦多。

当我急匆匆推开您的门，我一下子惊呆了！您弯着腰，正费力地将手伸进柜子与墙壁之间的缝隙里，似乎是捡什么东西。我悄悄走上去想一探究竟。只见您几乎半个身子都塞进了那小小的夹缝，满脸皱纹都在激励您将手再伸长一点，再伸长一点……

终于，您脸上的皱纹舒展开了，它们都弯成好看的波浪线。我定睛一看，原来您费尽心力拣出来的竟是一张皱巴巴的一元钞票！

当转身看到我，您有些难为情地对我说："乖孙儿，再忍耐一天，就一天，奶奶明天就带您去买手机。"看着您苍白的鬓发和灿烂的笑容，我喉咙哽咽，忽然觉得自己好无耻，不，简直就是罪人！我一下子扑上前去，搂住您的脖子，早已泣不成声。然而，"苹果"的诱惑实在太大，我无法抵抗。

第二天一早，我急不可待地跟您一块去买手机。一路上，我待心花怒放，无比激动，炎炎烈日在我眼中也变成了和煦的春风。您背着竹筐，那里面是您平日省吃俭用攒下的零用钱；您淌着汗珠，那是您对我无私的爱；您蹒跚地迈着脚步，那是我带给您沉重的负担。然而，对这些我视而不见，唯一吸引我的，只有商场专柜里那闪耀着土豪金颜色的苹果手机。

终于，我如愿以偿，喜不自禁。我兴奋地捧着手机，陶醉得忘记了世界的一切——包括您，我的奶奶！

那天，我正捧着手机沉浸在痴迷的游戏中，远处突然传来一阵急促的呼喊声："宇宇，快回家，你奶奶走了。"

奶奶，您积劳成疾，就这样瞬间去了天堂，从此天人永隔。奶奶，我还没有为您尽一点孝心啊，您怎么就这样不打一声招呼就走了呢？您知道吗，您这一走，给我留下的，是"子欲养而亲不待"的永远的遗憾，永远的愧疚，永远的心疼！

知道，失去的将永远失去，我无以报答。唯愿奶奶在天堂一切安好！

不肖孙　宇儿
某年某月某日

点评：本文以书信体的形式，与奶奶面对面倾诉，构思新颖，感情真挚，足以引起读者强烈的情感共鸣。"我"的深情倾诉是自己内心的忏悔，也是对世人的忠告与警示，审题精准，立意深远。回忆奶奶的挚爱和"我"的悔恨与感激，用了细节描写、心理描写、动作描写、神态描写以及联想想象等手法，生动再现了奶奶的音容笑貌和"我"的心理变化，笔法细腻多变，内容丰富感人，为揭示文章主旨起到了很好的铺垫作用，达到了"爱愈切、痛愈彻、题愈显"的艺术效果。

必备高考作文试题热点预测演练

一、"人与自然"

众所周知,因为近年来生态环境、自然环境持续恶化,自然灾害频频发生,给人们的生活、健康带来极大的威胁,故而"人与自然如何和谐相处"成为大家关注的热点。这一话题再度受到高考命题专家的青睐。比如2008江西卷的新材料作文,要求"为田鼠或田鼠的天敌代拟一封给人类的信",显然是从"生态平衡"方面设题;重庆卷"在自然中生活",体现了"天人合一"的命题思路。2010江苏卷要求以"绿色生活"为题作文,更是直接举起了绿色、环保、低碳的大旗。2014年辽宁卷"看不到满天繁星",再次将环境污染的命题融入高考试题。可以预测,2015年高考作文,"环保"将成为命题的关键词之一。

【试题设计】

阅读下面两则材料,按要求作文。

材料一:中国首都北京最新一轮空气污染红色预警自12月19日起实施,至22日晚届满。当北京还处于重度雾霾之中,加拿大初创公司正从中国的雾霾天气下获益。该公司将4000多罐新鲜空气运往中国,每罐7.7升,售价约100元人民币,可供呼吸150次。有研究显示,中国每年因空气污染死亡的人数高达160万。对于清洁空气,中国市场有着强烈的需求。

材料二:2015年11月16日,以"思想引领低碳变革,创新驱动绿色发展"为主题的"绿色低碳发展变革力峰会暨国际碳金奖2015年度盛典"在北京正式拉开帷幕。本届峰会旨在"传播低碳理念,寻找经济环境可持续发展、绿色低碳最佳表现企业",来自世界各国的中外嘉宾、驻华大使、社会各界精英出席盛典。

上面的材料引发了你怎样的思考？请选好角度，自定立意，自选文体，自拟标题，写一篇不少于800字的文章。

【写作导引】

这是一道新闻类组合式材料作文，弄清各则材料的含义是审题立意的关键。这种组合式材料作文一般有两种形式：一是材料之间是统一关系，即各材料的内涵相互交叉甚至包含，对此可以从它们的"交集"切入立意行文；二是材料之间是对立关系，即各材料的内涵相对或相反，这时可以从各个不同材料入手，选取其中的某一则材料构思立意。

本题中的第一则材料报道的是"加拿大初创公司向中国出售新鲜空气"一事，对这样的一则"奇葩"新闻，可以因果溯源逐层深入进行解读：加拿大初创公司为什么向中国出售新鲜空气？——因为中国空气污染严重，每年死于空气污染的人数惊人，中国市场急需新鲜空气——造成空气污染的根源是什么？——治理空气污染的根本途径和方法有哪些？——这则新闻带给我们怎样的思考和启迪？第二则材料报道的是世界"绿色低碳发展变革力峰会"在北京举办，从"绿色发展""低碳理念"等关键词中，不难看出峰会的中心议题是备受世人关心的"绿色环保"、"可持续发展"。两则材料相比，第一则材料用鲜活的触目惊心的事例，向人们展现了环境遭到严重破坏、大自然向人类进行疯狂的报复、环境问题已经直接威胁到人们健康生活的严峻现实，给人以警醒。第二则材料是人们面对环境污染采取的措施，说明环境问题是全人类共同关心的社会问题。面对环境危机，我们不能坐以待毙，而要积极行动起来，采取有效措施，保护人类共同生存的家园。两则材料所关涉的是同一个"环境"问题，二者之间具有明显的逻辑关系，即先摆出事实，提出问题，令人深思；再积极应对，解决问题，让人明确肩负责任的重大。两则材料相辅相成，互为补充。

综上分析，这两则材料从不同的侧面反映的是同一个问题，只要紧紧围绕"保护自然环境"这一中心话题立意都是切题的。如"保护生态环境，构建绿色家园""善待自然就是善待自己""赏蓝天白云，呼新鲜空气""毁坏地球就是自掘坟墓""空气污染，灾难不远""治污关乎你我他"等。

【佳作展评】

留住自然之美

陕西商南高中高三(27)班　杨乐

看到国人从国外购买新鲜空气的"奇葩"新闻,我不禁愕然。环境恶化竟到了如此地步!脑海中一幅幅画面闪现:森林中没了野兽,江河里没了鱼儿,天空中没了小鸟。不敢想象,有朝一日当世界只剩下人类孤独的身影时,我们又将何去何从?

可悲的是,人类身处危险之中却浑然不知,灾难正在慢慢逼近。人类为逐利无节制地开发正将地球拖入毁灭的深渊。今天,北极冰圈在融化消失,臭氧层空洞面积不断扩大,雾霾笼罩城市上空,自然灾害频发,动植物濒临灭绝……满目疮痍的大自然为人类的疯狂行为敲响了警钟。

自然原本是和谐美丽的,是人类的贪婪和欲望让她变得丑陋不堪、面目全非。我们只知道对自然疯狂索取和占有,滥砍滥伐,滥捕滥杀,导致生态严重破坏,物种几近灭绝。自然在咆哮、流血,我们却视而不见,听而不闻。伟大作家雨果说:"大自然是善良的慈母,同时也是冷酷的屠夫。"今天的人类正在将自然这位温柔善良的慈母生生逼成冷酷无情的杀手。"不违农时,谷不可胜食也。数罟不入洿池,鱼鳖不可胜食也。斧斤以时入山林,材木不可胜用也。"人与自然和谐相处,才能获得自然的眷顾和回报。

所幸的是,人类已经认识到保护自然环境的重要性。一些有识之士更是走在时代前列,积极奔走呼喊,用实际行动践行环保理念,使得更多的人参与到这项事业中来。柴静曾是央视一位著名记者,离职后,她自掏腰包一百多万追踪雾霾治理,引起社会的广泛关注。她的行为体现了一位公民高度的责任感,令人钦佩。

其实,在欧美发达国家,环保理念早已内化于心,外化于行。荷兰是大画家梵高的故乡,风景优美如画。在荷兰的很多城市,人们宁愿骑自行车也不愿开汽车,因为这样的绿色出行方式能够有效保护环境。在美国,无论是城市还是乡村,各种可爱的动物随处可见,它们或忙碌地觅食,或悠闲地歇息,完全无视近在咫尺的行人与车辆,人与动物和谐相处的美丽画面温馨动人。

人类与其他万物是一体共存的,彼此休戚相关,存亡与共。人从自然中来,是自然的儿子,与自然有着割舍不断的联系。自然一旦被毁灭,人类将万劫不复。覆巢之下安有完卵,善待自然就是善待自己。

人类只有携起手来,投入到保护环境、绿色发展的事业中来,同呼吸、共命运,才能最终应对环保难题,共创美好家园。

愿我们生活的世界,野兽在森林里欢快奔跑,鱼儿在河水里轻快畅游,小鸟在蓝天上自由飞翔,鲜花在窗口外娇艳绽放!

点评:这篇文章紧紧围绕"环保"这一主题展开论述,立意准确。开篇巧妙引述材料,提出疑问,引人思考。主体部分先列举人类破坏生态环境的疯狂举动,展示大自然满目疮痍的惨象,分析其危害。然后正面列举柴静及欧美发达国家人与自然和谐相处的事例,阐述环境保护的意义和价值。最后进一步阐释事理,呼吁人类同心协力,维护自然的生态和谐。文章结尾,构想一幅幅生动画面,首尾圆合,让人看到美好的希望。整篇文章内容充实,逐层递进,逻辑严密,结构完整,说理充分,是一篇有思想、有深度的议论文。

二、"生活情景"类

纵观近年来的高考作文命题,唱响关注生活、关注自己身边事情的主旋律。命题者有意拉近考生与生活的距离,选取日常生活中不经意的一句话、一个场景来命题,考查考生对日常生活事件的观察、理解和应对能力。这类试题新颖别致,内涵丰富,角度多变,便于考生尽情发挥,有效避免了猜题、押题和宿构。例如2015高考全国课标卷Ⅰ"高速路上接电话"、安徽卷"显微镜下观察蝴蝶"、重庆卷"男孩请公交司机等妈妈"、2014高考全国课标卷Ⅰ"山羊过独木桥"等,截取考生熟知的生活场景入题,颇具亲切感,考生有话可说,便于写出具有真情实感的美文佳作。

【试题设计】

阅读下面的材料,按要求作文。

终于放寒假了。吃过早饭,妈妈对女儿说:"小心肝,快过年了,听说超市里进了很多新鲜货,你去看看有什么需要的。"临近中午,女儿拖着疲惫的脚步回到家,妈妈急切地问:"怎么样,收获不小吧?"女儿懒懒地说:"我今天最大的收获,就是发现这个世界上原来有那么多我并不需要的东西"。

读了上面的材料,你有何联想或感悟?请据此写一篇不少于800字的文章。

【写作导引】

诗歌有诗眼,材料作文题有题眼。所谓"题眼",就是能揭示材料中心意旨的词语或句子。这则材料中,能体现核心内涵和命题意图的"题眼"是女儿回答妈妈的哪句话"我今天最大的收获,就是发现这个世界上原来有那么多我并不需要的东西。"正确、深刻理解这句话的含义,就成为审题立意的最佳突破口。解读本题,要围绕"什么才是真正的收获"这一核心问题,进行独立、审慎的价值判断。

超市里摆满了琳琅满目的新鲜货,这些货物对于一个被长期关在教室里闭门苦读的少年来讲,应该多么具有诱惑力呀!更何况正值寒假,年关将近,宝贝女儿本应该借此机会好好消受一番,没想到却冒出这么冷冰冰的一句话来。这句话看似平淡,实则含义颇深,它表明女儿不像别的孩子那样,贪图物质享受,她对那些新鲜货丝毫不感兴趣,她明白那些东西其实是自己并不需要的——由此我们不难看出女儿的人生志趣、理想追求和生活价值观。沿着这个思维方向做全面细致的分析挖掘,可以提炼出众多不同的立意。①高雅的追求提升人生的品位。虽然追求物质享受无可厚非,但物质的满足填补不了精神的空虚,情趣高雅的人绝不会做物质的奴隶。②学会拒绝物欲的诱惑。在物欲横流的当今社会,要把握好自己,做到举世混浊我独清,不同流合污。③做人要知足,做事要知不足,做学问要不知足。做人知足则常乐,做事知不足才能做得更好,做学问不知足才能不断进取。④欲壑难平,当思自制。不是必需的东西虽一毫而莫取,要学会为自己减负,勿因盲目追寻而迷失自我。⑤学会取舍,学会放下。在金钱、荣誉、地位面前要保持清醒头脑,该放手时就放手,不要让沉重的包袱压弯了自己的脊梁。⑥适合自己的才是最好的。要认清自我,适合自己的东西,纵然千难万难也要奋力争取;不适合自己的,纵然送上门来也视而不见。⑦做好人生的加减法。人活于世,要靠智慧,懂得加减。知识修养不可少,要时时用加法,不断提高;功名利禄如粪土,要时时用减法,不为外物所累。

【佳作展评】

不为外物役我心
陕西商南高中高三(27)班 黄博

女儿逛完超市之后,告诉妈妈她此行最大的收获就是"发现这个世界上原来有那么多我并不需要的东西"。女儿的话为那些心为物役的人们上了生动的一课——不为外物所役,保持一种恬淡的心境,才能快乐度人生。

心为外物所役,就会意乱情迷,丧失本心。泰戈尔曾说:"飞鸟一旦系上了黄金的羽翼,就飞不高了。"提到和珅,大家都不陌生。有这样几句流出很广的民谣

"乾隆病死，和珅跌倒；和珅灭殁，嘉庆饭饱"，这是对清朝贪官和珅捞钱捞权的形象描述。和珅贪婪财富之多，在历史文武大臣中可谓天下第一。在捞钱捞权上，和珅堪称前无古人后无来者。在短短几年间，他竟拥有相当于大清王朝十年国库总收入的巨额财产。利欲熏心的和珅，终因"贪鄙成性"被嘉庆赐死。得知死期来临，他对月作诗："夜色明如许，嗟余困不伸。百年原是梦，廿载枉劳神。"二十年苦心孤诣搜刮财富，如今一朝化为乌有，真个是"枉劳神"啊！心为外物所役，被英人称为"成熟的政治家"的巨贪，就这样烟消云散了。

再看看当下官场中，某些人民公仆不是"全心全意为人民服务"，而是"全心全意为人民币服务"，他们为官一任，敛财一方，巧取豪夺，中饱私囊。面对权、钱、美色等外物之诱惑，深陷泥潭不能自拔。徐才厚、令计划之流，因贪婪而身败名裂，锒铛入狱，千夫所指。自古至今，心为外物所役者，莫不成为千古罪人！

相反，淡泊名利、视金钱如粪土的谦谦君子，在人们的心中树起一座座不朽的丰碑。当代大学者钱钟书，终生淡泊名利，甘于寂寞。他谢绝所有媒体的采访，央视记者曾千方百计想冲破钱钟书的防线，最后还是不无遗憾地对全国观众宣告：钱钟书先生坚决不接受采访，我们只能尊重他的意见。钱老静虚淡定、泰然自安的品质令人敬仰！还有人称"戏骨"的陈道明，他因《末代皇帝》而出彩，在《围城》中凭借炉火纯青的表演声名远播，奠定了他在中国影视界的实力派地位。但他拍戏从来不计较片酬，有时还掏出自己的钱聘请有身价的演员。冯小刚称赞他是"一个清高得只肯在戏里低头的人"。正因为陈道明有一种豁达超脱的胸襟，有一种淡泊名利的睿智，才不被盛名所捧杀。钱钟书，陈道明，他们拥有超越功利之上的情怀，他们的人生达到须仰视的高度。

"不以一毫私利自蔽，不以一毫私欲自累。"滚滚红尘，喧嚣纷扰，诱惑多多，只有让这些身外之物成为我们眼中的"尘垢"，才不会目迷五色失路彷徨。抛开金钱名利的枷锁，摆脱高官厚禄的奴役，修心如莲，快意人生！

点评：本文开篇引用材料引出论点，简短明快，切中肯綮。文章采用"反论——正论——纵论"的结构模式，按照"是什么——为什么——怎么样"的逻辑思维方式，分别论述了"为外物所累"被千夫所指，"不为外物所累"流芳百世，进而指出应对策略，收束全文，文脉清晰，结构完整。文章谈古论今，恣意纵横，具有明显的时代特色和现实警示意义。作者运用正反对比，彰显是非曲直，凸显文章主旨。选用的时事素材横贯古今，新颖别致，典型有力，极大地丰富了文章内容。大量引用名言诗句，言简意赅，恰切生动，增添了文采和表现力。

高考作文预测"学车感悟"写作指导与示例

纵观近年来的高考作文命题,唱响关注生活、关注自己身边事情的主旋律。命题者有意拉近考生与生活的距离,选取日常生活中不经意的一句话、一个场景来命题,考查考生对日常生活事件的观察、理解和应对能力。这类试题新颖别致,内涵丰富,角度多变,便于考生尽情发挥,有效避免了猜题、押题和宿构。例如2015高考全国课标卷Ⅰ"高速路上接电话"、安徽卷"显微镜下观察蝴蝶"、重庆卷"男孩请公交司机等妈妈"、2014高考全国课标卷Ⅰ"山羊过独木桥"等,截取考生熟知的生活场景入题,颇具亲切感,考生有话可说,便于写出具有真情实感的美文佳作。

【试题呈现】

阅读下面的材料,按要求作文。

阳阳考上了县重点高中,为了方便上学,爸爸给他买了一辆山地自行车。可阳阳生性胆小,练习骑自行车眼睛盯着地面,身子也不敢坐直,一整天过去了还是不敢上路。爸爸说:"学车要领,一要目光远视,不要顾忌地面上的坑坑洼洼;二要坐直身子,保持重心;三要握紧车把,掌握好方向。"阳阳按照爸爸的指导,很快学会了。

从上面的材料中你受到了哪些启迪?请选好角度,自定立意,自选文体,自拟标题,写一篇不少于800字的文章。

【写作导引】

这个具有浓郁生活气息的材料可分为两层意思:第一层叙述阳阳学骑自行车,可是一整天过去了还是不敢上路。第二层写阳阳在爸爸的指导下,掌握了骑车要领与技巧,很快就学会了。两个层次,两种截然不同的结果;两个人物,蕴含众多不同的哲理思考。材料的内涵是丰富的,立意的角度也是多侧面的。我们可以沿着事情"结果"和叙事"对象"两大方向对材料进行分析解读。

从阳阳的角度,他生性胆小,刚开始学骑自行车时总是摆脱不了胆怯心理,放不开手脚,故此一直没有进展。运用探因法进行逆向思维,反面寻求正确方法,我们可以得到这样的启迪:凡事只有抛却顾虑,放下包袱,放手一搏,才能达到理想的彼岸。后来听了爸爸的一番教导,阳阳轻松地学会了骑自行车。阳阳的成功,得益于他谨遵爸爸的教导,掌握了骑车要领。这一成功之道又带给人们许多启示:善于听取他人的意见和建议是成功的法宝;正确的方法是打开智慧之门的金钥匙;凡事要巧干,不能蛮干。

从爸爸的角度,他向儿子传授了三条骑车要领,我们可以逐条联想延伸,提炼出众多不同的立意。从"要目光远视,不要顾忌地面上的坑坑洼洼",可以联系生活实际,推而广之,要想干成一番事业,就必须要有长远的目光,胸怀全局,不能鼠目寸光。同时,还要抛却心理压力,轻装上阵,不能畏首畏尾,不为琐事所累。由"要坐直身子,保持重心",可以作这样的生发联想:"坐直身子"指的是一种姿势姿态,使人从中领悟到只有端正态度,才能做好事情。而"保持重心"则重在强调就像走钢丝那样,要保持身体平衡,以防左右摆动。骑车如此,生活中的其他事情莫不如此。第三条要领"要握紧车把,掌握好方向",从爸爸告诫儿子骑车要掌握好方向,联想到生活中的每一个人都要掌好命运之舵,把握好人生的方向,特别是生活在复杂环境中的人或身居特殊地位的人,更不能利令智昏,迷失了正确的方向,否则就可能会偏离道德航线而误入歧途,以至于遗憾终生。

【佳作示例一】(议论文——深刻)

由骑自行车到文明的兴衰

陕西商南高中高三(27)班　徐杨

骑自行车与文明的兴衰,乍看上去似乎风马牛不相及,实则不然。在滚滚向前的历史车轮中,一些文明出现、兴盛,然后衰落甚至消失,匆匆如天边划过的流星;而另一些文明历经数千年的淬炼,始终保持着恒久的活力,鲜艳如神坛中盛开的鲜花。究其原因,在很大程度上,文明的兴衰与骑自行车的要领惊人相似。

目光远大

骑自行车时应目视前方,而不能过于在乎地面的坑坑洼洼。文明也是如此。中国先秦诸子从不同角度合力建立了一整套价值体系,且每个学派都不谋而合反对封闭,力图让自家的学说传遍天下。中华文明的延续,恰在于他们的目光穿透千年,看到了文化传播和普及的精髓。暂时处于衰势时,它会隐匿自保,清高自慰;而一旦有兴盛的机遇,便众脉俱开,如滔滔江水般气吞万汇,一发而不可收,又如春风般绿了大江南北。

几千年前的诸子目光远大,谙知文明以传播为命脉。于是,中华文明以儒家为核心,延续了千秋万代。

保持平衡

想要把自行车骑得平稳,保持平衡是关键。唯有平衡,才能不偏不倚地前行。文明的兴衰亦然。从出土的古希腊哲人的雕像来看,他们大多睿智精悍,须发浓密,肌肉发达,把智力健康与肢体健康发挥到极致再集合到一起,形成完美的平衡。而勇猛的斯巴达与神秘的巴比伦,或流于愚勇,或流于酸腐;或追慕骑士,或效仿寒士。因为没有做到两相熔铸,最终才会热烈地出现,无声地消失。相反,希腊文化正是因为做到了体质与心智的平衡,才成为历史上一颗不灭的星,使奥林匹克运动会成为世界规模最大的综合性运动会,奥林匹克精神得以延续。

把握方向

握好车把才能使自行车沿着正确的方向前行。同样,把握好方向才不会让文明在蒙昧中迷失。杰出的埃及文明留下金字塔这般旷世之作,举世震惊。但埃及文明即使在最繁荣的时期也追求神秘与封闭,甚至追求不可理解性。当法老们把自己的遗体制成木乃伊时,它便以矜持的姿态切断了被外部世界充分了解的可能,结果只能与世隔绝,难以为继。于是,这个伟大的文明在神秘中出现、兴盛,又在神秘中无声无息地谢世。它的衰落归咎于所追求的方向与开放兼容的世界背道而驰。错误的方向让它在封塞中诞生,又在封塞中消亡。

纵观千年历史,中华文明因目光长远而源远流长,希腊文明因追求平衡而成为西方文化永恒的坐标,而古老的埃及文明由于没有把握好方向而消失在时间的洪流中。身为千年古国的中国,更应从骑自行车的技巧中、从历史文明的兴衰中找到继续兴盛的出口,让古老的中华文明代代传承,历久弥新!

点评:这篇议论性散文紧扣材料立意,由学骑自行车联想到历史文明的兴衰,想象合理,构思新颖独特。其亮点主要有三:一是全面把握材料,从三个侧面巧妙地扣合了材料的内涵,做到准确全覆盖,扣题十分严谨。二是思维的缜密性、论证的深刻性。骑车技巧与文化兴衰的确有惊人的相似之处,将二者巧妙对接,机智合理。由常见的生活现象联想到高深的文化层面,表现出思想的深度和高度,实属难得。三是新颖的形式。文章设置三个小标题,既显得扣题严谨,彰显题旨,又显得脉络清晰,条理分明,一石二鸟,不可多得。

【佳作示例二】(议论文——文采)

目视前方 矢志不渝

陕西商南高中高三(27)班 谭宁歆

"我不去想,是否会成功,既然选择了远方,便只顾风雨兼程;我不去想,身后是否会袭来寒风冷雨,既然目标是地平线,那留给世界的只能是背影。"

目视前方,矢志不渝!

"目视前方"是阳阳学习骑自行车的技巧、要领,也是成功之路的不二法门。"梦想总还是应该有的,万一它实现了呢?"这个生着一副孩童脸庞,矮小身材的男人,却有着一个创造世界最大互联网公司的目标,在目标的支撑下他走过了残酷的昨天,黑暗的今天,终于拥抱阳光灿烂的明天,创造了阿里巴巴与四十大盗的财富传奇。目标是心灵的引路人,引导我们走过"山重水复疑无路",迎来"柳暗花明又一村";目标是飞鸟的羽翼,让我们"大鹏一日同风起","扶摇直上九万里",一览青天湛湛,白云悠悠。

目视前方,纵然前路坎坷泥泞,也应一往无前。在海明威的笔下,有这样的一位老人,他曾说:"人不是为失败而生的,一个人可以被毁灭,但不可以被打败。"这句话也正是海明威的真实写照。这个洋溢着热血的男儿,为了自己的目标纵然身中两弹,生命垂危,在苏醒后依旧奋然前行。人都是肉体凡胎,谁不知道子弹穿心裂肺之痛?可他始终选择了为理想而战,痛并快乐着,最终荣获诺贝尔文学奖。王尔德曾说:"我们都生活在阴沟里,但仍有人在仰望星空。"当我们走在泥泞的林间小道时,纵然隔夜的雨水回溅你一脚的怨意,纵然乌云遮蔽了你仰望的星空,也不要忘记,向着目标前行。

寻梦,注定是一场孤独的旅行。没有人能陪你走完所有的历程,唯有坚持才能到达理想的彼岸。顾城曾说:"有的路看起来很近,走下去却很远的,缺乏坚持的人永远也走不到尽头。"目视前方的执着,让曹雪芹伏案十年,终成"相思血泪抛红豆"的红楼儿女情愁;目视前方的执着,让余秋雨风雨天柱山,寂寞天一阁,终成《文化苦旅》的不朽名著;目视前方的执着,让弘一法师毅然抛却红尘,遁入空门,终成"华枝春满,天心月圆"的人间绝笔。余秋雨曾说:"喧腾是短命的别名。"唯有目视前方,一步一个脚印地寂然前行,才能收获人生的美丽。

《华严经》有言:"不忘初心,方得始终。"不忘记目标,不畏惧前路艰险,十年如一日方能磨成利剑,披荆斩棘,去看那"彼岸,秦桑低绿枝,燕草碧如丝",去看那十里湖光,"一一风荷举"。

目视前方,矢志不渝。以如炬的目光为笔,以生命为墨,描绘出人生的绝美画卷!

点评:写作议论文,大多是板着面孔说理,难脱空洞、枯燥的稚气。而本文以全新的面孔出现,给人以鹤立鸡群之感。文章的最大亮点是语言精练,文采四溢。自始至终,都可以看到充满睿智与灵性的名言警句。这些警策之句或用于篇首,开篇惊人;或用于结尾,余音绕梁;或独立引用,凸显醒目;或镶缀于散句之中,水乳交融,佳句天成。它们散见于文中,就像一颗颗珍珠玛瑙,让文章熠熠生辉,灵光四射,美不胜收。排比句、整句和比喻修辞格的交错使用,也为文章增添了美感。

【佳作示例三】(议论性散文)

放手一搏 笑傲人生

陕西商南高中高三(27)班 张迎煊

人生几何,何必犹豫太多?与其踌躇错过,不如放手一搏!

乌江之畔,四面楚歌。你奋勇杀敌,却不见出路;横扫千军,却不见希望。环顾四方,只看到天昏地暗,江水血染。敌人又如黑云般压来,失败似乎已成定局。难道就此放弃?不能,生的曙光在身后亮起,一叶扁舟轻盈地飘来,又无奈地离去——你最终拒绝了逃离,选择了自刎。

这一次,你真的败了!你只道无颜见江东父老,却不知父老乡亲反为你的懦弱蒙羞!曾经血气方刚、"彼可取而代也"的你哪里去了?想当年,你渡漳河、援巨鹿时,不过无名小卒,尚有破釜沉舟、放手一搏的豪情;而如今,你破强秦,据江东,贵为西楚霸王,竟无重新开始、再做拼搏的勇气。

悲哉,项羽!"江东子弟多才俊,卷土重来未可知。"你应该知道,只有放手一搏,才能绝处逢生!

易水之上,悲歌回响。"风萧萧兮易水寒,壮士一去兮不复返!"别过白衣冠的太子丹,你毅然踏上行程,纵然前途未卜,胜算渺茫,你也义无反顾。你何尝不知:燕国大势已去,灭亡只在朝夕旦暮之间;秦廷守卫森严,刺杀不过以卵击石。但你为了国家大义,明知山有虎,偏向虎山行。在燕国的余晖里,你大步流星,捧着樊於期将军的头颅,携着满腔的热血,蹈向那虎狼之地!的确,你失败了,但那又如何?落叶不语,尚化春泥育新芽;残阳滴血,犹作清泓向碧心。拼搏过后,失败亦是风景。

壮哉,荆轲!你心系江山社稷,放手一搏。慷慨赴难,虽败犹荣!

教室之中,书声琅琅。"书山有路勤为径,学海无涯苦作舟。"拼搏从来都是高三的主旋律,每一次拼搏都凝结着汗水和心血。纪伯伦说:"除了通过黑夜的路,人们不能到达黎明。"不拼搏,我们就看不到日出的壮美;不拼搏,我们就领略不到大海的浩渺。成功总在拼搏后:没有一种成功只仰仗天分,通向它的路上洒满拼搏的血汗;没有一种成功属于偶然,成功之路往往铺满一块又一块奋斗的金砖。泰戈尔说:"只有经历地狱般的磨炼,才能拥有创造天堂的力量。"的确如此。

苦哉,高三学子!快哉,高三学子!不拼搏无以圆六月美梦,不奋斗何以显王者风范。欲戴王冠,必承其重。放手一搏,终将拥抱成功。

拼他个日出日落,尽享喷薄的朝霞,诗意的夕阳;拼他个花开花谢,饱览群芳竞秀,落红缤纷。痛乎快哉,拼搏人生!

点评:这篇议论性散文开头简洁明快,干净利落。主体部分截取三幅典型的生活画面,紧紧围绕主题词"拼搏"横向展开,结构匀整美观,脉络清晰,内容丰富。三幅画面由古到今,先简述事件,再议论抒情,叙述、议论、抒情三者水乳交融,感情炽烈,说理充分,足以引起读者强烈的情感共鸣。在语言表达上,多用短句,讲究韵律,如"悲哉,项羽……""壮哉,荆轲……""苦哉,高三学子!快哉,高三学子……"和开头"人生几何,何必犹豫太多?与其踌躇错过,不如放手一搏"等句,饱含真情,音韵和谐优美,文采四溢。

【佳作示例四】（叙事散文）

我与疯狗

陕西商南高中高三(27)班　王宏伟

我恨透了那条疯狗。

自从那条疯狗出现在了我往返学校的路上,我就想尽一切办法躲避它,但它总是能够执着坚定地跟着我,嘴角挂着狡黠的笑,仿佛将我当作玩物般戏耍。

早已领教了它的厉害,今天遇见它,我局促地后退一步,伸手从包里掏出一根骨头扔过去,想借此引开它的注意力。没想到,作为一只狗,它竟然对充满诱惑的骨头视若无睹,反而用泛着凶光的眼睛紧盯着我,我仿佛能看到它眼底的戏谑。于是我扭转身,以自己无法想象的速度向着田野尽头飞逃出去。毫无疑问,那条疯狗一定紧追在我的身后。我甚至不敢回头看一眼它离我有多远。直到我像优秀的运动员以百米冲刺的速度冲进那扇红漆大门,才气喘吁吁地停下来,转身从门缝里往外瞧,就像它正从门外望着我——不同的是,我狼狈不堪,心有余悸;而它似乎意犹未尽,眼睛里闪烁着诡异的光芒。

于是,这样的追逐每天上演。我在布满尘土的小道上没命地狂奔,留下满嘴干涩的泥土。

无奈之下,我终于放下"男子汉"的架子向父亲说明情况,想寻求帮助。父亲听了我的诉说,眨了眨眼,饶有兴趣地问我:"你为什么要跑呢?""因为我害怕那条疯狗咬我。""那它咬过你吗?"我不禁哑然。

疯狗的确不曾咬过我,甚至不曾听到它对我发出过充满敌意的狂吠。它只是不停地在我身后追逐奔跑,执着不懈,好似也没有什么恶意。

我只好依旧独自上学、放学,准备就这样与疯狗对峙、追逐。

当我再次和疯狗相遇时,我努力暗示自己与它正面对视,给自己壮胆。可是它只是呲了一下尖利的牙,就将我的勇气刺得一丝不剩。我下意识地转身就跑,在田野间布满尘土的小道里再次上演惊险一幕。我越过沟渠,越过田垄,越过高低不齐的青绿色庄稼,依旧无法摆脱疯狗的狂追。我两腿酸软,绝望地停下脚步,转过身,闭上眼,等待那即将到来的疯狗的撕咬。可是过了好久却不见动静,我慢慢睁开眼,发现那疯狗在离我几米远的地方停了下来,正伸长舌头喘着气,痴痴地望着我。我突然想起父亲的话,于是一个疯狂的念头在脑海里升起:我要反追,我要报仇!我努力露出凶狠的表情,迈开双腿向疯狗冲去。那疯狗见了这阵势,仿佛从我的眼神里读出了别样的信息,它猛地后退几步,转过身落荒而逃,追逐的游戏再次上演——只不过这次来了个角色转换,发起进攻的成了我。我将长期积压的怨气化作无穷的动力,一直追到疯狗筋疲力尽,一个趔趄滚倒在地,喘着粗气,嗷嗷直叫……

从那以后,我再也没怕过狗,因为在人狗追逐大战中我懂得了一个道理:只有抛却心底的顾虑与恐惧,才能战胜那貌似强大不可战胜的对手。我与疯狗的追逐,将使我受益无穷。

点评:这是一篇充满生活情趣和哲理的叙事散文。作者上学、放学路上老被疯狗追逐,苦不堪言。在寻求帮助无果的情况下,只好硬着头皮继续追逐的"游戏"。没想到在"我"奋起反追之时,疯狗却落荒而逃,最终滚倒在地。由"狗追人"到"人追狗"的反转,情趣盎然,充满浓郁的生活味。最为精彩的是,文章结尾用简短的议论,由情趣上升到理趣,升华了主题,真正起到了画龙点睛的作用。另一个亮点是设置悬念,引人入胜。如开篇"我恨透了那条疯狗"、父亲为何对儿子的求助不肯相助、"我"依旧独自上学结局怎样等,紧紧吸引着读者。

【佳作示例五】(寓言)

一路向北的蜗牛

陕西商南高中高三(27)班　刘依林

我是一只蜗牛,没日没夜地爬行。我要到北方去寻找我的梦。

我爬过冰川,凛冽的寒风让我寸步难行。疾风席卷着冰块一浪一浪向我袭来。我埋着头,咬着牙,一步一挪地顶风前行。心中的信念支撑着我,梦中的北方呼唤着我,我倔强地在刺骨的冰面上一路向北,尽管走得很慢,很慢。

我越过高山,山脊上棱角分明的碎石割破了我柔弱的躯体,山间的飞鸟想要把我当作早餐带回南方的巢穴。我不畏死亡,但害怕我一路向北的梦想被它击碎。我快走,急匆匆穿梭于乱石之中。山间的美妙景色我无心留恋,我只要以加倍的速度,日夜兼程,越过高山,拥抱我神往的北方。

我穿过沙漠,炙热的阳光,灼热的沙砾,干燥的空气,我体内的水分被一点一滴地蒸发,我生命的岁月一分一秒地消逝。尽管身后就是绿洲,但我不会回头。因为我知道,心无旁骛,才能早日圆梦。我默默忍受着,放下顾虑和焦灼,加速前行。尽管在别人眼中,筋疲力尽的我真有些不自量力,但我要飞奔,奔出沙漠,奔向我心驰神往地北方……

　　一只蚂蚁好奇地问:"你行色匆匆,怎么会在这里?""我从南方来,要到北方去。"我匆匆应答,无暇与它攀谈,昂着头,一路向前。"你明明是在朝东走啊!"蚂蚁惊讶地提醒。"不会的!我爬过冰川,越过高山,穿过沙漠,难道会走错了方向?"

　　梦被击碎的感觉真不怎么好受!苦苦奋斗,历尽艰险,却突然发现偏离了既定的航向,胸中"咯噔"一下,大脑一片空白,身子不由自主软了下来。我瘫倒在沙滩上,任凭坚硬的沙粒刺入我软弱的身躯。

　　然而,倒下是懦夫,必定前功尽弃。站起来,才能让人刮目相看!

　　一道道崇山峻岭,一片片广袤沙漠被我甩在身后。我重新调整了方向,迈着稳健的步子踏上了新的征程。我想起之前走错的每一步,既悔恨,又欣慰,更惊醒。拼搏是美德,认清方向是一种智慧,而及时纠错又需要勇气。我重整行装,向着北方,一步步前行,痛并快乐着。

　　是啊,生命本是一场旅行。不必在乎有多少荆棘乱石,不必担心前方是否有坑坑洼洼。心无旁骛,一路前行。面对失误及时纠正,方向才是成功的保障。

　　终于,越过千难万险,我把生命留在了梦寐以求的北方。回顾走过的路,我欣慰地笑了。

　　点评:作者不走寻常路,构思一个寓言故事诠释深刻的哲理,想象合理丰富,立意积极高远,故事完整生动。用三个典型场景"爬过冰川""越过高山""穿过沙漠"展现蜗牛的执着形象,突出"目标长远""放下顾虑"的意志和品质,形象鲜明,扣题严谨;蚂蚁与蜗牛的对话以及蜗牛的反思,又巧妙地扣合试题关键词"方向";蜗牛反思后的举动,又从"放手一搏"的角度照应材料,文章层层展开,全方位、多维度凸显材料寓意。结尾把生命比作一场旅行,用形象简练的文字归纳全文,揭示寓意,点明题旨。

新材料作文"青蒿传奇"导写与示例

【原创试题】

阅读下面的材料,按要求作文。

中国药学家屠呦呦荣获2015年诺贝尔医学奖。屠呦呦经过191次实验终于成功提取了被称为"中国神药"的青蒿素,解决了世界难题,对抗击疟疾显示了奇效。为了提取青蒿素,屠呦呦翻阅中医药典籍、寻访民间医生,没日没夜泡在实验室,满身都是酒精味。她搜集了600多种中药药方,对其中200多种中草药380多种提取物进行筛查;为了验证青蒿素的疗效,她以身试毒,弄坏了肝脏。她在发表获奖感言时说,"青蒿素的发现,不是我一个人的成绩,而是团队共同努力的成果,是中国科学家集体的荣誉";"这次获奖,说明中医药是个伟大的宝库,但也不是捡来就可以用。"

要求:选好角度,确定立意,明确文体(诗歌除外),自拟标题,写一篇不少于800字的作文。不要脱离材料内容及含意的范围作文,不要套作,不得抄袭。

【写作指导】

这是一个典型的叙事性材料。材料叙述屠呦呦研制提取青蒿素的艰难历程、辛勤付出、无私奉献以及面对荣誉的冷静、谦逊态度等内容,信息量很大,涵盖面很广。因此,立意的角度也是多维度的,几乎每一句话中都蕴含着不同的观点,开放性很强,写作的自由空间很大。可以有以下六个立意角度:

角度一:持之以恒,百折不挠,终有所获。屠呦呦为了提取青蒿素,长年累月进行了一百九十多次实验。她面对一次次的失败,不弃不馁,不急不躁,屡败屡战,愈挫愈勇,终于经过191次实验成功提取了被称为"中国神药"的青蒿素,解决了世界难题。

角度二:勤于钻研,博采众长。为了提取青蒿素,屠呦呦翻阅中医药典籍、寻访民间医生,没日没夜泡在实验室。她搜集了600多种中药药方,对其中200多种中草药380多种提取物进行筛查。正是勤于钻研,从海量中药药方中吸取精华,不断改进提取方法,才走向成功。

角度三:忠于职守,敬业奉献。为了提取青蒿素,屠呦呦没日没夜泡在实验室里,满身都是酒精味。为了验证青蒿素的疗效和安全,她以身试毒,弄坏了肝脏。她的同事们也都愿意在自己身上试验药的毒性。如果没有高尚的职业操守,没有无私奉献的敬业精神,是无法攻克世界难题的。

角度四:谦逊为人,淡泊名利。在至高的荣誉面前,屠呦呦表现得非常淡定。她认为,青蒿素的发现,不是她一个人的成绩,而是团队共同努力的成果,是中国科学家集体的荣誉。这种豁达的胸襟、谦逊的态度和淡泊名利的操守,令人肃然起敬。

角度五:团队合作是成功的铺路石。青蒿素的成功提取并非某一个人的功劳,而是众多同事们和屠呦呦一起合力拼搏的结晶。他们一起翻阅中医药典籍,一起寻访民间医生,一起熬过了无数个不眠之夜,一起在自己身上做试验。由此可知,合作是成功的法宝。

角度六:传承与发展。正如屠呦呦所言:"中医药是个伟大的宝库,但也不是捡来就可以用的。"屠呦呦在抗疟疾药物研究中,从中国古代医药文献中吸取大量的经验,又将古典文献与现代科技相结合,采用乙醚低温提取法,如愿获得青蒿提取物。对于古代优秀文化,只有在传承的基础上不断创新与发展,才能更好地为我所用。

【素材链接】

(一)名言警句

1. 做一件事,无论大小,倘无恒心,是很不好的。　　　　　　　——鲁迅

2. 卓越的人的一大优点是:在不利和艰难的遭遇里百折不挠。　——贝多芬

3. 好学深思,心知其意。　　　　　　　　　　　　　　　　　——司马迁

4. 钉子有两个好处:一个是挤劲,一个是钻劲。我们在学习上要提倡这种"钉子"精神。　　　　　　　　　　　　　　　　　　　　　　　　——雷锋

5. 处其位而不履其事,则乱也。　　　　　　　　　　　　　——《礼记》

6. 一个没有受到献身热情所鼓舞的人,永远不会做出什么伟大的事情来。
　　　　　　　　　　　　　　　　　　　　　　　　——车尔尼雪夫斯基

7. 缺少谦逊就是缺少见识。　　　　　　　　　　　——富兰克林

8. 智慧是宝石，如果用谦虚镶边，就会更加灿烂夺目。　　——高尔基

9. 单个的人是软弱无力的，就像漂流的鲁滨孙一样，只有同别人在一起，他才能完成许多事业。　　　　　　　　　　　　　　　　——叔本华

10. 谁若认为自己是圣人，是埋没了的天才，谁若与集体脱离，谁的命运就要悲哀。集体什么时候都能提高你，并且使你两脚站得稳。　　——奥斯特洛夫斯基

11. 不学古人，法无一可；全似古人，何处着我？　　　　——袁枚

12. 正确的道路是这样：吸取你的前辈所做的一切，然后再往前走。

——托尔斯泰

(二)经典时事

1. 一个读书少年向陶渊明求教。陶渊明带他来到田边，指着尺把高的稻禾问："你仔细瞧瞧，它现在是否在长高呢？"少年看了半天，说："没见长啊。"陶渊明反问："真的没见长吗？那么，春天的秧苗又是怎样变成尺把高的呢？"其实这禾苗每时每刻都在生长，只是我们没觉察到。读书也是这样，只要勤学不辍，持之以恒，就会由知之不多变为知之甚多。

2. 美国人斯蒂芬·金的经历十分坎坷，他曾经潦倒得连电话费都交不出，电话公司因此而掐断了他的电话线。后来，他成了世界上著名的恐怖小说大师，整天稿约不断，常常是一部小说还在他的大脑中储存着，出版社高额的订金就支付给了他。如今，他算是世界大富翁了，可他仍然是在勤奋的创作中度过的。斯蒂芬·金的秘诀很简单，那就是：勤奋、钻研。

3. 陈金水出生于钱塘江畔，从气象学院毕业后，只身来到青藏高原，单枪匹马建起了世界上最高的气象观察站。这里的环境十分恶劣，终年积雪，空旷无人；由于低压，他吃不到煮熟的饭；由于寸草难生，他吃不到新鲜的蔬菜；由于缺氧，他患上了心血管疾病。然而，陈金水丝毫没有动摇献身气象事业的决心，在这里一蹲就是30年，印证了他的肺腑之言：我的一切属于祖国的气象事业。

4. 克雷洛夫是俄国18世纪伟大的寓言作家，他的寓言写得既多又好。有一次，他的一位朋友夸赞说："你的书写得真好，一版销完又印一版，比谁的都印得多。"克雷洛夫却这样回答："不，不是我的书写得好，是因为我的书是给孩子们读的。谁都知道，孩子们是容易弄坏书的，所以版次多一些。"

5. 华为精神领袖任正非，用凑来的2万多元人民币注册创立了华为公司。他以自己独特的战略眼光，带领华为走向海外市场，与诸多国际标准组织密切合作，

如今在海外设立了20个地区部,100多个分支机构,使华为公司一跃成为销售额超过300亿美元的大公司。

6. 书法艺术从晋代至唐初一直是继承"二王"的传统,追求姿媚瘦硬的书风。盛唐的颜真卿,独树一帜,开创了浑厚雄强、刚劲肥壮的新书体,也就是我们常说的"颜体"。自唐以后,许多著名的书法家都从他那儿吸取过营养。据说他曾经跟张旭学习笔法并且向"二王"、褚遂良以及当时民间的书法作品多方面借鉴,才能承前启后,开创一代书风。

【佳作示例一】

成功不会一蹴而就

陕西省商南高中高三(27)班　梅婉鑫

前不久,我国科学家屠呦呦荣获2015诺贝尔医学奖。一时间,这个默默无闻的名字成为人们热议的焦点。面对鲜花与掌声,屠呦呦异常镇定。因为她知道,为了提取青蒿素,她付出了太多的努力;而成功,从来不会一蹴而就。

成功的花儿需要用汗水来浇灌。冰心说:"成功的花儿,人们只惊羡它现时的美丽。当初它的芽儿浸透了奋斗的泪水,洒遍了牺牲的细雨。"屠呦呦不正是如此吗? 40多年前的中国,疟疾横行,人们苦不堪言。而就在此时,屠呦呦临危受命,带领她的团队夜以继日进行药物研究。她亲自采药,分析,还因此得了肝病。正是鲜为人知的汗水、眼泪甚至身体的极大伤害,才书写了"中国神药"的传奇。近日,中国女排重回世界巅峰,夺得了女排世界杯的冠军。当全国人民为其欢呼雀跃时,只有这些勇敢的小姑娘们知道,她们为了这一天已经等了太久太久,也付出了太多太多……事实证明,成功从来就没有速成法,成功者之所以优秀,是因为他们付出的汗水是常人的千倍万倍罢了。

成功的花儿需要用信心来浇灌。在这个世界上,每做成一件事都不是那么轻而易举的。路途中总会遇到这样或那样的"暗礁""险滩",有人跌倒了几次便失去了信心,打起退堂鼓;而有的人却愈挫愈勇,从不失去对前路的信心。这样的人,无论成就如何,他的人生一定是无怨无悔的。若能拥有李白"长风破浪会有时,直挂云帆济沧海"的执着信念,再加上自己十二分的努力,即使长途漫漫,心始终会累并快乐着。奥巴马虽为黑人,但从小就树立了做总统的远大理想,从不把他人的轻视与嘲笑放在心上。因为他坚信,矢志不渝,知难而进,成功的曙光就在前方。信心是一种方向,更是一种力量。揽自信于怀,清风自来,好花常开。

成功的花儿需要用意志来浇灌。抗疟疾药的成功研制离不开屠呦呦千百次的实验。190次的失败铸就了最后一次的辉煌。失败其实并不可怕,因为每一次的失败,都锻炼了我们的意志;而正是这种意志让我们挣脱失败的陷阱。马云曾说,阿里巴巴曾经面对过上百次看似无法摆脱的困境,正是靠着意志,他们百折不挠,积累了丰富的经验,使他们之后的路越走越宽广。勇气诚可贵,毅力价更高。失败就像一场突如其来的风暴,可能会给人们带来灾难,但只要携意志前行,一定能逢凶化吉,迎来朗朗晴天!

成功不可能一蹴而就,汗水、信心、意志都是成功的养料。耐心浇灌吧,终有一天,你将收获一片花海!

点评:这是一篇深得考场作文之妙的议论文佳作。全文自始始终拿屠呦呦提取青蒿素"说事",立意精准,扣题紧密,不偏不倚。文章开篇运用试题材料,自然引出话题。主体部分设置三个分论点,运用并列式结构布局谋篇,行文整齐,结构匀称美观。素材选用兼顾古今中外,囊括不同领域,具有典型性和代表性。同时,理论论据与事实论据交错使用,相得益彰。在论证方法上,作者融对比论证、引言论证、比喻论证于一体,既显示了作者娴熟的论证技巧,又使文章富有文采和文化内涵。

【佳作示例二】

且以"敬业"伴此生

陕西省商南高中高三(27)班　徐杨

何谓敬业?朱熹有言:"主一无适便是敬。"只要心怀敬畏,把全部精力与热情投入到所从事的事业中去,心无旁骛地为之拼搏,便能称得上"敬业"。古往今来,多少人为了心中神圣的事业呕心沥血,献出自己的青春乃至整个生命,推动了历史的浪潮滚滚向前。这些人,便是那历史长河中泛起的最美丽的浪花。

明代文学家宋懋澄说:"丈夫无所耻,所耻在无成。"一个人只有"专心致志以成其业",才能够"不因虚度年华而悔恨",才能让自己的生命绽放华美的光彩。爱因斯坦,这位伟大的科学家,临终前仍在孜孜不倦地工作。他说:"我要整理这些稿件,或许这是有意义的工作。"他一生与科学相伴,提出相对论,推动物理学发展到新的高度。"发明大王"爱迪生为了研究灯泡,采用6000多种材料进行实验,历经了无数次的失败,又无数次重新开始。他的敬业与坚持为世界留下1400多项伟大的发明，改变了世人的生活。提奥多·马丁曾说："工作是生命的真正精髓所在。"热爱自己的岗位并为之献出全部，便是敬业之人最值得尊敬之处。

敬业需要长久的坚持和永不言弃的精神。米开朗琪罗在为罗马教堂创作壁画时，多次摔成重伤，但他在椅子上工作了四年，为人们留下瑰丽的艺术作品；梅兰芳在几十年间坚持每天盯着远处的信鸽练眼，于是，他在舞台上的一眨眼一回眸便是眼波流转，顾盼生辉；没有钢琴，冼星海用碗、碟、盆、罐作乐器，克服万般困难谱写出气势恢宏的《黄河大合唱》，激励了无数中华儿女前赴后继；曹雪芹不畏"蓬牖茅椽，绳床瓦灶"的艰苦环境，批阅十载，增删五次，著成《红楼梦》，真乃"字字看来都是血，十年辛苦不寻常"。倘若没有万般辛苦只等闲的不懈努力，没有"欲上青天览日月"的坚忍执着，何谈敬业？何谈"有所成"？锲而不舍，迎难而上，是敬业的根本。

敬业不仅是个人的追求，更是民族发展的推动力。袁隆平十几年坚持守在杂交水稻的试验田中，像候鸟一样追着日光的移动培育新品种，杂交水稻终于培育成功，促使粮食增产，人民生活水平大大提高。中国氢弹设计者之一的著名核物理学家于敏说，科学几乎就是我生命的全部。他的默默付出为中国增添了一道安全屏障。敬业撑起民族的脊梁，它让一个民族不断壮大，走向繁荣富强。"吾日三省吾身：为人谋而不忠乎？与朋友交而不信乎？传不习乎？"，我们要牢记孔老夫子的谆谆训诫，时时提醒自己：工作是否敬业？交友是否守信？知识是否用于实践？为了民族大业，竭尽全能，恪尽职守。

"人在履行职责中得到幸福。"罗佐夫如是说。敬畏和热爱自己的事业，并做好为之奉献一切的准备。别畏惧苦痛与挫折，只要有明天的日光为我们加冕，只要以"敬业"相伴此生，我们的人生必将辉煌璀璨，多姿多彩！

点评：作者援引名言入题，阐释"敬业"的含义，颇具文化意蕴。接着，文章引用名言典例，论述大丈夫要乐于敬业、敬业需要长久的坚持和永不言弃的精神、敬业是民族发展的推动力，由浅入深，逐层递进，升华主题，深刻有力。另一突出亮点是，围绕论题旁征博引，论据典型充足，说古论今，由国内到国外，无所不有，极大地丰富了文章内容，增强了论证力度。大量名言警句信手拈来，充实了内容，增添了文采，凸显了文化品位。无论是基础等级还是发展等级，本文都有吸人眼球之处。

【佳作示例三】

像蜗牛爬上苍穹

陕西省商南高中高三(27)班　谭宁歆

　　俞敏洪曾说:"世界上有两种动物能到达金字塔塔顶:一种是雄鹰,而另一种是蜗牛。"雄鹰能搏击长空,傲视苍穹;而蜗牛则凭着百折不挠,爬上人们仰视的高度。

　　对于屠呦呦来说,通往诺贝尔奖的路并不是一条平坦的大道,但凭着百折不挠、坚持不懈的蜗牛精神,她爬上苍穹,成就了属于她自己的别样风景。

　　林书豪曾说:"感谢上天把天赋赐给了那些没有我勤劳的人。"没有姚明的身高,没有易建联的体魄,他有的只是蜗牛一样的默默进取,矢志不渝。十年如一日的苦练,把铁锻造成了钢,磨成了剑,一出鞘,便锋芒毕露,刮起了一阵"林旋风"。人们也不会忘记,洛杉矶的凌晨四点,是属于科比的时间。当整个城市还在睡梦中时,科比就开始了练球。一个月过去了,两个月过去了,五年过去了。洛杉矶的凌晨依旧是那样漆黑,那样沉寂,而科比却化蛹成蝶,一位篮球巨星从此诞生了。

　　曾国藩对"蜗牛精神"有独到的见解。他总结出一种"积苦力学",笨拙有笨拙的好处,笨拙的人不懂得投机取巧,只得下勤勉之功,因而能取得扎扎实实的成功。科比和林书豪都没有过人的天赋,但他们像蜗牛一般永不言弃,终成大器。

　　通往成功的路,从来都没有一条康庄大道,而卓越与平庸之人的差距恰在于谁能够坚持。当看到同龄人奔跑的身影,少年的心动了。外面是五光十色的世界,而自己的面前只有黑白两色的琴键。于是他告诉父亲,他不想再练习钢琴了。父亲没有抬头,只是带他去听一场音乐会。音乐会结束后,人们蜂拥而上请音乐大师签名,这位父亲则拉着孩子的手,请求孩子与大师握手。就在握手的那一瞬间,孩子的心震撼了——那是一双布满老茧的粗糙的手,是数十年苦练留下的印记!孩子没说什么,之后加倍勤学,终成国际著名钢琴家——他就是郎朗。当想见郎朗艰难跋涉于黑白琴键的路上,十指轻叩心灵之门时,我们不禁感叹凤凰涅槃的艰辛。正如马云所说:"没有人可以随随便便成功。"泰戈尔也曾有过精辟的比喻:"只有经历地狱般的磨炼,才能炼出创造天堂的力量;只有流过血的手指,才能弹出世间的绝唱。"那就让我们以勤奋为桨,坚持为帆,来一次心灵的远航吧!

　　天道酬勤,地道酬仁。没有比脚更远的路,没有比心更高的天。天才不常有,富贵勤中来。那就让我们像屠呦呦那样做一只蜗牛,埋下头,俯下身,奋力去爬,爬上塔顶,爬上云梯,爬上苍穹,去追寻属于自己的精彩人生!

点评:本文拟题形象生动,小小的"蜗牛"与高远的"苍穹"形成极大的反差,像磁石紧紧吸引读者的眼球。开篇名言引路,为下文张本。全文自始始终紧紧围绕"蜗牛精神"行文,脉络分明,结构紧凑,主题突出。选用素材注重点例和面例相结合,理论与实例相结合,叙例紧扣中心,议例手法多变,错落有致。语言表达上,作者善于运用短句和富于哲理的句子,如"把铁锻造成了钢,磨成了剑,一出鞘,便锋芒毕露……""没有比脚更远的路,没有比心更高的天",干脆利落,启人心智。

材料作文"校长致歉"导写与示例

【文题呈现】

阅读下面的文字,根据要求作文。

复旦大学校长杨玉良在毕业典礼致辞时,向一名女学生真诚致歉。

复旦大学某学院一名女生在拍毕业照时帽子掉在了地上,低头捡帽时错过了合影的瞬间。虽然摄影师当场补拍了一张,但后来发到同学们手里的却还是那张缺了一人的合影照。女生去找学院要求重印所有同学的毕业照,学院却推说是照相馆的责任,让那位女生自己去交涉,还说那女生小题大做。

杨玉良校长就此事寄语同学们带着对每一个人的尊重和关爱走向社会。

要求:选好角度,确定立意,明确文体,自拟标题;不要脱离材料内容及含意的范围作文,不要套作,不得抄袭。

【写作指导】

这个叙事性材料,虽然关涉的对象较多,有"女大学生""摄影师""某学院""杨玉良校长"等,但最佳立意角度在于"杨玉良校长"和"某学院"。"杨玉良校长"和"某学院"是一个共同体的两个方面,一正一反,一褒一贬,相互对立,形成鲜明的对比。某学院一名女生在拍毕业照时因低头捡帽错过了合影的瞬间,造成毕业照"缺位"。该生要求学院重印毕业照,学院却认为是小题大做,推脱责任。对此,杨玉良校长却在毕业典礼致辞时,向那名女生真诚致歉,并就此事寄语同学们带着对每一个人的尊重和关爱走向社会。

杨玉良校长始终把学生的诉求记在心上,并在公开场合向学生致歉,这种行为就是对他人的极大"尊重和关爱",不仅表现出杨玉良校长良好的品质和修养,也给毕业生上了最生动最有说服力的一课。从材料最后一段中,我们可以明确立意倾向:"尊重"和"关爱",可以立意为"学会尊重""拒绝冷漠""关爱是一种美德"等。纵向挖掘和升华,杨校长的致歉也表现出一种责任与担当。"一切为了学生"是学校及教育工作者的应尽职责,率先垂范教育学生"学会尊重人""怀揣关爱心"更是负责与担当的表现。同时,杨校长放下身段,向学生致歉,我们可以从中看出杨校长勇于认错的可贵品质。

【素材链接】

(一)名言类

1. 老吾老,以及人之老;幼吾幼,以及人之幼。　　　　　　　——孟子
2. 爱之花开放的地方,生命便能欣欣向荣。　　　　　　　　——梵高
3. 我们平等地相爱,因为我们互相了解,互相尊重。　——列夫·托尔斯泰
4. 礼仪的目的与作用本在使得本来的顽梗变柔顺,使人们的气质变温和,使他尊重别人,和别人合得来。　　　　　　　　　　　　　　——约翰·洛克
5. 我们不是为自己而生,是我们的国家赋予我们应尽的责任。　——西塞罗
6. 尽管责任有时候厌烦,但不履行责任,不认真工作的人什么也不是,只是懦夫,不折不扣的废物。　　　　　　　　　　　　　　　　——刘易斯

(二)事例类

1. 河北省的李利娟从1996年起至2015年,19年间陆续收养了75名孤儿。她收养的孩子,年龄最大的26岁,已经结婚,最小的还在襁褓中。这些孩子大多身患残疾,每月医疗费等各项费用平均都在6万元。为了抚养和教育这些孩子,李利娟种着几十亩地,养着上百只羊和猪。如今,46岁的她已经满头白发。

2. 汉文帝刘恒是一位孝顺母亲的君主,其生母薄太后多病,他在处理完繁忙政务后,经常亲自在母亲病榻旁陪伴。在薄太后患病三年间,刘恒经常目不交睫,衣不解带。母亲所服的每一副汤药,他都要先亲自尝过后,才让太后服用。

3. 在美国,一个颇有名望的富商在散步时,遇到一个瘦弱的摆地摊卖旧书的年轻人,缩着身子在寒风中啃着发霉的面包。富商怜悯地将8美元塞到年轻人手中,头也不回地走了。没走多远,富商忽又返回,从地摊上捡了两本旧书,说:"对不起,我忘了取书。其实,您和我一样也是商人!"两年后,富商应邀参加一个慈善募捐,一位年轻书商紧握着他的手,感激地说:"我一直以为我这一生只有摆摊乞

讨，直到你亲口对我说，我和你一样都是商人，这才使我树立了自尊和自信，从而创造了今天的业绩……"

4. 一家国际知名企业在中国招聘首席代表。经过激烈竞争后，五名年轻人脱颖而出。最后将通过面试，录用其中的一位。这五人中，两有博士，两位硕士，一位本科学位。面试结果出人意料：那位本科生最终胜出。面对人们的质疑，公司老总给出了答案："这五名年轻人，无论学识还是专业素质都非常出色。但在面试前向递交个人简历时，只有那位本科学历的先生是用双手递给考官的，其他人都是用单手。"

5. 五岁的汉克和爸爸、妈妈、哥哥一起到森林干活，突然间下起雨来，可是他们只带了一件雨披。爸爸将雨披给了妈妈，妈妈给了哥哥，哥哥又给了汉克。汉克问道："为什么爸爸给了妈妈，妈妈给了哥哥，哥哥又给了我呢？"爸爸回答道："因为爸爸比妈妈强大，妈妈比哥哥强大，哥哥又比你强大呀。我们都有责任保护比较弱小的人。"汉克左右看了看，跑过去将雨披撑开，挡在了一朵风雨中飘摇的娇弱的小花上面。

6. 苏珊出身于中国台北的一个音乐世家，她从小就受到了很好的音乐启蒙教育，期望一生能够驰骋在音乐的广阔天地，但阴差阳错地考进了大学的工商管理系。毕业后她被保送到美国麻省理工学院，以优异的成绩拿到了经济管理专业的博士学位，如今已是美国证券业界的风云人物。美国著名心理学博士艾尔森问她："既然你不喜欢你的专业，为何你学得那么棒？既然不喜欢眼下的工作，为何你又做得那么优秀？"苏珊十分明确地回答："因为我在那个位置上，那里有我应尽的职责，我必须认真对待。有责任感可以创造奇迹。"

【佳作示例一】

在世界中心呼唤爱

陕西商南高中高三(27)班　左鹏程

罗素曾问："人究竟为何而活？"我回答："因为爱与关怀。"无论人生璀璨如春日之花朵，还是暗淡似寂夜之萤火；无论前路鲜花满地，风光无限，还是电闪雷鸣，荆棘丛生；无论梦想是突出重围、冲破黑暗、冉冉升起的红日，还是镜花泡影般令人望眼欲穿的水中之月，只要有"爱"与"关怀"相依相伴，我们定能面朝大海，尽享春暖花开！

关怀自己，让笑颜常开不败。爱自己，从来都不是说说而已。当我们孤独失意时,一定要有"自古逢秋悲寂寥,我言秋日胜春朝"的自信;当我们经历离愁别恨时,一定要有"醉笑陪君三万场,不诉离殇"的豁达;当我们身处逆境进退维谷时,一定要有"冬天来了,春天还会远吗"的乐观……若此,生命之花才能愈开愈灿烂,越嗅越芬芳。假如连自己都不爱,那岂不是抱着冷漠、哀愁之杯痛饮苦酒吗?才华横溢的杜拉斯沉浸在无望的爱情之中,终日借酒浇愁,最终像一朵鲜艳的玫瑰凋零在繁花似锦的春天里;美貌无双的鱼幼薇,在经历了心上人的决绝、婚姻破裂的惨痛之后,化身为复仇的女神美狄亚,将自己与他人推下了万劫不复的深渊,何其悲哉!爱自己,不仅要在生活上对自己无微不至,更要在精神上坦然、豁达。

关怀亲人,让温馨无处不在。亲人眉头上的褶皱,眼神里的忧伤,心口不一的倔强,无一不是为你而存在。在爱的海洋里,你就是亲人心中的唯一。你的分量,任何天平都无法称量;你的开怀,任何快乐都无法替代。可世上偏偏就有人对这最亲近、最炽热的亲情熟视无睹,让冷漠的围城坚不可摧,让亲情的交融变得举步维艰,让坚冰冻结了心凝固了爱疏远了情。近日,网上爆料一名都市白领天天送八旬老母上街乞讨,而她竟声称这么做只是为了早日买套住房。我无言以对!像她这样有房有车却无情无义冷漠自私不懂关爱的人,何其悲哉!何其恨哉!

关怀他人,让世界春暖花开。美国贫民窟有一位名为雷夫·艾斯奎斯的小学教师,他一生致力于他所钟情的教育事业,尽管是在一个破败不堪的学校,尽管那里有很多老师都不会英语,尽管他的选择在别人看来不可思议,但他仍然坚持了下来。"第56号教室",注定要成为一个诞生奇迹的地方。他一个人承包了班级所有的课程,带着他的学生阅读莎士比亚,欣赏美妙的旋律,让迷人的画卷激发孩子们心湖上的阵阵涟漪,让曾经灰暗无助的日子充满欢声笑语。就这样,许许多多的人因此而走出阴霾,改变了人生轨迹。

天有多大,爱就有多大;海有多深,关怀就有多深。就像杨校长寄语毕业季的同学们那样,带着爱与关怀出发,让我们的温情催开每一朵花,澄清每一滴水,消除每一层隔膜,融化每一块坚冰。让我们一起,在世界中心呼唤爱!

点评:内容方面,紧扣材料立意行文,审题精准,观点明确。第一段开门见山提出论点之后,紧接着从"关怀自己""关怀亲人""关怀他人"三个层面论述"爱与关怀"的要旨,结尾重申观点,中心突出。选用的素材典型有力,新颖别致,做到人无我有,令人耳目一新,增添了文章的看点。

表达方面,本文融递进式、总—分—总式结构于一体,行文自如,条理清晰,首尾圆合。作者围绕中心论点设置三个分论点,由"关怀自己"到"关怀亲人"终至

"关怀他人",逐层推进,条分缕析,逻辑严密,升华了主题。假设论证、比喻论证、对比论证手法的交错使用,增强了论证有力度。

发展方面,运用递进式结构,由浅入深,由关怀"自己"最终上升到关怀"世界"的高度,论证深刻,发人深省。文章大量运用排比句,句式整齐优美,行文富有气势,读来朗朗上口,极具顿挫起伏和韵律美;诗词名句的巧妙引用,增添了文章的文化意蕴。排比与引用修辞格的综合运用,使文章文采四溢,美不胜收。

【佳作示例二】

尊重是为人的必修课

陕西商南高中高三(27)班 郑紫萱

本是一位普通学生的失误,却获得杨校长真诚的道歉。这并非故意作秀,而是杨校长为即将步入社会的学生上的生动一课。杨校长希望同学们学会尊重,因为,尊重是为人的必修课。

屠格涅夫说:"自尊自爱,作为一种力求完善的动力,是一切伟大事业的渊源。"曾经看到这样一则新闻:一位妻子在地震中失去了双腿,丈夫百般照料,无微不至。起初,她逢人就夸丈夫如何不离不弃,自己是这个世界上最幸福的人。可几年后,两人离婚了,妻子到处埋怨丈夫的不忠。她哪里知道,这几年中,她因自己的残疾变得悲伤,绝望,自暴自弃;她整天慨叹自己命运不好,甚至几度跳楼轻生。她哪里知道,正是这种消极颓废,正是对自己的不尊重,才失去了丈夫的关爱和家庭的幸福。人人都渴望被尊重,但如果不能做到自尊,又怎样能得到他人的尊重?倘若那位妻子身残志坚,世界以痛吻我,我却报之以歌,她的亲人又怎会离她而去呢?

当然,尊重自己,不是"各人自扫门前雪,莫管他人瓦上霜"。如果以自我为中心,目中无人,就是冷漠,自私。这样的人无法与他人合作与交流,自然成为孤家寡人,也必将失去生活情趣和生存价值。爱因斯坦因其突出贡献获得诺贝尔物理奖,被美国《时代周刊》评选为"世纪伟人"。有一次,他在街上遇到一个小女孩,便自豪地对女孩说:"你可以回去告诉你妈妈,你今天遇见了爱因斯坦!"谁知,小女孩不屑地说:"你也应该高兴,你今天遇到了爱丽丝!"连小孩都渴望被人尊重,我们又怎能不尊重身边的每一个人呢?孟子说过:"一箪食,一豆羹,得之则生,弗得则死。呼尔而与之,行道之人弗受;蹴尔而与之,乞人不屑也。"可见,尊重他人是自古以来普遍被人推崇的传统美德。

当今社会,起洋名,说洋话,写洋文,用洋餐,穿洋服,过洋节,已经成为一种时尚。这些人"洋洋"得意,却不知严重伤害了民族情感。曾记否,某星曾穿着"日本军旗服装"在纽约拍摄时装照,引起了数以万计网友的震惊及谴责。无独有偶,在9月6日泰山国际登山节上,一名天津男子身着印有"大日本帝国海军"字样的T恤,被现场民众包围,扯下T恤踩在脚下。因为一些人只顾个人享受,不顾民族自尊,以至于出现了端午节被韩国冠名的咄咄怪事。故此,我们不得不大声呼吁:尊重自己的民族吧,因为一个民族的灭亡,不是这个民族的人全死了,而是在这个民族的人身上再也找不到本民族独特的文化和美德了。

放眼当前,越来越多的人只求"人人为我",不愿"我为人人",唯我独尊,目中无人。杨校长的真诚道歉和美好寄语犹如一声警钟,将人们从混沌中唤醒,让人们谨记:学会尊重是为人的必修课!

点评:内容方面,开头引用材料,引出话题,结尾再回到材料,重申话题,首尾呼应,扣题严密。论点式标题"尊重是为人的必修课"运用比喻,形象揭示了文章的中心,不偏不倚,切合题意。主体部分集中笔墨论证为什么要学会尊重、怎样尊重,不枝不蔓,紧扣中心。素材兼顾古今中外,内容充实。

表达方面,标题即是文眼,让读者观一"题"而知全文精髓。行文中多次用关键词"尊重"点题,强化题旨。语言表达不事雕琢,娓娓道来,运用平实流畅的文字阐释道理。无论是引用名人名言,还是从生活中选用素材,都信手拈来,遣词造句显得非常从容。引言论证、假设论证、因果论证运用自如,富于变化。

发展方面,本文由校长尊重学生向学生致歉这一生活琐事入手,以小见大,由浅入深,最终上升到尊重民族文化、民族习俗的高度,显示出作者思维的深度和论证的深刻性。

【佳作示例三】

携责任上路　伴关爱前行

陕西商南高中高三(27)班　曹炜

××同学:

你好!

近日听说了你的事情,作为一校之长,我为学院这种不负责任的行为向你表示诚恳的歉意!在这个物欲横流、人心淡漠的时代,不少人利益面前"抢篮球",责任面前"踢足球",实在令人心寒！但愿这件事不会给你带来太多的负面影响。你即将步入社会大课堂,希望你忘却不快,携责任上路,伴关爱前行,做一个有担当的热心青年。

俗话说:"天下兴亡,匹夫有责。"社会纷繁复杂,在很多时候,需要我们勇于担责,善于担责。我们要像古圣先贤那样,责任面前不逃避,不推脱。范仲淹登楼远眺,深感责任在肩,发出"先天下之忧而忧,后天下之乐而乐"的仰天长叹;诸葛亮在出师前夜夜不成寐,只因不忘先主依托,鞠躬尽瘁,死而后已,留下千古美谈;霍去病忠心耿耿,奋力抗蛮,于巍巍高山间发出"匈奴未灭,何以为家"的呼喊……古人身处乱世,性命难保,尚能以责任为重,以天下为重,身为接受了高等教育的时代骄子,希望你与古人相比,后来居上,不逊风骚。

你一定记得列夫托尔斯泰那句名言吧,"一个人若是没有热情,他将一事无成,而热情的基点正是责任心"。勇于承担责任是一份热情,是一种挚爱,更是一种高尚的美德。你一定记得那个十六载如一日的陪读母亲陶艳波吧？八个月大的儿子因病失聪,但也造就了一段不朽传奇的开始。陶艳波不厌其烦地教导、训练儿子,只为尽到一个母亲应尽的职责。她是儿子的同桌,也是儿子的双耳,让儿子听见这世界的轻盈,也感受到无声的爱。他的爱就像美妙的旋律,柔美、婉转。陶艳波的热情与责任心交织成一首温馨的乐章,填于胸盈于耳的是满满的爱。这种爱需要你们年轻一带去传播,去弘扬。希望你做一位爱的使者,用你的热情与责任温暖世人的心田。

××同学,社会是个大染缸,什么样的人都有,什么样的事都有。世风日下,在这个喧嚣纷乱的尘世中,有些人在灯红酒绿中迷失了自我,做了冷漠的看客,成为冷面人。无论世风如何,希望你不要耿耿于黎明前的黑暗,而要畅想晨曦初露后的曙光,忘却不快,用阳光的心态看世界,用美的眼睛观察世界,你一定会充满爱心,与责任同行。

在即将离别之际,我衷心希望你原谅学院的不妥之举,并以此事为鉴,带着责任上路,在人生大舞台上,用爱心催生满园芬芳,为观众留下精彩的一幕！

杨玉良
×年×月×日

点评:内容方面,标题"携责任上路,伴关爱前行"紧扣材料,准确醒目。文章紧紧围绕"责任"与"关爱"行文,无论是引用名言还是列举事例,都以主题为轴心,内容丰富,中心突出。

表达方面,作者用平实的语言和第二人称的表达角度,犹如写信人与对方面对面说话,拉近了双方的距离,感情真挚,使人感到亲切,自然。开篇先向对方表示歉意,下文再向对方提出希望,既表现出诚意,又消除了隔阂,使对方乐于接受自己的观点。

发展方面,本文跳出议论文的桎梏,大胆地用书信体布局谋篇,是一种文体上的创新。既可以消除读者的阅读疲劳,又可以获得发展等级得分,一石二鸟,是一种明智的选择。

材料作文"性命·生命·使命"导写示例

【文题展示】

阅读下面的材料,根据要求写一篇不少于800字的文章。

平庸的人只有一条命,叫性命。

优秀的人会有两条命,性命和生命。

卓越的人则有三条命,性命、生命和使命。

要求:选好角度,确定立意,明确文体,自拟标题;不要脱离材料内容及含意的范围作文;不要套作,不得抄袭。

【写作指导】

这则材料出自当代著名小说家、编剧麦家的名言。"性命""生命"和"使命"分别代表了生存、生活和责任,也分别代表了人生由低到高的三种境界。同样为人,平庸的人只是为了生存而存在,他们追求一日三餐的温饱,没有高远的目标,也没有伟大的理想,每一天都在重复着昨天的故事。优秀的人在珍惜性命的同时,更加注意提高内在修养和生活质量,刻意让自己的生活过得更精彩。他们虽然不能决定性命的长度,延年益寿,但能够拓宽生命的广度。生活有了更广阔的空间,性命自然就更有意义,就可以当之无愧地称为"生命"了。而卓越的人则比其他人多了一个"使命"。"使命",是一定要把事情做成、做好的责任,是对国家、社会和人民的一种责任。他们把自己的生命同国家、民族甚至整个人类的命运紧紧联系在一起,肩上有着沉甸甸的担当,这就是神圣的使命。没有使命,再优秀的生命,也难以活出人生的精彩。优秀的人可能会把自己的生活安排得很精彩,可那毕竟是一个人或者一个家庭的事情。而卓越的人,因为心中有神圣的使命感,所以能对国家、社会和人民高度负责,忠于职守,做出贡献。使命感是前进的动力源泉,没有明确而崇高使命感的人,注定不会走得太高太远。因此,"性命"只能证明你活着,而"生命"证明你活得有意义,"使命"则证明你活得高贵,活得伟大。三者相比,"使命"无疑当为人生的至高境界,也是本题的最佳立意。

这则材料具有明显的思辨色彩,解读时要运用辩证的观点,全面、合理地进行审视,多角度、多侧面加以分析,不能肯定其一,否定其余,步入极端化误区。本题可有如下立意:

①生命诚可贵,使命价更高;②肩负神圣使命,舞出精彩人生;③铭记责任,彰显人生的价值;④从优秀走向卓越;⑤走出"小时代",弄潮"大中国";⑥铁肩担道义,使命铸辉煌。

【素材链接】

(一)言论类

1. 生命苦短,只是美德能将它传到遥远的后世。——莎士比亚
2. 生命,如果跟时代的崇高的责任联系在一起,你就会感到它永垂不朽。
——车尔尼雪夫斯基
3. 我们的使命是照亮整个世界,熔化世上的黑暗。——莎士比亚
4. 一个人生命中最大的幸运,莫过于在他的人生中途,即在他年富力强的时候发现了自己的使命。——斯蒂芬·茨威格
5. 人类的使命在于自强不息地追求完美。——托尔斯泰传
6. 一种未完成的使命会使整个人生黯然失色。——巴尔扎克
7. 只要一个时代的使命没有完成,谁也不会认为这个时代已经结束。
——约·胡克
8. 创造这中国历史上未曾有过的第三样时代,则是现在青年的使命。
——鲁迅

(二)事例类

1. 弗兰克经过艰苦的积蓄开办了一家小银行。一次银行遭抢劫,他破了产,储户失去了存款。当他带着妻子儿女从头开始的时候,他决定偿还那笔天文数字般的存款。所有的人都劝他不必偿还,他没有责任,但他回答说:"是的,在法律上也许我没有责任,但在道义上,我有责任,我应该还钱。"他用一生的辛酸和汗水还清了储户的存款,完成了他的责任,也给世界留下了一笔真正的财富。

2. 武汉市鄱阳街有一座建于1917年的6层楼房,该楼的设计者是英国的一家建筑设计事务所。20世纪末,就在那座叫作"景明大楼"的楼宇在漫漫岁月中度过了80个春秋后的某一天,它的设计者远隔万里,给这家大楼的业主寄来一份函件。函件告知:景明大楼为本事务所设计,使用年限为80年,现已超期服役,敬请业主注意。80年前盖的楼房,时至今日设计者竟然还为它的安危操心,靠的就是责任和使命。

3. 出塞路上,黄沙漫道,驼铃声声,胡杨肃立,泪眼婆娑。家乡渐行渐远,边塞孤城将成为她永远的归宿。没有花香鸟语,莺歌燕舞,只有大漠孤烟。昭君,带着大汉天子赋予她的和亲使命,舍弃了中原安逸的家,在那激越千年悲愤的塞外支撑着汉朝片刻安宁的天地。没有千里垂泪的明月与她共担思念的哀伤,只有历史的使命陪她进入缱绻的梦乡。这厚重的使命,让汉匈和睦相处,谱写了纤纤女子为国奉献的千古佳话。

4. 霍英东秉持"为社会做些有意义的事"这一使命,数十年来在推动各地教育、医疗卫生、体育、科学与文化艺术、山区扶贫、干部培训等方面做了难以计数的工作,仅用作慈善的捐款就超过150亿元。他说:"我的捐款,就好比大海里的一滴水,作用是很小的,说不上是贡献,这只是我的一份心意!"

5. 1969年,屠呦呦所在的中医研究院接到了一个"中草药抗疟"的研发任务。时年39岁的屠呦呦临危受命,担任科技组组长。屠呦呦和同事们通过翻阅中医药典籍、寻访民间医生,搜集了包括青蒿在内的600多种可能对疟疾治疗有效果的中药药方,对其中200多种中草药380多种提取物进行筛查,经过191次试验,终于不辱使命发现了青蒿素,解决了世界难题,荣获2015年诺贝尔医学奖。

6. 2015年8月中旬,在北京武警总队升旗护卫方队训练基地,几乎每天中午都能看到武警战士赵一鸣肩扛旗杆奔跑的身影。作为"9.3"阅兵护旗方队的擎旗手,他对自己的每一个动作都精益求精。擎旗手主要负责从人民英雄纪念碑一侧,肩扛国旗护送至升旗台,进行升国旗仪式,这将是整个纪念活动的开篇之作,万众瞩目。由于擎旗手位于整个队伍的前列,行进过程中,擎旗手肩上的长达3米、重15公斤的旗杆不能有丝毫晃动。为此,赵一鸣付出了艰辛的努力,"刚练的时候右肩皮都磨破了,然后又化脓,然后再结痂成茧。"

【佳作展示一】（议论性散文）

但愿长梦不复醒

陕西商南高中高三(27)班　王宏伟

这是一个绵长而怪异的梦。

梦里，我穿越了飘散着翰墨幽香的悠悠历史，得见了心系江山社稷的志士文人，感悟了气壮山河的铁血使命。我的灵魂在震颤，血液在奔涌。【优美开篇，统摄全文】

我梦见了汨罗江。江上缭绕着千年未散的墨香，还有一颗灼热的赤子之心。逆行而上，我瞧见了他的模样：赤着脚，一步步走向汹涌的江水。没有犹豫，没有畏惧。我想，在强兵压境之时，在以死进谏之时，在为香草美人落泪之时，他也许早已预感到了自己的惨局。然而他百折不挠，斥奸佞，进忠言，他的胸膛里燃烧着一团熊熊火焰，那便是使命，那便是责任。看着他那赤脚披发的背影，目睹他那踉跄蹒跚的脚步，我仿佛听见了《离骚》里长长的"太息"，窥见了悲怆的"掩涕"。再看看眼前毅然的身影，我更感受到了他那举贤授能、修明法度、统一华夏的崇高使命。也许，不是我梦到了屈原，而是他自两千年的沉睡中觅得了我，将那未竟的使命交予后来者。【屈子身遭诽谤，心系国君，明知一死，百折不挠，使命使然。】

我梦见了中军帐。轻掀帐帘，我瞧见了他沉稳的模样，羽扇纶巾，端庄，肃然，静穆。一笑一颦都流露出运筹帷幄的机智与从容，那样谨慎，那样果断。六出祁山，七擒孟获；排八阵，演七星；东结孙吴，西和羌族，北拒曹魏，南平蛮夷。赤壁的大火温暖了东吴，赤诚的忠心照亮了西蜀。先主虽逝，他依旧尽心辅佐后主，恪守身为人臣的天职。他的灵魂里闪耀着璀璨的光芒，那是责任，更是使命。在战火硝烟的三国，他本可以隐于山林，闲看世态风云，但为了统一大业，他毅然出山，用一生诠释了责任的重量！此时，我仿佛听见了《出师表》里的肺腑良言，看到了五丈原前指点江山的万丈豪情，感受到了一代英灵的忠仁道义。也许，不是我梦见了诸葛，而是他自翠屏山小道上遇见了我，邀我至草屋前品一杯香茗，笑谈天下诸侯，将那忠诚与使命交予有缘者。【诸葛亮运筹帷幄，决胜千里；白帝城托孤，尽心辅佐后主，不辱使命，传为千古佳话。】

我梦见了风波亭，得见岳飞"壮志饥餐胡虏肉，笑谈渴饮匈奴血"的凛然正气；我梦见了橘子洲，得见毛泽东"问苍茫大地，谁主沉浮"的雄心壮志；我梦见了戈壁滩，得见邓稼先"君视名利如粪土，许身国威壮河山"的赤胆忠心。这正气，这壮

志,这忠心,凝铸成一个神圣的名字,叫使命。【集中笔墨,展现三个梦境,言简意赅,全为"使命"而来。】

一场奇异的梦境,一份沉重的交托。古圣先贤的忠肝义胆在历史的扉页留下浓墨重彩的烙印,谱写出一篇篇使命与责任交织的醉人华章;英雄豪杰以身许国、不辱使命的壮举感天动地,留下一首首忠诚与执着凝聚的千古绝唱。

若能与圣贤在梦里相遇,相识,相知,完成神圣的交托,我愿日夜成梦,永不醒来!【紧承上文,收束全文。古圣先贤将使命交托与后人,警示着后人,主题得到升华。】

点评:这是一篇文质兼美的议论性散文。文章以美梦开篇,提纲挈领,统摄全文,起笔赢人。主体部分的数个梦境,直奔"使命"而来,立意高远,扣题严密。结尾由梦遇先贤到"使命"交托,既是警示,又是自勉,更是期盼,含蓄地呼唤不忘使命、代代相传,升华了主题。同时,使用散文化的语言阐释深刻抽象的道理,大量排比句的使用,既富有气势,释理痛快犀利,又尽显句式规整之美;诗词名句的引用,增添了文章的文化意蕴,言简意赅,文采斐然;素材的运用点面结合,繁简有致,彰显错落之妙。本文说理透彻,深刻,警醒后人;语言表达优美,生动,感染读者。

【佳作展示二】(议论文)

带着责任上路

陕西商南高中高三(27)班　梅婉鑫

从呱呱坠地开始,上帝在每个人的肩上都压上了一个担子,这个担子随着年龄的增长而变得愈加沉重。无论人生旅途多么遥远,背着它,我们的步伐才能更加稳健,更加有力——这个担子,我们叫它"责任"。【从人生于世肩负重担引入话题,明确提出"带着责任上路"的观点,做到有的放矢。】

责任是干好职分内的每一件小事。社会是一个大家庭,在这个大家庭中,每个人各司其职,各种社会活动才得以正常有序地进行。警察的责任是维护正义,医生的责任是救死扶伤,教师的责任是教书育人……而作为学生的我们,每天认真向学便是尽到了自己的责任。如果你认真观察就会发现,无论是天未亮便开始清扫路面的清洁工,还是高级写字楼里的白领,一旦进入了工作状态,每个人的脸上都写满了专注和虔诚,这种神圣的工作态度正是源于他们心中对责任的坚守和尊重。责任无大小,唯有人人恪尽职守,社会这部大机器才能和谐、高速、正常地运转。【分论点之一:干好分内之事就是尽职尽责。运用面例,凸显议论成分,突出文体特征。】

责任是在社会中不做冷漠的路人。前段时间,人们都在网上热议路上看到摔倒的老人该不该扶的问题,正反双方唇枪舌剑,争论不休,似乎都有道理。而在我看来,当这样一个答案显而易见的问题被摆出来放在桌面上公开讨论的时候,我们是不是可以扪心自问:我们心中的道德标尺都去哪儿了?关爱生命,人人有责。倘若每个人都像鲁迅笔下的国民那般冷漠、麻木和绝情,只顾一己之利,对弱者视若无睹,那么这个社会只能沦为冰冷的地窖,再无怜爱与温暖,再无生机与活力。长此以往,只怕真的"国将不国"了!【分论点之二:不做冷漠的路人就是尽职尽责。运用假设论证法,推出一个反面结论,反证"责任"的重要。】

责任是用铁肩担负起祖国的明天。秋瑾曾感叹说:"祖国陆沉人有责,天涯漂泊我无家。"祖国的浮沉荣辱与我们每一个国人的命运息息相关。国强则民富,国弱则民贫。我们应像周恩来一样,从小树立远大志向,背负起振兴中华、实现中国梦的重任,义无反顾,一往无前。且看"两弹一星"专家邓稼先,著名数学家钱学森,中国建筑学专家梁思成……他们无一不是在用自己的鲜血和汗水浇灌着中华崛起的种子,满怀着希望,一步步奋然前行,直至看到祖国振兴的曙光。【分论点之三:担负起祖国的明天就是尽职尽责。引言论证、举例论证并举,内容充实,具有很强的说服力。】

然而反观当下,又有多少人忘记了自己的责任而放纵自己的行为:医生只顾收红包,老师暗地里办补习班,学生每天沉迷于恋爱和网络……凡此种种,这既是责任、担当缺失的表现,更是社会公德缺失的表现,令人惊心!【"反观当下"联系生活实际,运用对比论证,揭示责任缺失的种种严峻现象,告喻人们强化责任意识的紧迫性和必要性。】

一份责任是一份付出,更是一份荣耀。带着责任上路,相信你的脚步一定会越来越沉稳,人生之路一定会越走越宽广!【总结全文,重申观点,首尾照应。】

点评:这是一篇规范的议论文。全文运用"引—议—联—结"的结构形式,开头引出中心论点,紧接着设置三个分论点,从"干好职分内的每一件小事""社会中不做冷漠的路人"和"担负起祖国的明天"三个方面,阐释"责任"的内涵和履行责任的意义。形式上的三重并列又构成意义上的层层递进,逐层深入,论证深刻。然后联系实际,列举生活中忘却职责的严峻现实,提醒人们:强化责任意识迫在眉睫,刻不容缓。最后重申论点,收束全文。文章综合运用举例论证、假设论证、对比论证等方法,内容充实,叙议得当,论证有力。

【佳作展示三】(记叙文)

梦游记

陕西商南高中高三(27)班　屈玥

夜已经很深了,明月高悬于天幕,四周一片静谧。躺在床上,皎皎月光透过窗棂,惹得人难以入睡。我审视着这个空旷朦胧的世界,不知何时慢慢进入了梦乡……【夜深人静,"我"临窗望月,进入梦乡。交代故事的起因。】

沿着江畔信步向前,我看到一个身着怪异服装的人,心生好奇。渐渐走近,才发现此人面容憔悴,十分失落。出于内心的同情,我无不怜悯地问:"你还好吧?"不料却听得一声冷笑,又仿佛幽幽的叹息。一眨眼,那人竟不见了踪影。我正莫名诧异,心生疑窦,却听到一丝如缕的声音传来:"老夫已是行将就木之人,万人唾骂,活该啊!"我不禁愈发惊奇,向四周巡视,猛然发觉,这里竟是一座牢笼,又像是一个坟墓。我不禁毛骨悚然,难道我遇见了幽灵?我正在发愣,那幽幽的声音又飘了过来:"我本名秦桧,原是朝中大臣,无比尊贵,却不知为皇帝分忧,屈膝求和,陷害忠良,忘了自己的使命,被人斥为奸相,落得如此下场,我无脸见人啊……"至此我才明白,自己竟与秦桧相见,不知是喜,是羞?难道真的是"人之将死,其言也善"?想必他临死之际幡然悔悟,才会对着一个陌生人发此感慨?【故事的发展:梦中遇到奸相秦桧,通过语言描写揭示忘记使命、无脸见人的主题。】

我逃出了那恐怖的墓地,来到一个世外桃源,此地"芳草鲜美,落英缤纷"。心想,不知何人拥有如此福地洞天呢!正当浮想联翩之时,忽见一老者端坐于亭中,独自把盏饮酒,眉宇间流露出无法掩饰的哀愁。我恭敬地走过去与之搭讪,得知他竟是五柳先生。谈话中他慨然长叹:"吾幼即有报国之志,怎奈不愿为五斗米折腰,闲居田园,虽有名篇留于世人,却未能完成吾之崇高使命,为社稷分忧,实是惭愧啊!"【故事的发展:偶遇五柳先生,通过人物的举止和深深自责,突出"使命"高于一切的意蕴。】

我安慰了几句,告别了五柳先生。踽踽而行,不经意间,来到一个帐篷前。只见一位身穿铠甲将军模样的人正在帐前蹙眉苦思。我轻轻走上去,大概他过于沉浸心事,并不曾发现我。只听他自言自语道:"今敌军势强,我军难敌,难道是天亡我大宋,天亡我文天祥耶?无论如何,我定坚守使命,血战到底,与大宋共存亡!"

闻听此言,我突然想到"人生自古谁无死,留取丹心照汗青"的豪言壮语,想到五坡岭兵败被俘、宁死不降、从容就义的凛然正气,我的泪水夺眶而出。蚂蚁尚且牺牲,况乎堂堂七尺男儿?然而为了使命,文天祥视死如归,感天动地!【故事的进一步发展:写文天祥为国捐躯,不辱使命,感天动地泣鬼神。】

我正在为英雄啜泣,突然一道电光闪现,把我从梦中惊醒。抬眼望天,夜空深邃,寒气袭人,月亮却愈显皎洁,她是否也在坚守自己的使命,把万道清辉洒向人间,照亮朗朗乾坤?【故事的结局:梦中醒来,月光愈发皎洁。合理的联想,简短的议论,画龙点睛,意趣共生。】

点评:这篇记叙文想象奇特,构思新颖。全文以"梦游"为线索,用穿越手法,记叙了"我"与历史人物奇遇的经历,紧紧围绕"使命"行文,扣题严谨。作为记叙文,本文的文体特征十分突出:开篇交代故事的起因,接着用三次奇遇交代故事的发生、发展,情节之间前后连贯,浑然一体。最后,用合理的联想、简短的议论结束故事,既呼应开头,又画龙点睛。在表达方式上,文章以叙述为主,重在讲故事,仅有的简短的两句议论用以点题,恰到好处。另外,用一条主线串联几个故事的"冰糖葫芦"式的叙事结构,集神态描写、语言描写、心理描写、环境描写于一体的描写方法,无不彰显出记叙文的文体要求。

新材料作文"出错之后"导写与示例

【原创试题】

阅读下面的材料,根据要求写一篇不少于800字的文章。

董卿做客北京电视台《非常接触》栏目,谈到自己在主持节目时偶尔会出错,她说:"我一旦犯了错误,就很难释怀,到了家里,一个人会不停地问自己,为什么会犯这样的错误?"?主持人董路说:"我主持节目出错后,开车回家,车子启动前会捶自己的脑袋,问自己为什么会犯这样的错误,但车子一启动就不再想了,决不带回家里。"董卿说:"我做不到,有时凌晨三点,我还一个人坐在那里想,不肯原谅自己。"董路说:"这就是你比我优秀的原因。"

要求:选好角度,确定立意,明确文体,自拟标题;不要脱离材料内容及含意的范围作文,不要套作,不得抄袭。

【思路导引】

同样是主持节目出错,董卿和董路的态度不尽相同。董路决不把错误的纠结带回家里,而董卿一旦犯了错误,就很难释怀,不肯原谅自己。就是因为这一点点差异,董路说:"这就是你比我优秀的原因。"整体把握这些关键性词句,就能够把握住材料的主要内容:犯了错误不肯轻易原谅自己并不停自我反省,这是董卿非常优秀的主要原因。由此,可以提炼出这则材料的主要写作角度。另外,此材料虽然是客观叙述,细心的同学还是能够发现,材料中的董路和董卿对待"主持节目出错"的态度,存在着对照关系。董路和董卿对待"主持节目出错"的态度,实质上是工作精神、生活态度、处事方式的不同表现。因此,此题允许我们对董路和董卿两个人的工作精神、生活态度、处事方式做出不同的是非评判。可以从以下几个角度立意：

1. 赞同董卿的角度。一个人对待自己错误的态度决定了他是否优秀,能否成就辉煌事业。生活中的每个人都不可避免会犯错,可惜的是,很多人犯错之后,就寻找种种借口,轻易地原谅自己,而不愿意深刻反省自己犯错的原因,更毋庸说改错了。所以,这些人只能会继续犯错,甚至犯同样的错误。正因为如此,这些人在工作上平平庸庸,永远超越不了自己。

2. 不赞同董卿的角度。过于追求完美,对过错耿耿于怀,不肯原谅自己,必将会给自己造成极大的困扰,甚至引发悲剧。生活没有真正的完美,有时,只有不完美才是最真实的美。我们不应该时时事事追求尽善尽美,苛求自己,从不原谅自己。倘若"吹毛求疵",一味追求细节的完美,稍不满意就自责不已,长此以往,心情一直处于紧张和焦虑状态,人生的方向就可能会出现偏差,就会出现忧郁、焦虑等心理疾病。自古到今,绝对完美主义者快乐和幸福的指数都不高。

3. 赞同董路的角度。既能享受工作,又能享受生活的人生,必定是快乐和幸福的人生。追求完美固然是一种积极的人生态度,但如果过分追求完美,则是一种有害的人生态度。做任何事,树立合理的、适度的标准,保持平常心是很重要的。生命存在于这个不完美的世间,就要承受种种不完美的现实。很多时候,原谅自己就是放过自己,是心胸豁达的表现。金无足赤,人无完人,弓拉得太紧就容易断。董路不把问题带回家的处事态度,是给生命疏通出路的阳光心态,是张弛有度、适时放过自己的正确做法。

参考题目:"淡然面对自己的错误""态度决定高度""追求完美,成就卓越""不要过分追求完美""三省吾身"。

【佳作示例1】

淡然处世　快乐盈胸

陕西商南高中高三(27)班　梅婉鑫

俯瞰天地之间,大河汤汤,苍穹悠悠。人之于世,也不过只是"沧海之一粟"。世事纷杂,如何才能在这世上活得快乐而充实,只怕答案只有二字:淡然。

淡然是宁静以致远的心境。国学大师季羡林曾在《留德十年》中回忆自己留学生活的点点滴滴:他曾在教室苦译名著,亦曾与友人携手席勒草坪漫步;曾在宿舍刻苦演习梵文,也曾在俾斯麦塔上俯瞰哥廷根的秀丽风光;他曾在小木屋里钻研文字,也曾在咖啡屋里回忆人生……生活不全在于轰轰烈烈,也在于平平静静,拥有一种淡然的静谧。用一双安静的眼睛看世界,或许会发现更多的美丽。活得淡然的人是幸福的,这种幸福似海子"面朝大海,春暖花开"的惬意,似三毛在心中修园种田的闲适,似纳兰容若"身世悠悠何足问,冷笑置之而已"的旷达……宁静以致远,淡然以求安。

淡然是面对缺憾时的释怀。主持人董路从不将不快的心情带回家,车子发动的一瞬间,她就得到了释怀。正因为如此,她才能有更好的心情去面对自己的家人,自己的朋友。"金无足赤,人无完人。"快乐的人都懂得以一种旷达的眼光看生活,用乐观积极的态度面对生活,心存阳光,远离阴影。失明失聪,海伦·凯勒可以用文字感知世界;没有高官厚禄,陶渊明用田园山水滋润了自己;没有健康的身体,霍金说"我的手指还能活动,我的大脑还能思维……"人生在世,不顺心事十之八九,怀揣一颗宠辱偕忘的平常心才是智慧的选择。演员袁姗姗曾发一条微博,说对于观众的评论,无论是支持还是批评,一条留言她便会往爱心基金捐助五毛钱。身背骂名的她以一种淡然的心面对不解,将负评转换成正能量,赢得网友的盛赞。面对批评和非议,焦躁抑或失落都是无用的,不如淡然以对,冰释前嫌。

淡然是面对成功时的平静。庄子曾说:"举世誉之而不加劝,举世非之而不加沮。"面对大落时,有人可以咬牙坚持;而面对大起,却鲜有人能心静如水。杰克·伦敦成名后在花天酒地的享乐中迷失了自我,最终饮弹自尽。真正的淡然应如塞林格面对荣耀时的归隐,是居里夫人面对诺奖时的平静,亦是贺知章在高官厚禄前的告老还乡。马云从不用淘宝,是因为他害怕自己用了之后便只能看出它的好,从此不求进步。面对成功,这些人都没有得意忘形,不可一世。相反,他们以一种淡然的心态去面对,去体味,最终达到须仰视的高度。

居庙堂之高,淡然处之;处江湖之远,平静待之。"宠辱不惊,闲看庭前花开花落;去留无意,漫随天外云卷云舒。"这般处世,方可快乐盈胸!

点评:本文开头单刀直入,亮明观点。紧接着设置三个分论点,采用并列式结构,横向铺展,论述了"淡然处世"的内涵及意义。结构严整、美观,行文流畅,论证深刻。素材的选用兼顾古今中外不同领域,新颖别致,正反对比,涵盖面广,说服力强。名言警句的引用和排比修辞格的使用,增添了文章的论证力度和厚度,显得文采四溢。另外,不着痕迹地引用试题材料,巧妙自然,扣题严密。

【佳作示例2】

守一颗淡泊心　拥一份淡然美

陕西商南高中高三(27)班　程梦瑶

淡然如同春天的小草,蓬勃而宁静;淡然如同夏天的绿叶,低调而美丽;淡然如同秋天的落叶,随性而洒脱;淡然如同冬日的白雪,安详而静谧。人生犹如自然之理,应守一颗淡泊之心,拥一份淡然之美。

淡然是寄情山水,不与世俗同流合污的那一份飘逸。黑暗污浊的官场并没有使他近墨者黑。面对官场的尔虞我诈,他没有屈原那"伏清白以死直兮"的豪言壮语。他知道,自己没有能力扭转乾坤,又何必强求?他毅然退出官场,远离"樊笼",安于"晨兴理荒秽,戴月荷锄归"的农耕生活,享受"采菊东篱下,悠然见南山"的恬淡闲适。正是这份淡然,造就了一位伟大的田园诗人,他在中国文学史上熠熠闪光。

淡然是面对成败都能保持平静的那一种气度。人生漫漫多歧路,是非成败转头空。面对失败,有的人愤愤不平,有的人却能淡然处之;面对成功,有的人喜形于色,有的人却能一笑了之。每天以种瓜为生,还要忍受焦征羌的侮辱和怠慢,然而步骘神态自若,毫不在乎。相对于好友卫旌的愤慨,他就多了一份淡然。受到孙权的赏识,他东征西讨,驰骋沙场,战功卓越,最终官至丞相。他依旧平和淡定,生活简朴,他教给世人的是一份淡然。

淡然乃处世之道,成事之本。然则世人大多心知而行不至。淡然处世是一种睿智,一门学问。

淡然处世,就要做到面对名利不争不抢,面对逆境不逃不避,面对不公不怨不恨。昭君出塞是帝王的选择,是历史的选择,也是明妃自己的选择。她拥有倾国倾城的容貌,因不肯贿赂画师毛延寿而被恶意丑化,最终不为君王所知;为与匈奴结好,她出塞和亲,置身黄沙堆雪,朔气黑水……面对命运的不公,昭君不争宠,不逃避,不怨恨——这些都源自她内心的那份淡然。这淡然让一个平凡女子像一朵绽放的曼陀罗,虽然只是一朵普通的花,但它的艳丽,却足以使所有的花都黯然失色。

诸葛亮有言:"非宁静无以致远,非淡泊无以明志。"然而,生活在这个物欲横流、充满诱惑的社会里,能做到"致远""明志"的能有几人?不少人面对功名利禄丧失人格和尊严,遭遇一点不顺就怨天尤人,一蹶不振,甚至轻生。与仁人智者相比,何其羞愧汗颜!

《菜根谭》里有这样一句话:"我贵而人奉之,奉此峨冠大带也;我贱而人侮之,侮此布衣草履也。然则原非奉我,我胡为喜?原非侮我,我胡为怒?"贫也好,富也好,高也罢,低也罢,人生多变,何必过于在乎?笑看风云变幻,我自淡然处之。

点评:本文起笔用优美的排比,由自然到人,点明主旨,堪称凤头。文章先论述什么是"淡然",为什么要"淡然",最终指明如何做到"淡然",围绕主题,层层递进,逻辑严密,结构完整,无懈可击。文中大量引用名人名言,信手拈来,既显示出作者较为深厚的文化积淀,又增添了文采,增强了说服力。素材经典,无可辩驳;过渡自然,首尾照应。是一篇文、理兼美的议论文佳作。

【佳作示例3】

渴望完美

陕西商南高中高三(27)班　屈玥

若能掬起一捧月光,我选择最柔和的;若能采来香山红叶,我选择最艳丽的;若能摘下满天星辰,我选择最明亮的;若能选择一种生活,我渴望最完美的。

一朵花,从含苞待放到慢慢将笑颜绽开,尽管绽放过后是必然的凋谢,但那完美的一刻已被定格,成为永恒。人生亦是如此,即使终将消逝,我亦渴求那瞬间的完美,将美好定格,永存。

也许有人说,人不是艺术品,谁追求人生的完美,那就是和自己过不去。对此,我却难以苟同。没有人能够预测未来,安于平庸,不去追求,又怎知美好的理想不能成为现实?如果连追求完美的勇气都没有,那必然会"泯然众人",遗憾终生。不禁想起一个人——董卿,她知道自身的不完美,但并不服输。对待错误,她耿耿于怀,不停地反省,乃至深夜难眠。难道她没听说过"金无足赤,人无完人"的古训么?答案是否定的。她的反省自责源于她渴求完美的执着,即使无法成为十全十美的人,亦要为之努力,不断地让自己趋于完美。正因为如此,她才家喻户晓,闻名遐迩。

如果不敢苛求完美,若干年后的我们将会痛恨现在的自己:为何当初不让自己完美一点!年轻时追求完美,是为了年老时不给自己留下悔恨和遗憾。

也许有人说,你做不了参天的松柏,但你可以做吐绿的小草。可是,如果我们一再放弃高远的追求,退而居其次,那么我们何以攀上人生之巅,尽享无限风光!

的确,这世上很难有完美存在,但矢志不渝地追求完美本身不就是一种完美么?倘若人们对自己的缺憾视而不见,不自责,不反省,不改进,那么,人类文明就会倒退,这绝不是耸人听闻。追求完美不一定非要让你毫无瑕疵,只是鞭策你不断变得更加美好而已。

卡梅隆应对"穿帮",追求完美,使《泰坦尼克号》更受青睐,成就了好莱坞电影的票房传奇;海伦面对失明,渴望美好,打造出一双温暖人们心灵的眼睛;玛格丽特从小争创一流,渴望完美,终成一颗耀眼的明星;撒切尔夫人大胆务实,追求卓越,成为受人尊崇的"铁娘子"……虽然人人都有自己的不完美之处,但因为追求完美,我们与完美的距离越来越小;因为追求完美,我们的身上散发出与众不同的魅力。

在追求完美的路上,我们要有一颗理性的心,不因成功而得意忘形,不因失败而萎靡颓废。以平静的心态对待人生的起起落落,让生活更美好。

日子缓缓流过,在追求完美的路上,每一步都将流下汗水,也留下喜悦,留下无悔。

点评:这是一篇"渴望完美"的议论性散文。本文之"美"主要有三:一是立意美。文章以"渴望完美"为中心,立意健康向上,充满正能量,显示文质之美。二是构思美。作者采用迂回战术,从反面树立"靶子",有的放矢进行驳论,驳倒谬论,凸显自己的观点,这种破中有立的行文方式,足显构思之美。三是语言美。文章开头和列举"卡梅隆应对'穿帮'"数段,采用排比和铺排等手法,句式整齐优美,富有气势和文采。

秀外诚可贵　慧中价更高

——材料作文"看脸时代"导写与示例

【文题展示】

阅读下面的材料，根据要求写一篇不少于800字的文章。

现在，有一句话很流行："只要脸好看，肚里没水也不怕。"人们说，现在是一个看脸的时代，"整容改变命运"已经不是玩笑，"换脸"也不再只是少数明星才会做的尝试。从年轻人到中年人甚至到老年人，只要有条件，相当一部分男女都愿意进行"面部改造"。在许多人看来，脸蛋美美哒、帅帅哒，恋爱、求职、晋级都不在话下。

"脸"，真的这个重要吗？现在真是"看脸时代"吗？这种"看脸时代"应该看什么呢？你对此有哪些思考和感悟呢？

要求：选好角度，确定立意，明确文体，自拟标题；不要脱离材料内容及含意的范围作文，不要套作，不得抄袭。

【写作指津】

这则材料由流行语引入，揭示了当代社会男女老幼靠"整容改变命运"的社会现状。材料展示的，只是一部分人的心理和行为，他们普遍感到"换脸"就有面子，"换脸"就有尊严，换一副好脸蛋就能换来美满的爱情、理想的工作和尊贵的职位。这种观点对耶非耶？材料具有较强的思辨色彩，解读时不能简单地肯定或否定，而要用辩证的思维去审视。

首先，适当整容无可厚非。俗话说，爱美之心，人皆有之。在条件成熟、经济承受能力许可的情况下，适当地来一点"面部改造"，于己有利，与人无害，甚而可以赏心养眼,我们大可不必谈"换脸"而色变,全盘否定。其次,倘若不注重修身养性,美化内心,只是一味追求外表的漂亮,就是低级庸俗的表现。一个人如果没有丰富的学识、美好的品德、高雅的情操和远大的志向,只把心思花在外表的修饰上,那么,纵然貌美绝伦,这个人充其量也只不过是一个空洞无物的"花瓶",是一个徒有其表的空壳,是一具没有思想的行尸走肉,到头来只能留下"金玉其外,败絮其中"的笑柄。因此,只有华丽的外表与丰富的内涵兼而有之,秀外慧中,才算得上一个真正的"美人",真正的极品,受到万人敬仰。同时我们还必须认识到,外在美与内在美相比,后者更为重要,不能本末倒置。

综合以上分析,本题可从以下几个角度立意:①肯定的角度:爱美本无罪,适可而为之;讲尊严,从爱美开始。②否定的角度:"换脸"让我们失去自我;真正的美是品质和修养,追求内在美人生才更有意义;具有良好修养、内在品质、文化气质、丰厚学识、出色才干、杰出成就,才有尊严和脸面;"换脸"折射出时代的浮躁。③综合的角度:秀外诚可贵,慧中价更高;内外兼修的人生等。

【素材链接】

1. 名言类

①魅力是一种内在美,而不是妩媚的面貌和动人的体态。————布雷默
②外表的美只能取悦于人的眼睛,而内在的美却能感染人的灵魂。

————伏尔泰

③人的一切都应该是美丽的:面貌、衣裳、心灵、思想。————契诃夫
④美必须干干净净,清清白白,在形象上如此,在内心中更是如此。

————孟德斯鸠

⑤外表美的缺陷可以用内心美来弥补,而心灵的卑劣却不是外表美可以抵消的。

————秦牧

⑥貌虽美但如果没有纯洁的灵魂,就好比是晶亮的玻璃眼睛,不辨世事。

————俗语

2. 人物类

(1)相传,嫘母丑陋无比,位列中国历史上四大丑女之首,但她的德行品性极佳,堪称当时女性之楷模。诗人屈原曾给予嫘母极高的评价:"妒佳冶之芬芳,嫘母姣而自好"。嫘母的智慧也非同寻常,深得黄帝的赏识,并娶嫘母作为自己的妻

子。嫫母果然不负厚望,除对其他女人实施德化外,又协助黄帝击败了炎帝,杀死了蚩尤。

(2)战国时的钟离春,额头、双眼下凹,上下比例失调,头颅硕大,又没有几根头发,皮肤漆黑。面对性情暴躁、喜欢吹捧的齐宣王,钟离春冒着杀头的危险,一条一条陈述他的劣迹,并指出如再不悬崖勒马,将会城破国亡。齐宣王大为感动,把钟离春看成是自己的一面宝镜。这个身边美女如云的国王,竟把钟离春立为王后。

(3)网络红人郭美美青春靓丽,外貌不可谓不美。想当年她在微博上炫富,自称住大别墅,开玛莎拉蒂,引来种种质疑。接着不雅视频外泄,搞得声名狼藉。不仅如此,她还先后60余次往返澳门、香港及周边国家赌博,并于2013年2月在北京开设赌场,多次聚众赌博,非法牟取暴利。2015年9月10日,北京市东城区人民法院依法公开开庭审理被告人郭美美开设赌场一案,判处郭美美有期徒刑5年,这个昔日风光无限、红极一时的网络名人,最终臭名昭著,千夫所指。

【佳作展示一】

美其内者得其真美

陕西商南高中高三(27)班　梅婉鑫

人们常说:"这是一个看脸的时代!"而我却想说:"这是一个肤浅的时代!""脸"从来都只是一个皮相,唯其重要的历来都是内秀。即便"脸"再俊俏,若是"败絮其中",怕也只是假美。唯有美其内者才能得其真美。

高尚的心灵筑就真美。众所周知,雷锋是一个大美之人。他无私奉献、乐于助人的高尚品质永远让后人敬仰。然而,安徽小伙张艺冬却天真地以为,只要拥有了雷锋的脸,自己就能成为雷锋那样美丽的人,于是就通过美容使自己变成一个"活雷锋",这无疑是天真可笑的,因为高尚的心灵是永远无法靠手术刀复制的。真正的美是吴菊萍徒手接婴儿的勇敢果断,是张丽丽紧急关头推开学生的坚毅无悔,是吴斌强忍剧痛将公交车安稳停下的舍我为人……正是这样的人,用他们的行动向我们展示着这个社会的大美。高尚无畏的心成就了最美的风景!

丰富的才华展现真美。俗话说:"腹有诗书气自华。"的确如此。一个人的气质与内涵不是靠化妆品、美白针堆砌而来,不是涂了红嘴唇就有优雅的谈吐。看看一代才女林徽因吧,她从不浓妆艳抹,仅是淡颜素衣,却也显得那样地气质非凡。她靠着自己的才华和灵气,不仅折服了徐志摩、金岳霖等一代才子,更折服了大众的心！知性主持杨澜也是如此。看她的采访或作品集，你会感到有一种无形的魅力从她的谈吐或作品中溢散出来，这是一种富有才华的知性之美，由内而外，一层层地氤氲，展现出独特的真美。相反，《红楼梦》中的王熙凤明知自己胸无点墨，偏要将外表装扮得华贵高雅，但终究掩盖不了她空虚的内心。

阳光的心态散发真美。生活中，没有人愿意与一个阴郁的人为伍，而心灵阳光的人历来受人膜拜。娱乐圈中不乏俊男美女，更不缺乏以阳光的心态征服观众的人。看看王宝强、黄渤吧，单看他们的脸，恐怕算不得帅哥俊男，而当这样的脸配以开怀大笑、夸张的动作或幽默的表情时，人们顿时觉得喜感十足。他们没有"高颜值"，却有"高心态"，他们不在意被说"丑"，能为大家带来欢乐的"丑"，又何尝不是一种"美"呢？心若向光，人生便不会有黑暗。

然而，当今社会浮躁之气盛行，有人一味追求外表的形貌美，却难以保留原汁原味的内涵美。这些人趋之若鹜前往韩国，渴望换一副好脸蛋，有一个好前程，殊不知最终换来的却是千人一面的韩版瓜子脸和一颗空虚失落的心。

美其内者得其真美。我们每个人都应该追求真我，丰富自己的内涵，不为"皮囊"所困，追求"金玉其内"的健康人生！

点评：本文堪称文质兼美的议论文。亮丽的标题文采四溢，韵味十足。作者在亮明观点之后，用并列式布局谋篇，结构匀整美观，三个分论点紧扣中心论点的"内美"设置，分别从"心灵美""才华美""心态美"横向辐射状展开，全方位、多维度对中心论点进行阐释剖析，总分照应，逻辑严密。素材的选用凸显新颖性、典型性，正反兼顾，古今对举，无懈可击。精心锤炼语言酣畅淋漓，充满磁性，吸引读者的眼球。

【佳作展示二】

撞　脸

陕西商南高中高三(27)班　王宏伟

与其千人一面，不若以独特行于世。

——题记

"撞衫"，是形容偶遇穿着相同者的现象。然而，在如今这个"看脸"的社会里，整容者如过江之鲫，私以为"撞脸"的可能性比"撞衫"更大。与其面对"撞脸"时的尴尬，不如热爱自己的脸，以独特行于世。

独特,方有真正吸引人的魅力。就好比中国传统绘画,中国写意画不似西方油画般色彩斑斓,与浓墨重彩里凸显情感,而是注重神似。寥寥几笔,或于此处淡墨轻点,或于彼处随心勾勒,神韵便由纸上流溢而出。中国写意画的独特之处便是画中深植的淡然恬静,于无声处彰显文人傲骨。事实上,齐白石的虾,徐悲鸿的马,乃至沈从文笔下的湘西风情和鲁迅笔下的祥林嫂,哪一个不是凭借鲜明独特的个性被人们热爱并享誉世界的?

独特,方有真正感动人的力量。这里不得不谈一谈戏剧。戏剧不同于小说,没有一波三折、跌宕起伏的故事情节;亦不同于音乐,没有悠扬动人、扣人心弦的旋律,它是一种独特的叙述方式与情感载体。通过戏剧,人们能够更加深入领悟故事所要传达的情感与思想。也正因为这份独特,才让戏剧拥有震撼人心的力量。就如莎士比亚的戏剧,令人悲则痛彻骨髓,喜则笑逐颜开。正是凭着戏剧这种独特的情感表达方式,莎翁被尊为"喜剧大师"。

独特,方有真正被铭记的资格。从唐诗的韵律齐整至宋词的错落有致再到元曲的意境幽邃,中国灿烂古文化正是凭借其独特的风格,方能在五千年的历史长河里绵延流淌,熠熠生辉。再如竹林七贤般高洁的文人骚客,在举世浑浊、世人汲汲于名利富贵的时代里,他们反而能隐于林野,自有一番雅趣。他们正是因为那份独特于世的淡然,才能被无数后人敬仰传诵。

然而,随着"看脸""颜值"等新潮词汇的井喷式爆发,越来越多的人对美丽的外表情有独钟,却忽视了自己的独特带来的美丽。无数人顶着明星、帅哥的眉眼走上街头,就像无数只骄傲的公鸡,雄赳赳,气昂昂。可是,当你在人潮里跟别人"撞了脸",你又将如何应对?是羞愧尴尬乃至无地自容,抑或是坚持你的骄傲踌躇满志?

菊花恬淡,牡丹富贵,莲花高洁。花之独特成就了它们的美丽,正如这斑斓的大千世界,正因为万物之独特,方才绚丽缤纷。"看脸"的时代里,我们应当特立独行,即便迥异于天地也不"丢脸",让"撞脸"从我们的世界里消失。唯愿,世人之立身处世,俱能各美其美。

点评:这篇议论性散文兼具杂文的风格。作者从"撞衫"谈到"撞脸",看似漫不经心,实则紧扣题意。文章从中国写意画谈到戏剧艺术,从韵律齐整的唐诗谈到错落有致的宋词再到意境幽邃的元曲,古今中外,恣意汪洋,无所不及,但都紧紧围绕一个关键词"独特"立意行文,做到形散而神不散。语言表达庄重之中不乏揶揄诙谐,透露出文笔犀利的杂文风格,具有较强的警示作用。

【佳作展示三】

爱"脸"说

陕西商南高中高三(27)班　徐杨

作家白落梅说:"在这个光怪陆离的人间,没有谁可以将日子过得行云流水。"于是,当社会开始"看脸"时,整容成了一种新的时尚。许多人花重金为自己换一副好皮囊,只为迎合这个日渐浮躁的世界。然而,成功的人从不把时间浪费在外表的"虚容"上,任何为人称道的美丽都不及一颗崇高无瑕、炽热滚烫的心。

只求外表出众心灵却一片荒芜的人,是雨中一朵弱不禁风的野花。没有成熟的果实与坚韧的劲骨,花期一过,任何姹紫嫣红都将凋谢飘零,再也无人问津。高三女生在毕业前花万元整容,艺术学院新生报到时全班"撞脸",生活中,有的人为了让自己更有魅力,加入整容的潮流,盲目从众;有的人则将出众的外表视为求职时为自己加分的利器。但是,如果没有丰富的学识与良好的修养,纵有倾城之貌,也难以在这个竞争激烈的社会立足。

把内在修养放在首位而不刻意妆扮外表的人,是深埋在大地中苍劲有力的根须。即使终年不见天日,即使永远与泥土为伴,树根依然努力地从地层深处汲取营养,实现生命的价值。"布鞋院士"李小文因一张照片而被许多人记住:朴素的黑外套,赤脚穿着布鞋,却坐在中科院的讲台上做报告。许多人都想不到,这个灰白胡须、衣着简朴的老人,竟是北京师范大学教授、中科院遥感应用研究所所长。李小文说过"身上的东西越少越好",但他的不修边幅却掩藏不住从他灵魂深处散发出来的灼灼的光。钟无艳是战国时期的四大丑女之一,但她在齐宣王沉溺于纸醉金迷之中时冒死进谏,陈述四大治国之策。齐宣王接受了她的建议,勤政爱民,励精图治,齐国从此成为战国时期六国之首。钟无艳没有华美的衣衫,绝代的容颜,仅凭她那高尚的品格和超人的智慧,足以流芳百世。

米兰·昆德拉在《被背叛的遗嘱》中写道:"生活就是永恒的努力,努力使自己在自我之中,努力不致迷失方向,努力在原位中坚定存在。"不必刻意追求外表的美丽,坚守自己,努力使自己外塑形象,内强素质,做一个卓尔不群的我。

内外兼修的人是一棵挺立于世间的苍翠的大树,枝繁叶茂,荫庇苍生。王昭君为了大汉民族的伟业,毅然走向夕阳中孤独的大漠;奥黛丽·赫本在成为奥斯卡影后之后投身公益慈善。他们不光有光鲜的外表,更有高洁的心灵,因而永远被人们铭记。

在这个"看脸"的时代我们必须明白：娇美的颜面换不来尊严、尊贵和尊重，"高颜值"并不代表"高素质"。像"爱脸"一样"爱人"，才能成就一个真正意义上的"俊男俏女"！

点评：本文化用"爱莲说"拟写标题，新颖独特，令人过目不忘。作者综合运用比喻论证、对比论证、举例论证、引言论证的方法，手法灵活多变，逻辑严密，论证给力，深得论理之妙。选用素材新颖独特，古今兼备，点面结合，详略有致，文章内容充实，具有无可辩驳的说服力。在表达上，比喻新奇恰当，语言精练流畅，文采四溢，具有散文的风格，读来极富抑扬之美，堪称一篇韵味十足的议论文。

高考记叙文写作夺魁方略

据抽样分析,从文体上看,高考作文中记叙文的比例不足20％,能够跻身于一类文的记叙文更是凤毛麟角。记叙文写作成为制约高中生作文水平的一大瓶颈。在作文教学中,记叙文写作教学备受冷落,议论文写作成为重头戏,这就导致了考场作文议论文一统天下的"怪"现象。考生只局限于"八股文"式的议论文体写作,枯燥无味,缺乏真情实感,扼杀了创作的灵性,致使高考作文走进了死胡同。试想,在千人一面的议论文堆里,突然杀出一两篇精彩的记叙文,那将会给阅卷老师带来怎样的惊喜?这样的作文不进天堂谁进天堂?因此,要想在激烈的竞争中鹤立鸡群、出类拔萃,就必须转变观念,大胆尝试,用我们的灵感和智慧,打造不同凡响的记叙文,为我们的写作园地增添靓丽的风景。

常言道:"文无定法。"然而,写好记叙文还是有"法"可依的。掌握了这些写作之"道",并不懈地锻造,何愁不能写出锦绣华章! 在此,结合实例,谈谈高考记叙文写作夺魁的秘诀。

一、百花齐放选好文体

写作记叙文,除了运用常见的写人、叙事、描景、状物形式之外,更应该大胆尝试,创新文体,敢于挑战"禁区",以"新""奇""巧"博得阅卷老师的青睐。有时候,用被人们冷落的文体进行表达,反而恰恰能激起人们强烈的好奇心和阅读欲望,使文章迅速"升温"。考场比较实用的文体有小小说、书信、通缉令、寓言故事等。选取自己最拿手的,发挥自己的长处,展示自己的强项,就有望出奇制胜,收获意外的惊喜。

1. 小小说

小小说往往以故事取胜。鲜明的人物形象,生动的故事情节,多变的叙事手法,往往能够紧紧抓住阅卷老师的眼球,使之产生情感共鸣,从而高抬贵手,给出理想的得分。如2014年高考课标Ⅰ卷满分作文《双赢》，写苏觉和李明一同参加公司招聘考试，双双进入复试，考官设计的主题是"爱"。在公司只录一名员工的形势下，李明知道苏觉应聘屡屡失败，决定放弃竞争，因而画了一只与主题相差甚远的老虎。苏觉出去后，他发现苏觉的画虽色调温馨，但只有静物，就悄悄添上了一只猫。苏觉回来后，看了李明的画，才知道李明无意与自己竞争，羞愧万分，灵感一现，便悄悄在李明画的老虎身上添了一只蝴蝶。结果，两人都被破格录取。作者选取小说这一文体，故事曲折，卒章显志。特别是对苏觉的欲扬先抑，补叙又形象突变，富有艺术韵味。

2. 书信

通览历年高考满分作文，书信体时有所见。特别是近年来，书信体倍受青睐，有明显升温的趋势。因为这种文体便于面对面倾诉，心与心交流。用书信体表达，仿佛是作者与对方促膝交谈，一下拉近了彼此间的距离，使人倍感亲切。书信体可以融记叙、描写、议论、抒情于一体，也可以采用讨论对话的形式，自由灵活，容易达到"动之以情，晓之以理"的艺术效果。如2014年高考新课标Ⅱ卷满分作文《这爱像糖浆黏住了翅膀——写给父母的一封信》，通过"下棋"这一生活琐事，表现父母对自己的溺爱和娇惯。作者用书信体形式，与父母面对面表达自己的担忧："爸爸妈妈，难道你们不觉得你们的溺爱和娇惯，是在抹杀一个孩子成长的权利吗？"文章情感真挚，情理交融，是一篇难得的考场佳作。

3. 寓言

寓言就是用有趣的小故事来说明道理的文章。寓言的篇幅短小，寓事说理，寓庄于谐，很适宜高考作文写作。思维灵活的考生可以放飞想象的翅膀，运用比喻、拟人、夸张等修辞手法，设计诱人的情节，编写生动的故事，借此喻彼，借远喻近，借古讽今，以小见大，表现有教育意义的主题或深刻的道理。因为寓言大多简短明快，新鲜活泼，趣味盎然，所以能深深地吸引人，让读者在笑声中有所获益，在高考作文中能轻易一举夺魁。2014年高考新课标Ⅱ卷满分作文《两只猴子》，就是寓言体的典范之作。文章讲述的是两只猴子的故事：驯猴人给两只猴子穿同样的衣，戴同样的帽，大猴子脱下来丢到一边，小猴子满不在乎地穿戴上；给它们喂食，大猴子总是自己挑选，不受嗟来之食，小猴子来者不拒；训练时大猴子对锣声充耳不闻，小猴子言听计从……结果大猴子骨瘦如柴被放归山林，快乐自在；小猴子臃肥体壮也被放归山林，因活动困难又不会觅食而活活饿死。文章对大猴子面对"喂食"拒不听从的描写，对小猴子面对"喂食"逆来顺受的描写，活画出鲜明的个性特点，令人赞叹。

二、悬念频起彰显磁力

在记叙文中,巧妙设置悬念可以使行文波澜迭起,增添文章的"看点";可以充分调动读者的注意力,激起阅读的兴奋,紧紧抓住读者的心;可使读者在情节的起伏中,在感觉的一紧一松一收一放中得到快感,直至山穷水尽之时抖开包袱,展现出一派柳暗花明,让读者发出"原来如此"的惊叹。在2014年高考作文中,成功运用悬念手法的佳作不在少数,而尤以课标Ⅰ卷满分作文《双赢》为最。文中写道:"(苏觉)走出去,看到李明还坐在那里,悠闲自得,好像他的画也完好杀青了。李明对苏觉笑笑,苏觉莫名其妙地望着李明的背影。"李明画完了吗?他又在笑什么?此为悬念一。苏觉看了李明的画,"总以为有点违背'爱'的主题。冥思苦想之后他踌躇满志地添上了几笔",他添的是什么?此为悬念二。当苏觉"听到自己和李明都被破格录取之时,他惊讶地跳了起来,李明更是惊讶万分"。两人为何惊讶?此为悬念三。文章接着写道:"苏觉的画上多了一只猫,更像家了,也更完整了;李明画的虎上落了一只蝴蝶,更温馨,更有意境了"。这是怎么回事?简直让人丈二和尚摸不着头脑了。此为悬念四。就这样层层设悬,让读者欲罢不能。这样的文章怎能不让人大开眼界,获得高分!

2014高考江苏卷满分作文《老舅的皮影戏》也是悬念迭起,引人入胜。文章开篇写老舅异乎寻常的高兴,引起悬念。接着,写老舅快奔五十了,仍孑然一身;老舅很怪,闲来无事,就摆置他屋里那只黑皮箱,很少和人交流;很少喝酒的老酒,今天居然喝起了酒。就这样层层蓄势,直到文末揭开谜底——原来皮箱里装的是皮影,老舅曾经是个优秀的皮影戏演员。文章明写皮影戏的"春天",实际上影射了老舅生命的"春天"、传统文化艺术的"春天"。

三、奇思妙想独特构思

写文章时,同样的内容,采用不同的构思方式,必然会产生截然不同的艺术效果。"请君莫奏前朝曲,听唱新翻杨柳枝。"一个写作高手,总是善于在文章结构上精心设计,打造新式产品,取悦于读者。文章构思精美,就像一个身段完美的女子,中乎黄金分割,展现给人们的一定是个婀娜多姿、完美无瑕的艺术精品。记叙文的构思形式灵活多变,不拘一格。可以设置小标题,可以时空穿越,可以人物互化,可以旧瓶装新酒,也可以巧用蒙太奇,不一而足。2014年高考北京卷满分作文《守成不如变革》是一篇深得构思之妙的精品佳作,受到阅卷老师的一致好评。文章写春秋战国,兵革不息,诸王招贤纳士,变法强国。商鞅入秦见孝公,提出"秦欲王天下,必厉行改革以振疲弊之势"的主张。然而,以甘龙、杜挚为首的保守派竭力反对,坚持"自古强国之法,莫不效仿先贤之道,谨守先王之法"的守旧立场。双方唇枪舌剑,火药味十足。商鞅慷慨舌战,最终使甘龙和杜挚满面羞惭,悻悻而退。作者不走寻常路,去空发议论"老规矩"的得与失、取与舍,而是别出心裁地借商鞅变法的重新演绎去诠释除旧变革之道,通过相互驳斥的辩论,逐层敲击,结论水到渠成。

还有2014高考安徽卷满分作文《权威和平民的对话》,成功塑造了"权威"和"平民"的形象。作者给"权威"和"平民"披上人的外衣,赋予人的情感,让二者巧妙对应了作文材料中的"编剧"和"表演艺术家"两个角色。文章通过"权威"和"平民"的对话,道出了"权威"也有错误的情况,借以表现主题"错的就得改"。文章想象丰富,构思新奇,给人以全新的感受。

四、第二人称拉近距离

第二人称是一种比较特殊的叙事方式,它有时出现在文章的局部,但大多数情况下,往往成为通篇主要的叙述人称。在记叙文中运用第二人称叙述,作者、读者和作品中的人物之间就会产生一种微妙的关系。这就是说,当作者用"你"来称呼作品中的人物时,他同时也就将读者置于"你"的位置,读者就会产生作者正在跟他进行面对面交流的真实感受,使作者、读者和作品中的人物三者之间的心理距离消失,从而使读者与"你"合二为一。这样便于情感交流,使人感到特别亲切。我们不得不承认,"你"的表现力无可替代。2014年高考四川卷《一条老狗》是一篇难得的满分作文。这篇文章让阅卷老师流泪,得到专家指导委员的高度赞赏。其成功的秘诀,就是熟练运用第二人称,用真情打动了人心中的软肋。作者选取一条老狗作为写作对象,以狗写人。这老狗的形象分明是许多曾经站起来,赢得精彩世界,而今步入老境,英雄不再的人的写照。作者通篇运用第二人称,始终以一个朋友、一个见证者的身份与老狗推心置腹,掏心掏肺与心灵对话,既有对老狗往昔叱咤风云的尽情讴歌,更有对老来"虎落平川遭犬欺"的哀叹与不平。文章感情真挚,催人泪下,引起人们强烈的共鸣。

再如2014年高考山东卷满分作文《透过窗子,我看到了你》,选取了生活中的五个场景:"窗外,你牵着我的小手,去附近的小卖店给妈妈打电话"、"窗外,瘦小的你弓着身子从车站往回走,那是我刚上车的时候"、"窗外,你躺在病床上,苍白无力"、"窗外,我捧着雨,伫立在你的坟前"、"窗外,我跪倒在地,捶打着黄土,呼喊着你",运用第二人称的写法,与奶奶直接对话,表达自己深深的忏悔之情,亲切自然,感人肺腑,靠真情赢得了阅卷老师的芳心。

图文类材料作文审题技法指导

图文类作文也属于供材料作文,只不过所提供的材料是漫画,较之文字材料作文增加了"读图"的难度。这类作文训练,能培养考生的观察能力、想象能力和有条理的思维能力。图文类作文有单幅图和多幅图两种类型,不管是哪种类型,审题立意的关键都在于一个"看"字。看图要有顺序地边看边想,一般是由整体到局部,由中心到四周,由人物到景物,由近景到远景,有图画到文字,由宏观到细节。读图要睁大慧眼,全方位透视,图文并重,不放过"一枝""一叶"。通过读图,想一想整幅图画说明了一个什么问题,作者作这幅画的目的是什么。要从有限的信息中挖掘出丰富的意蕴、深刻的哲理。下面,我们结合实例,谈谈图文类材料作文审题立意的技巧。

一、从标题入手,巧妙破解

人常说,眼睛是心灵的窗户。同样,对于图文类材料作文,标题就是漫画的"眼睛"。透过标题,可以洞察漫画的"内心"所在,它的作用至关重要。有些漫画材料比较抽象,其寓意难以把握。而透过标题这个"眼睛",就可以化难为易,变抽象为具体,以此洞察整幅漫画的创作意图,明确主旨,进而准确立意。所以,标题切入法是准确解读漫画寓意从而审题立意的一条有效捷径。

【试题回放】

阅读下面的图画材料,根据漫画的寓意,选择一个角度构思作文,题目自拟,文体不限,写一篇不少于 800 字的作文。

【立意探索】

　　这幅漫画的构图比较简单,最突出的部分是全身被严严实实缠裹着仿佛处于"襁褓"中的那个人,是主体部分。这个人全身包裹,还唯恐不够保险,再在腰间紧紧地捆上带子,外面仅仅露出一张脸。他面部表情松弛,神态安然,一副无忧无虑的样子。但仅凭这些信息,我们很难看出漫画的寓意所在:是表现气候寒冷,还是贪图享受;是表明生活安逸,还是体弱多病?我们不得而知。

　　然而,醒目的标题"永不走路,永不摔跤",一语道破人物的病态心理——因为惧怕摔跤,所以甘愿"永不走路",把自己全封闭起来,就好比装进保险柜。这样一来的确是"保险"了,但长此以往,只怕会永远裹足不前,一事无成了。正是借助标题,我们明确了这幅漫画嘲讽了因惧怕失败和磨难,就因噎废食,不敢去进取和斗争的人。初读画面我们还有些懵懂难解,标题一下子让人茅塞顿开,漫画的寓意随之清晰起来。标题就像一把钥匙,起了很好的暗示引导作用。

二、从细节入手,见微知著

　　一幅漫画,每一个要素,都是必不可少的组成部分,不可或缺。然而,解读画面时,人们大都常常容易犯一个错误,就是只见"大"不见"小"。其实,有时候那极"小"的要素,正是作者匠心独运之处,恰恰是审题立意的突破口,不可忽视。特别是对漫画中那些有悖常规、不合常理、与其他构图要件反差较大的能带来视觉影响力的细小环节,要仔细审视,细心体会其中的奥妙。因为这些"小"细节往往隐含着"大"道理,"以小见大"正是漫画创作的重要方法之一。

【试题回放】

观察下面这幅漫画,写一篇观画感。要求:立意自定,文体自选,题目自拟,不少于800字。

【立意探索】

乍一看,这幅画醒目的位置是一只炉子正熬煮茶叶蛋。炉子上火焰熊熊,锅里堆满了鸡蛋,锅上方蒸汽升腾。炉门口,一本语文书被当作燃料正在燃烧,旁边还堆着"历史"等一大摞其他课本。但是,从这些主要构图要件上,我们还不太明了作者的创作意图。这时,可以从右上方挂着的那个不起眼的招牌上寻找答案。这个招牌上有两个细节非常重要:一个是个体户主的图像,表明开店者是个少年;二是几个歪歪扭扭的字,其中"茶叶蛋"三个字竟然写错了两个。抓住这两个细节,再结合其他要素,我们对漫画的构思立意就十分清楚了——漫画反映的是学龄儿童深受"读书无用论"思想的腐蚀和影响,弃学经商,卖起了茶叶蛋。而正因为无视知识的重要,连最起码的汉字都写错了。作者以此告诫人们,在这个物欲横流的时代,要重视知识,潜心治学,不要一味向钱看,做金钱的奴隶,成为新时代的文盲。正是从这些细节入手,让我们拨开迷雾,透视漫画的意蕴。

三、展开联想,由个别到一般

漫画是静态的,局部的,显示的信息是有限的。一副好的漫画作品,总是善于巧妙"布白",给读者留下丰富的想象空间,尽情品味其中的奥妙。读图时要驰骋想象,大胆、合理地"补白"。要能够想到象外之象,体悟"画"外之意。能够由一个人推及一类人,由一件事推及一类事,步步联想,层层生发,由个别到一般,逐层深入地挖掘其本质内涵。推理联想要合情合理,不能牵强附会,扭曲或破坏了作者的创作本意。否则,就可能弄巧成拙,造成审题时偏题、离题的失误发生。

【试题回放】

阅读下面的图画材料,根据漫画的寓意,选择一个角度构思作文。题目自拟,文体不限,写一篇不少于 800 字的作文。

【立意探索】

这幅题为"急救"的漫画,展示的是两个人抬着一位医生,十万火急地向"良心抢救室"奔去,由此可见病人的病情之危重。然而担架上的那位医生却张着嘴大喊:"我没有病!"仅从画面上看,表现的是"一个人"(一位医生),病入膏肓、良心缺失却不敢承认,不愿治疗。但推而广之,现实生活中像那位医生一样的人何其多啊!由一个医生,联想到官场、商场,甚至情场、舞场、赌场,这样的人可谓无处不在,这不正是"一群人"吗?漫画讽刺了社会中各行各业众多丢失了"良心"而又讳疾忌医的人。如果审题时不能放开眼界,只是停留在"医生"的层面泛泛而谈,就事论事,那么,文章一定是蜻蜓点水,缺乏深度了。这样,就属于不能正确、全面理解题意,也就必定要痛失高分了。

四、深层挖掘,莫为浮云遮望眼

漫画的最大特点就是含蓄、幽默、诙谐。一般来讲,画面表现的内容往往只是一个表象,是个"引子",而作者真正的意图却隐含在画面背后,达到一种"醉翁之意不在酒"的艺术效果。读图时要有一颗"慧心",想他人之未想,见他人之未见;

还要有一双火眼金睛,具有一种视觉穿透力,思他人之未思,悟他人之未悟,言他人之未言。要善于由浅入深、由表及里地纵深思考,直入骨髓。这样,就能技高一筹,给人以鹤立鸡群之感,在激烈的竞争中脱颖而出。谨防浅尝辄止,被表面现象所迷惑,以致一叶障目不见泰山。

【试题回放】

根据下面的图画材料,选择一个角度构思作文。要求:自主立意,自选文体,自拟标题,不少于800字。

【立意探索】

画面上愚公一手握着话筒,一手拨打电话号码,脑海中盘旋着一个信念"再难打也不怕,反正我死了还有我儿子,儿子死了还有我孙子……",其决心之大可见一斑。愚公身后的儿孙们一个个排着队,叉着腰,做好随时接班的充分准备。解读这幅漫画,不能被当年"愚公移山"的那种"锲而不舍"的传统精神所桎梏,大谈"自信""坚持""毅力""知难而进"等。结合标题,愚公新"难",想一想,"难"在何处?再由心理活动"再难打也不怕"进而推想给谁打电话,推究"难打"的原因是什么,这一现象说明了什么问题?经过刨根究底的层层挖掘,漫画的深层意蕴就显露出来:漫画旨在影射、讽刺某种社会现象,警示我们的政府部门、相关领导应真正关注民生,提高办事效率;要将听取民声落到实处,而不能光有"摆设",只图形式,口惠而实不至。这样立意,才符合命题意图,才能谈得深,论得透,才能获得读者的喝彩。

五、品味文字,体味"画外音"

文字是漫画的有机组成部分,虽然一幅画作里的文字可能不会太多,但它们往往以少胜多,起着画龙点睛的作用。这些文字常常就像影视作品里的"道具",墙上挂着箭就一定要射出去,桌上放着枪就一定要打响。同理,画面中出现的文字就一定要派上用场。一般地,这些文字主要用来提示、导航,揭示漫画的立意指向和命题意图,是审题立意的"金钥匙"。审题时要善于利用这些文字信息去挖掘、领悟作者隐含的观点,确保立意命中十环。

【试题回放】

认真赏读下面这幅漫画,弄清其寓意,联系现实,确立最佳立意,写一篇不少于 800 字的文章。

取之不尽

【立意探索】

画面中四个人排着队,一个个面带笑容,分别拿着杯子、碗和桶到"龙头"前接水。乍一看,还以为他们是要到"名著"里吸取营养、为自己"充电"呢。但这样的理解是错误的,其原因是曲解了这些人"接水"的真正目的。要弄清这些人到底想干什么,就必须从四个简短的文字入手:"影视翻拍"——这正是我们所说的"画外音",也是正确解读漫画的一个工具。明于此,原来他们都是想从名著中分一杯羹,作为他们翻拍名著、敛取钱财的资本!漫画讽刺了那些创作灵感枯竭或被金钱冲昏头脑的人对文学名著的疯狂翻拍。简短的"影视翻拍"四个字,使漫画的个中意味豁然明朗,为帮助我们正确审题立意指明了方向,实为点睛之笔。

六、面对组图,整体联系重逻辑

有不少漫画,围绕一个主题,由数幅画面组合而成,成为一组。一组图无论由几幅画组成,它们之间都一定有着必然的内在联系,不可割裂开来。面对多幅画面,我们要用发展的眼光、联系的观点,全盘通览,整体把握,找出彼此之间的内在联系,弄清它们之间的逻辑关系,从整体把握寓意。切不可顾此失彼,厚此薄彼,像某些新材料作文的要求那样,选择"一个角度"或"一个侧面",任意"肢解",断章取义。

【试题回放】

下面是一幅题为《三代人赶集》的漫画,请结合漫画的内容,联系实际写一篇文章。题目自拟,文体不限,不少于800字。

三代人赶集

【立意探索】

这道试题由三幅画组成,表现的是三代人不同的"赶集"方式:爷爷用肩挑,爸爸开着拖拉机,而儿子则坐在家里,在网上轻松交易。这三幅漫画既相对独立又相互联系,形成一个有机整体。从这一组图中,我们不难筛选出以下信息:科技发展了,生活水平提高了,人们的生活方式改变了……综合分析可以有如下立意:①时代在前进,人民群众的生活方式在不断地发生变化;②科技发展给人民群众的生活带来了极大的便利,等等。

三、03

应试技巧篇

咏史以明志　怀古以讽今
——咏史怀古诗鉴赏指导与训练

在古代诗词中,咏史怀古诗是内容与思想都比较沉重的一类作品。"咏史"就是针对特定历史事件或历史人物,抒发作者的思考、态度、情怀,或讽刺时政,抒发自己的独到见解。"怀古"是指凭吊古迹,触景生情,由于历史遗迹的诱发而抒发感慨。"咏史"与"怀古"都是以历史题材为咏写对象,对历史人物的功过、历史事件的成败等发表议论,或抒发感慨,或借古以讽今,或发思古之幽情。咏史诗多针对具体历史事件或历史人物,有所感慨或有所感悟而作;而怀古诗多是登临旧地有感而发之作。这类诗多写古人往事,往往醉翁之意不在酒。它们都以古代的人物、事物、地点等为描写对象,对历史人物的功过、历史事件的成败等,或发表评论,或抒发感慨,或借古讽今,或发思幽情。咏史以明志,怀古以讽今,是其本质特点。

■ **初识派别**

咏史怀古诗的产生源远流长。班固的《咏史》被认为是中国诗歌史上第一首真正意义上的咏史诗。这类诗的标题中往往有古迹、古人名,或在古迹、古人前冠以"咏"字,或在古迹、古人后加"怀古"、"咏怀"等。写作结构是临古地——思古人——忆其事——抒己志。内容或感慨壮志难酬,怀才不遇;或感叹国运衰微,盛衰无常,昔盛今衰,物是人非;或抒发爱国情怀,揭露统治者昏庸腐朽、奢侈淫逸;或追慕古贤,缅怀先烈成就,抒写自己功业无成的感慨。常用的表现手法有借用典故、触景生情、虚实结合,对比反衬等,语言风格大多含蓄委婉,感情基调苍劲悲凉。

■ **鉴赏指津**

鉴赏咏史怀古诗,在宏观上要把握两点:一是要知人论世,二是要品赏韵味。所谓"知人论世",就是理解作者的人生经历及其所处的时代背景,因为为诗文者无不"为时而作""为事而作"。写咏史怀古诗,作者大都是在怀念古代史实的基础上抒发个人情怀的,诗中必然涉及历史典故,在引典中委婉含蓄地抒写作者当时的思想感情。因此,解读这类诗歌必须要根据诗词中的物象确定史实,理解典故内容和它所包含的意义,再分析作者抒情的角度。所谓"品尝韵味",就是在反复吟诵、体会中,玩味诗作的情致韵味。

1. 咏史怀古诗的鉴赏步骤与方法

(1) 弄清史实,疏通文义

解读咏史怀古诗,对作品所涉及的史实和人物一定要有所了解,这就要求我们要积累一定的历史知识。如刘禹锡的《乌衣巷》:"朱雀桥边野草花,乌衣巷口夕阳斜。旧时王谢堂前燕,飞入寻常百姓家。""乌衣巷"在南京,东晋时是高门士族的聚居区,晋朝王导、谢安两大家族居住此地,其弟子都穿乌衣,因此得名。"朱雀桥"在秦淮河之上,和南岸的乌衣巷相邻,昔日繁华鼎盛,而今野草丛生,荒凉残照。以燕栖旧巢唤起人们的想象,昔日的王谢权门现在已居住着寻常百姓之家。今昔对比,感慨沧海桑田,人生多变,令人叹惋再三。如果不了解这些历史知识,就很难深入的理解蕴涵其中的诗意。

(2) 领悟感情,触发共鸣

诗家咏史怀古,大致有两种情况:一是对历史作理性、冷静地剖析,通过昔盛今衰,古今变化,来借古讽今;一是感叹个人的身世,抓住历史的一些影子,通过赞扬古人的事迹,表达自己建功立业的心情,同时,委婉地对现实进行批评,感情成分较浓。鉴赏咏史怀古诗,要抓住历史人物、事件、时局与诗人身世之间的连接点,准确把握情感。如杜甫所作七律《咏怀古迹》一诗,杜甫为什么追念王昭君呢?要弄清这个文题,这要找到二者的对接点:一是昭君出塞与杜甫的"漂泊西南天地间"的对接,二是王昭君美冠后宫而不得恩宠与杜甫"古来材大难为用"的悲剧命运的对接。找到对接点,我们不难明白,诗中的明妃其实就是诗人自己,诗人就像当年的明妃王昭君。抓住了这些对接点,就不难揣摩出诗作的含义。

(3) 分析技巧,体察诗心

咏史怀古诗歌的写作一般是先叙事写景,极力铺垫;后议论抒情,点明主旨。还有一些只叙述对比而不加议论,留下充分想象发挥的空间,引发读者的思考。

不同的写法,是由不同的主题决定的。怀古咏史诗的写法多样,有以景衬情的,如苏轼的《念奴娇·赤壁怀古》;有议论引发的,如清人刘献庭《王昭君》中的"敢惜妾身归异国,汉家长策在和番";有借用典故的,如辛弃疾的《南乡子》巧借曹操、刘备与孙权的典故,慨叹当今南宋王朝无大智大勇之人执掌乾坤。在章法上,或作正反对比,或是侧面烘托,不一而足。

2. 咏史怀古诗鉴赏术语例举

国运衰微、国土沦丧、昔盛今衰、物是人非、昔盛今衰、人事沧桑;昏庸腐朽、骄奢淫逸、纵情声色;壮志难酬、怀才不遇、报国无门、怀古伤今;雄浑壮阔、含蓄沉郁、凝重深沉、苍劲悲凉、借古讽今。

■ 诗词在线

月夜金陵怀古

李白

苍苍金陵月,空悬帝王州。天文列宿在,霸业大江流。

绿水绝驰道①,青松摧古丘。台倾鸠鹊观②,宫没凤凰楼③。

别殿悲清暑④,芳园罢乐游。一闻歌玉树⑤,萧瑟后庭秋。

【注】①驰道:《三辅黄图》:"驰道,天子所行道也。"②鸠鹊观:六朝时所建宫室。③凤凰楼:南朝宋元嘉年间所建。因有凤集此,故名。④清暑殿,在台城内,晋孝武帝所建。虽暑月尤有清风,故以为名。⑤玉树:即《玉树后庭花》。

【素描文字】

苍白色的月光照着静静的南京城,月亮空空地悬挂在六朝古都的上空,是那样的寂寞冷清。仰望天空,星星还是那几颗星星,而古代帝王的千秋霸业却像滔滔东流的江水一样一去不复返了。低头看去,当年天子所行古道的尽头是浩渺碧绿的湖水,六朝时陵墓上那郁郁葱葱的苍松翠柏现已老态龙钟;昔日那繁华的鸠鹊观已经倾倒坍塌,热闹非凡的凤凰楼已经悄无踪迹。再看那夏天乘凉的清暑殿一片悲凉,乐游苑荒废残破,少有人来,早已看不到游人的嬉闹追逐。迎着萧瑟的秋风,沐着素净的月光,仿佛偶尔还可以听到陈后主所做的《玉树后庭花》的靡靡之音。

【读后思考】

这首诗写景抒情,与李煜的词《虞美人·春花秋月何时了》有异曲同工之妙。

请结合诗句分析其异同。

解题步骤:比较这两首诗词的异同,可以从内容、手法及抒发的情感等方面进行分析。首先,要了解作者,做到知人论世,对两首诗词的思想情感加以比较;其次,根据咏史怀古诗写景抒怀的特点,与李煜的词进行联想对比,分析其表现手法的异同。答题时先答相同点,再答不同点,做到条理清晰。

答案:相同点:这两首诗词都运用了借景抒情的手法,通过描写眼前之景,抒发物是人非的感慨。不同点:李白的《月夜金陵怀古》以哀景写哀情,通过描写破败之景抒发作者对六朝衰亡的悲伤哀叹之情;李煜的《虞美人·春花秋月何时了》通过想象,描写"雕栏玉砌应犹在,只是朱颜改",抒发自己身为亡国之君的无限忧愁之情。

■ 即时训练

隋堤怀古
[唐]张祜

隋季穷兵复浚川,自为猛虎可周旋。
锦帆①东去不归日,汴水西来无尽年。
本欲山河传百二,谁知钟鼎已三千。
那堪重问江都事②,回望空悲绿树烟。

【注】①锦帆:陆楫《炀帝开河记》有"舳舻相继,接连千里,自大梁至淮口,连绵不绝,锦帆过处,香闻百里"句。②江都事:炀帝南游江都,日夜纵酒荒淫,最后被缢死江都宫中。

思考:

1. 咏史怀古诗大多借古讽今,言近而意远,这首诗在这方面尤为突出,试做简要分析。

2. 作者追昔抚今,感慨万千。简述这首诗表现出作者哪些复杂的情感?

答案:

1. 这首诗借隋炀帝穷奢极欲,荒淫无度,霸业成空的沉痛教训,讽刺晚唐统治者生活腐化,荒淫无度,整日沉醉在声色犬马之中贪图享乐的严峻现实,借古讽今,含蓄地规劝唐朝统治者以史为鉴,关心国事,勤政爱民,远离奢侈,不要重蹈覆辙。

2.①对隋炀帝的痛斥之情。隋炀帝劳民伤财,疏浚河流;"锦帆东去",极尽奢侈。他的淫逸之行终致国破家亡。②对隋炀帝的嘲讽之情。隋炀帝妄想江山永固,岂料霸业成空,朝代更替,自己被缢死江都宫中,给后人留下笑柄。③对唐王朝的规劝之情。晚唐统治者大多如南朝风流天子一样,醉生梦死,不理朝政,诗人以惨痛的史实劝解当朝帝王勤政为国。④对百姓的同情、对国家命运的担忧。诗人在寄寓兴亡感的同时,也流露出对百姓的深切同情和关怀以及对国家命运的深深忧虑,反映出忧国忧民的情怀。

羌管悠悠霜满地　马蹄声声入梦来

——边塞诗鉴赏指导与训练

边塞诗是我国古代诗歌的一个重要组成部分。它产生于先秦,发展于两汉和魏晋南北朝,盛唐时走向成熟,晚唐两宋时走向衰落,明清时期又有新的发展。边塞诗是边塞生活的艺术反映,这类诗词大多和民族战争有千丝万缕的联系。因为边塞的生活是丰富多彩的,因而就造成边塞诗词题材十分广泛,内容异常丰富;因为每个朝代的不同时期或盛或衰,诗词中所表现出来的情调或高昂或低沉;因为每个诗人前往边塞的原因不同,目的不同,所抒发出的感情也千差万别,情况相当复杂。

■ 初识派别

在浩如烟海的古典诗歌中,有一类诗专以边疆地区军民生活和自然风光为题材,在描绘雄奇壮丽的风光与表达对边疆战事的种种看法的同时,也反映诗人所生活的时代特征,这一朵古典诗歌中的奇葩便是边塞诗。边塞诗盛行于唐代,反映边界战争生活,是唐代诗歌的主要题材,是唐诗当中思想性最深刻、想象力最丰富、艺术性最强的一部分。

它以边疆地区军民生活和自然风光为题材,艺术地反映边塞生活,其思想内容极其丰富:或抒发渴望建功立业、报效国家的豪情,或状写戍边将士的乡愁、家中思妇的离恨,或表现塞外戍边生活的单调艰辛、连年征战的残酷,或宣泄对黩武开边的不满、对将军贪功启衅的怨情,或惊叹描摹边地绝域的奇异风光和民风民俗。

■ 鉴赏指津

1. 边塞诗的鉴赏步骤与方法

(1)把握时代特征,了解诗歌创作的时代背景。

边塞诗是时代的产物,也是最能体现国运盛衰的作品,因而,如果能对作者所处的时代有所了解,对体会作品的内容和作者的感情肯定是大有帮助的。诗评家常称赞"盛唐之音",边塞诗正是构成"盛唐之音"内容的一个基本方面。如盛唐时期国运昌隆,边塞诗大多充满多昂扬奋发、豪迈乐观的情调,洋溢着一股爱国热情;到了晚唐时期,由于时局江河日下,不可挽回,边塞诗也就一变而为抒写边地士卒久戍思归的渴望,反战、休战的呼声而显得异常的凄厉与沉痛。时代不同,边塞诗的题材、主题不同,风格差异明显,流露出不同时代的特征。

(2)推敲诗歌中蕴含的不同思想感情。

边塞诗题材的兴起,是与诗人们的生活范围有所扩展紧密关联的。从边塞诗中,我们看到诗人的眼界开阔了,诗歌的意境拓展了,诗歌的内容更显得异彩纷呈。有对建功立业的渴望,有报效国家的激情;有写出征士兵的乡愁和家中妻子的离恨,有表现塞外生活的艰辛和连年征战的残酷;有反映对帝王黩武开边的不满和对将军贪功起衅的怨恨,有陈述久戍边关对家乡和亲人的怀念……我们在阅读这些诗歌时,要能够区别每首诗作思想内容上的细微差别。

(3)体会不同的艺术风格。

同是边塞诗,不同时期、不同作者体现出来的艺术风格有很大不同,有的豪迈旷达,如王翰的《凉州词》"醉卧沙场君莫笑,古来征战几人回";有的雄奇壮美,如王维的《使至塞上》"大漠孤烟直,长河落日圆";有的豪壮悲慨,如杜甫的《后出塞五首》"落日照大旗,马鸣风萧萧";有的委婉清丽,如李白的《子夜吴歌》"何日平胡虏,良人罢远征"……只有细细体会边塞诗这个大主题下异彩纷呈的不同艺术风格,才可能深刻、全面领悟诗歌内容,进而准确解答。

(4)弄清诗歌描写的典型意象的意蕴。

与其他题材诗歌一样,边塞诗也要通过对意象的描写,委婉含蓄地表达情感。所以,掌握边塞诗常见意象的含义,有助于理解诗歌内容,挖掘诗歌蕴涵的思想情感。一要抓住与战争有关的器物,如旗、鼓、干、戈、号角、战车、辕门、烽火等;二是要抓住与战争有关的地点和人、事、物,如楼兰、阴山、瀚海、凉州、长城、受降城、玉门关、单于、吐谷浑、羌笛、胡笳、琵琶、《折杨柳》、《落梅花》、《关山月》等,然后展开丰富的联想,进行深入地揣摩。

2. 山水田园诗鉴赏术语例举

报国豪情、壮别感奋、雄壮豪迈、雄奇辽阔、杀敌豪情、昂扬斗志、慷慨从戎、以身许国、建功立业;奇异风光、奇丽壮阔、大漠孤烟、长河落日;惜别感伤、念远思归、深切同情、艰苦生活、离愁别恨、穷兵黩武、痛恨庸将、草菅人命;壮志难酬、怀才不遇、向往和平。

■ 诗词在线

从军行(其四)

唐 王昌龄

青海长云暗雪山①,孤城遥望玉门关②。
黄沙百战穿金甲,不破楼兰终不还③。

【注】①青海:湖名,在今青海省。雪山:指祁连山。②玉门关:故址在今甘肃敦煌西北小方盘城。③楼兰:汉时西域诸国之一,故址在今新疆罗布泊附近。

【素描文字】

站在边塞的孤城上远远望去,看到从青海湖经祁连山到玉门关这一道悠长的边境防线。乌云浓厚翻卷,青海湖里看不到粼粼波光;皑皑的雪山银装素裹,寒气逼人;阴云密布,墨色压顶,银光闪闪的雪山顿时显得暗淡无光。那座孤零零、冷清清的山城孑然独立,寂寞无声一片死气沉沉。在阵阵马蹄声中,黄沙随风扬起,肆虐地扑打着战士的身体。在这荒凉无边、寒气袭人的沙漠里,刀光剑影,战斗异常频繁。将士们纵横疆场,身经百战,身上的铁盔斑驳,铁甲也都被磨破了,但是只要还没打败来犯边境的敌人,就坚守阵地,决不班师回朝。

【读后思考】

这首诗中"黄沙百战穿金甲"一句描写边关特异景象,具有高度的概括性。请做简要分析。

解题步骤:本题考查对诗歌意象与诗歌意蕴的理解。解答本题,首先要准确找出诗句中所描写的意象,然后由表及里揣摩这些意象所包含的特殊意义,最后结合整首诗的内容,分析其中的丰富内涵。

答案:"黄沙"与"金甲"都是边塞特有的意象,其中"黄沙"形象地点出边塞战场的特征,"穿金甲"是说金甲都磨穿了,形容时间之长,战斗之艰苦。"百战"极言战事之频繁。短短七个字,高度概括了边地之荒凉、条件之恶劣、战时之漫长、战争之艰难。

■即时训练

紫骝马①
李白

紫骝行且嘶,双翻碧玉蹄。临流不肯渡,似惜锦障泥②。

白雪③关山远,黄云④海戍迷。挥鞭万里去,安得念春闺。

【注】①紫骝马:即枣红马。②锦障泥:华美的障泥。障泥,披于马鞍两旁的防护织物。用《晋书》王济事,王济善识马性,尝乘一马,着锦障泥,临水马不肯渡,济知其怜惜障泥,使人解去,马遂行。用典 ③白雪:唐代戍名,在蜀地,与吐蕃接壤(依王琦说)。④"黄云"句:谓征人在黄云戍守之地因荒漠广阔而迷失方向。黄云,唐代戍名。

思考:

1. 有人说,"念春闺"是全诗之眼,你赞同吗?请说明理由。

2. 这首诗是怎样表达征人的情感的?请结合诗句简要分析。

答案:

1. "念春闺"是全诗之眼。"关山远""海戍迷",写成边环境的空旷辽远,表现征人离家后空虚的心情。"挥鞭万里去,安得念春闺",写路途遥远,奔波忙碌,故言不得"念春闺"。看似不得念,实则总是放不下春闺之思,想念家中的妻子,又不得不念。所以,"念春闺"是全诗之眼。

2. 这首诗运用了用典、烘托、拟人三种表现手法表达情感。借用王济所乘之马临水不肯渡的典故,赋予马以人的情感,以马的临流迟疑,烘托人的感情,引起人的酸楚,陪衬即将远戍的征人恋恋不舍的心情。

文言断句考情梳理及技法指导

★ 考情梳理

分类 年份	文本类型			题目形式		所断语句特点			难度	
	传记	散文	其他	选择题	主观题	叙述类	论述类	句数	B	C
2011	1	1		1	1	1	1	10;4		2
2012		1			1		1	7		1
2013	3	1	1	3	2	3	2	5;6;7;10	3	2
2014	3	3		4	2	2	4	6—11	3	3
2015	3	2	2	6	1	4	3	6—10	6	1

　　从上表可以看出,近五年来,文言文断句考查的频率逐年加大,特别是近三年来考题数量急剧增加,所占比例从五年前的13％增至三年前的33％猛增至2015年的50％。文本类型以传记和散文为主,题目形式主要为选择题,所断语句主要是叙述句或论述句,且大多集中在6—10句之间,考查的难度逐年降低。可以预测,文言断句仍将作为今后高考的热点之一,命题趋向基本保持不变。

★ 真题引入

1.(2015高考全国课标1卷)下列对文中画波浪线部分的断句,正确的一项是
(　　)

A.宣和末/高丽入贡/使者所过/调夫治舟/骚然烦费/傅言/索民力以妨农功/而于中国无丝毫之益/宰相谓其所论同苏轼/奏贬蕲州安置/

B.宣和末/高丽入贡/使者所过/调夫治舟/骚然烦费/傅言/索民力以妨农功/而于中国无丝毫之益/宰相谓其所论/同苏轼奏/贬蕲州安置/

C.宣和末/高丽入贡使者/所过调夫治舟/骚然烦费/傅言/索民力以妨农功/

而于中国无丝毫之益/宰相谓其所论/同苏轼奏/贬蕲州安置/

D. 宣和末/高丽入贡使者/所过调夫治舟/骚然烦费/傅言/索民力以妨农功/而于中国无丝毫之益/宰相谓其所论同苏轼/奏贬蕲州安置/

评价与解析:所选语句交代了孙傅因直言滥用民力妨碍农事,被降贬为蕲州安置。意思表达相对完整,断句的标志性词语"入贡""所过""言"等比较明显,难度适中。解答本题,可以先从主语入手,一般来讲,主语之前应该停顿,在 C、D 两项中,"使者"属主语,之前应该断开却没有断开,可以由此排除 C、D。B 项中"宰相谓其所论/同苏轼奏"停顿有误,因为"论"是主语,"同苏轼"是谓语,主谓之间不能断开,排除 B。故选 A。

2. (2015 高考全国课标 2 卷)下列对文中画波浪线部分的断句,正确的一项是( )

A. 会周师定淮南所/住白土村/地居疆场/数见军旅护儿/常慨然有立功名之志/及开皇初/宇文忻等镇广陵/平陈之役/护儿有功焉/

B. 会周师定淮南所/住白土村/地居疆场/数见军旅/护儿常慨然有立功名之志/及开皇初/宇文忻等镇广陵/平陈之役/护儿有功焉/

C. 会周师定淮南/所住白土村/地居疆场/数见军旅护儿/常慨然有立功名之志/及开皇初/宇文忻等镇广陵/平陈之役/护儿有功焉/

D. 会周师定淮南/所住白土村/地居疆场/数见军旅/护儿常慨然有立功名之志/及开皇初/宇文忻等镇广陵/平陈之役/护儿有功焉/

评价与解析:所选文段叙述了来护儿受军队的影响,于是有了立功成名的志向,后来在平陈之战中立下功劳。文段相对独立,情节完整,有利于考生对内容的理解,进而准确断句。首先寻找主语,第一次筛选排除。分句中明显处于主语位置的有"护儿""宇文忻"等,依据主语前面停顿的原则,可以排除 A、C 两项,因为第一处"护儿"之前没断开。第二步,比较 B、D 的不同,"淮南"是地名,做"定"的宾语,首句的意思是"正赶上周朝军队平定淮南",显然"所"字不应与"淮南"相连,且"所住"是固定的所字结构,不能拆开,据此排除 B 项。故正确选项是 D。

3. (2015 高考广东卷)下列文句中,判断正确的一项是( )

A. 危乱之世/未尝乏才/顾往往不尽其用/用矣/或掣其肘而驱之必死/若是者/人实为之/要亦天意也

B. 危乱之世/未尝乏才/顾往往不尽其用/用矣/或掣其肘而驱之必死/若是者/人实为之要之/亦天意也

C. 危乱之世/未尝乏才/顾往往不尽其用/用矣或掣其肘/而驱之必死/若是

者/人实为之/要之亦天意也

D. 危乱之世/未尝乏才/顾往往不尽其用/用矣或掣其肘/而驱之必死/若是者/人实为之要之/亦天意也

评价与解析:这段文字总结全文,彰显主旨。这个议论性文段表明了作者在使用人才上的观点,论述了"人为"和"天意"的关系。句意明确,难度适中。解答此题,可以用排除法。第一步,从虚词"矣"入手,"矣"是句末语气词,之后应断开,由此可以排除 C、D。第二步,从句式入手进行二次排除。比较 A、B 两项,其不同点仅在于"人实为之"和"人实为之要之"两处,从语法上看,"人实为之"一句中,"人"是主语,"为"是谓语,"之"是宾语,句子成分完整,因此之后应断开,据此便可排除 B。因此答案选 A。

4.(2015 高考浙江卷)用"/"给文中画波浪线的部分断句。

先是郡将欲楼居材既具侯命取以为阁辟其门而重之凡学之所宜有无一不备

评价与解析:这段文字叙事完整,表述对象清楚,只要读懂大意,准确断句并不难。首先通读全文,理解大意。再仔细研读画线句子。"先是"表示时间,可以独立成句,然后"侯命取以为阁""郡将欲楼居""材既具"都是主谓句,容易理解,"辟其门而重之"是个连动式并列短语,结构稳定,"凡学之所宜有"是对前面一句的概括,"宜有"一词也是常见的句末词语。故本句断为:先是,郡将欲楼居。材既具,侯命取以为阁,辟其门而重之。凡学之所宜有,无一不备。

★ 技法指导

1. 通读全文,了解大意。阅读文言文务必一丝不苟,穷究到底,遇到可疑之处结合上下文认真思考。如果是故事性较强的文章,要掌握大致情节;如果文中有人物对话,要搞清是谁和谁对话,是直接对话还是间接转述;如果是说理性文章,要弄明白谈了几个问题,还要弄清楚前后的逻辑关系。

2. 熟练掌握虚词用法,用它作为断句参考。文言虚词在表达语气和结构方面起着重要的作用。例如发语词"盖""夫""故""然""虽"多用于句首;连词"而""则"和介词"于""以"一般用在句子中间;语气词"耳""矣""也""焉""哉""耶""欤""乎"等常用在句尾。

3. 牢记特殊句式,确保句意完整。文言文大多句式整齐,又喜欢用对偶或排比句,特别是那些固定句式,可以帮助我们准确断句。如:判断句"……者……也";反问句"不亦……乎""孰与……乎""安……哉""何……为";被动句"为……所……""见……于……"等。这些句子结构稳定,不能轻易拆开。

4. 认清对话,抓住"说""曰""云"。文言文中的对话、引文常常用"曰""云"为标志。两人对话,一般在第一次问答时出现人名,以后就只用"曰""云",而省略主语。一般地,"说""曰""云"之后需停顿。

★ 专项训练

1. 父丧归葬。还朝,改命巡抚宣府、大同。参将石亨请简大同民三之一为军,亨信奏止之。十年进右副都御史,巡抚如故。时遣官度二镇军田,一军八十亩外,悉征税五升。亨信言文皇帝时诏边军尽力垦田毋征税陛下复申命之今奈何忽为此举?塞上诸军,防边劳苦,无他生业,惟事田作。每岁自冬徂春迎送瓦剌使臣三月始得就田七月又复刈草八月以后修治关塞计一岁中曾无休暇。况边地硗瘠,霜早收薄,若更征税,则民不复耕,必致窜逸。计臣但务积粟,不知人心不固,虽有粟,将谁与守?"帝纳其言而止。

(1)对文中画波浪线部分的断句,正确的一项是(   )

A. 每岁/自冬徂春迎送瓦剌/使臣三月始得就田/七月又复/刈草八月/以后修治关塞计一岁/中曾无休暇

B. 每岁/自冬徂春迎送瓦剌/使臣三月始/得就田七月/又复刈草八月以后/修治关塞计一岁/中曾无休暇

C. 每岁自冬徂春/迎送瓦剌使臣/三月始得就田/七月又复刈草/八月以后/修治关塞/计一岁中曾无休暇

D. 每岁自冬徂春/迎送瓦剌使臣/三月始得就田/七月又复/刈草八月/以后修治关塞计一岁/中曾无休暇

(2)请用"/"给文中画横线的部分断句。
亨信言文皇帝时诏边军尽力垦田毋征税陛下复申命之今奈何忽为此举

2. 时庾亮将征苏峻,言于朝曰:"峻狼子野心终必为乱今征之为大司马笼其心释其权纵不顺命为祸犹浅若复经年为恶滋蔓不可复制此晁错劝汉景帝早削七国事也。"众臣皆无异。望之固争,谓亮曰:"峻拥强兵,多藏无赖,且逼近京邑,若为司马,危及朝廷。宜深思远虑,恐未可仓卒。"亮不纳。后峻果称兵。诏以望之为领军将军望之率众与峻大战西陵为峻所破六军败绩望之时发背创犹未合力疾而战。率数百人,攻贼麾下,苦战,遂死之,时年四十八。二子事亲孝,相随赴贼,同时见害。

(1)对文中画波浪线部分的断句,正确的一项是(　　)

A. 诏以望之为领军将军/望之率众与峻大战/西陵为峻所破/六军败绩/望之时发背创/犹未合/力疾而战/

B. 诏以望之为领军将军/望之率众与峻大战西陵/为峻所破/六军败绩/望之时发背创/犹未合/力疾而战/

C. 诏以望之为领军将军/望之率众与峻大战西陵/为峻所破/六军败绩/望之时发背创/犹未合力/疾而战/

D. 诏以望之为领军将军/望之率众与峻大战西陵/为峻所破/六军败绩/望之时发背/创犹未合/力疾而战/

(2)用斜线"/"给上面文言文横浪线的部分断句。

峻狼子野心终必为乱今征之为大司马笼其心释其权纵不顺命为祸犹浅若复经年为恶滋蔓不可复制此晁错劝汉景帝早削七国事也

"专项训练"参考答案

1.(1)C("迎送瓦剌使臣"属动宾关系,且"瓦剌使臣"是修饰与被修饰关系,中间都不能断开,由此排除A、B;"修治关塞"是动宾关系,之后应该断开,由此排除D。故选C。)

(2)亨信言/文皇帝时/诏边军尽力垦田/毋征税/陛下复申命之/今奈何忽为此举/

解析:根据"说""曰""云""言"后停顿的原则,"言"后断开;"……时"是固定句式,之后应停顿;"诏边军尽力垦田,毋征税"是诏令内容,一肯定,一否定,句式结构明显,中间宜断开;"陛下复申命之"是个完整的句子,应做停顿。

2.(1)B("大战西陵"是省略句,又是状语后置,翻译成"在西陵大战",中间不能断开,排除A;"犹未合"承接上句,意为"背疮还没有愈合",此处应断开,据此排除C;"发背创"中"背"作"创"的修饰语,之间不能断开,排除D。故选B。)

(2)峻狼子野心/终必为乱/今征之为大司马/笼其心/释其权/纵不顺命/为祸犹浅/若复经年/为恶滋蔓/不可复制/

解析:"狼子野心"是固定短语,之后停顿,"终必为乱"是结果,应做停顿。"大司马"作为官职,之后应断开。"笼其心""释其权"结构一致,形成并列,应停顿。"纵不顺命"至"不可复制"都为四字句,句式整齐,停顿明显。

语言巧包装　妙手著华章

俗话说:"三分姿质,七分打扮。"高考作文也是如此——人靠靓装马靠鞍,美文辞采来妆扮。只有经过"事事四五通"的精心打扮,才能达到"精妙世无双"的神奇效果。语言是一组神奇的积木,能堆砌出我们心中最美的天堂。"言之无文,行而不远",一语道出了"文采"的价值,文章缺乏文采就不会流传下去。在高考作文中恰当地包装、美化语言,使之生动传神,富有魅力,不仅养眼悦目,更能渲染情感,升华主题,形成浓郁的个性风采,获得发展等级得分。要想笔下生花,使语言靓丽出彩,就要掌握几种常见的美化语言的方法。

一、妙用修辞,笔下生辉

如果把文章比作湛湛蓝天,修辞就是蓝天上的朵朵白云;如果把文章比作茵茵绿树,修辞就是这棵树上的朵朵红花。巧用修辞,对文章加以"粉饰",能让文章语言熠熠生辉,情味绵长,达到诵如行云流水、听似金声玉振的效果。毫不夸张地说,是修辞让考场作文闪烁出耀眼的光芒。

1. 运用比喻,生动形象。比喻能化平淡无奇为生动有趣,变抽象枯燥为具体形象。精彩的比喻往往能以简约的文辞、生动的形象引起读者的兴趣,唤起读者的联想,给读者留下深刻的印象。有如微风吹拂水面,波光粼粼,情趣盎然,赏心悦目,颇受阅卷老师的青睐。请看以下数例:

(1)创新有时就像一泓清泉,滋润着整个社会;有时它又如一个舵手,掌握这时代前进的方向;有时它像一把利剑,开辟出一个崭新的时代;有时它又像一根魔法棒,改变着整个世界。(2015年高考全国课标卷Ⅱ满分作文《带着一颗创新的心上路》)

(2)人生像是一桌菜,充满了酸甜苦辣,创新则是一张嘴,尝尽生活的各种滋味;人生像是一条路,充满了坎坷艰辛,创新则是一双鞋,踏尽生活的各种艰险。(2015年高考全国课标卷Ⅱ满分作文《带着一颗创新的心上路》)

(3)老实,是一个人屹立于世的骨骼;聪明,是保证人生存甚至生活下去的重要保护色。(2015年高考四川卷满分作文《老实人,铭记本分;聪明者,不忘初心》)

例(1)连用四个比喻,用"清泉""舵手""利剑""魔法棒"为喻体,形象生动地阐释了"创新"在时代发展中的重要作用,比起空洞枯燥的说教更形象可感,更具说服力。例(2)将"人生"与"创新"并列设喻,阐明创新与人生的密切联系以及对人生的重大影响,发人深省。例(3)将"老实"和"聪明"分别比作"骨骼"与"保护色",举重若轻,生动地阐释了"老实"与"聪明"两者之间辩证统一的关系,突出了两者在人的生存成长过程中的重要性。

2. 排比铺陈,增强气势。排比能构成排山倒海的气势,如滔滔海浪,一浪接一浪,呼啸奔腾,使语势得到加强,感情得到加深。用排比说理,可以把论题阐述得更严密,更充分,更透彻;用排比抒情,可以把感情抒发得淋漓尽致。如:

(1)多少次,我站在高高的领奖台上,享受着鲜花与掌声,却未见台下那一隅里绽开的笑颜;多少次,我在这大千世界里左冲右撞,却不见你默默为我收拾行囊的辛劳;多少次,我像个长不大的孩子那样纵情奔跑,却不见你孤身注视我的宠爱。(2015年高考湖北卷满分作文《我是地上泉,来报地下恩》)

(2)人们只见我在主席台上高声演讲,博得一片赞叹,却不见你夜夜陪我诵读,陪我熬夜;人们只见我满分的试卷,却不见你夜夜送我一杯牛奶的辛劳;人们只见我曼妙的舞步、优雅的回旋,却不见你次次陪我上课,扶起伤痕累累的我,给我捶背,给我揉肩。(2015年高考湖北卷满分作文《我是地上泉,来报地下恩》)

(3)鱼儿失去了水,怎会潜游于江河;鸟儿失去了翅膀,怎会翱翔于蓝天;花儿失去了土壤,怎会散发迷人的清香;人生失去梦想,又怎会走向成功的彼岸?善假于物,无疑是走向成功的秘诀。(2015年高考安徽卷满分作文《善假于物》)

例(1)、(2)用排比手法,以"地上泉"的口吻写自己在人生的大舞台上尽情展现,尽情挥洒,尽情享受鲜花与掌声,却无视母亲默默付出的辛劳。恣意铺排,感情真挚,为下文表达对犹如"地下泉"的默默奉献的母亲的礼赞蓄势。例(3)用鱼儿离不开水、鸟儿离不开翅膀、花儿离不开土壤、人生离不开梦想形成排比,形象而又淋漓尽致地阐释了"善假于物"的道理。

3. 对比衬托,是非分明。有比较才有鉴别。用对比的方法将两个人、两件事、两种思想进行比较,既能增添文采,又能充分调动读者的思维,使读者在对比中明事理,辨是非,与简单空洞的说教相比,表达效果更为强烈。如:

(1)有人笔底波澜万丈,心中槁木死灰;有人拊掌大乐,追名逐利;有人天生洁癖,抱璞守真,留恋理想国;有人拍案而起,剖心烛照,敢放一把野火,泽被寰宇,笔谈间气吐霓虹!(2015年浙江卷满分作文《轻嗅文骨的芬芳》)

(2)韩信感恩漂母,写下了"一饭千金"的传奇;庞涓背叛孙膑,终至兵败身亡。孔明报答刘备,"鞠躬尽瘁,死而后已",成为一代名相;犹大背叛耶稣,《最后的晚餐》举世闻名。(2014年高考全国卷满分作文《谈感恩》)

例(1)将四种人放在一起进行对比,展示现实生活中作品格调与作家人品相悖的现象,"文品"与"人品"比照鲜明,是非分明,进而提出我们这一代的写手,又该如何安放自身,"达到两者圆融之境界"？例(2)将历史上四位名人进行对比,正反相间,一气呵成,是非曲直不言而喻。

4. 运用比拟,情感充沛。比拟便于表达爱憎情感,表现喜爱的事物,可以运用比拟把它写得栩栩如生,情趣盎然,使人倍感亲切;表现憎恶的事物,可以把它写得丑态毕露,增强人们对它的厌恶感,从而增强文章的感染力。如:

(1)你丝毫不知我们这群冒昧而至的游人的造访,自己续着自己甜蜜的梦,却又刚刚好让我们看到了你那最安谧最清新的美丽。安谧的山,安谧的水,让我神往的榕江,今天终于见到了你的面容。(2015年广东卷满分作文《榕江记》)

(2)枕头封存一段岁月,永不老去。旧的棉布轻抚我的脸,一如姨婆温暖的手。(2014年高考江苏卷满分作文《青春逝去,青春不朽》)

例(1)写榕江不知游人到来,还在续着甜蜜的梦,终于让"我"见到了她美丽的容颜。作者以饱含深情的笔墨,极写榕江的恬静与秀丽,表达了深深的痴恋与颂咏。例(2)寄情于物,赋予"枕头"和"旧的棉布"以人的情感,表达对美好青春的怀念。

5. 运用反问,增强语气。反问是无疑而问,明知故问。恰当运用反问句式比直接说出本意会更加鲜明有力,而且语气更加强烈。反问用于批驳,可增强文章的战斗力和语言的表达效果。如:

生命的莲是清高,收获的莲是奉献,清白的莲是圣洁。清高脱俗的莲怎能不让人肃然起敬,产生自灵魂深处的热爱？怎能不让古今文人墨客诗赋歌咏？(2015年北京卷满分作文《深入灵魂的热爱》)

例句在着力描写了莲的"清高""奉献""圣洁"之后,连用两个反问句,表达对莲发自肺腑的赞美之情。在否定句中运用反问的语气,抒情更为炽烈,更有感染力。

6. 兼用辞格,灵动多变。综合运用比喻、拟人、排比、反复、对比等多种修辞手法,可以使句式更加灵活,内容更加丰富,表达更加多彩,语言更具形象美、文采美、气势美、波澜美。如:

举目四望,静的水,静的山,静的竹林,静的沙地,静的卵石,一切都徜徉在梦乡。天空的东方出现了一片红晕,太阳即将叫醒这沉睡的榕江,就好像是一位母亲在叫醒自己的孩子,轻轻地抚摸,轻轻地摇哄,一点一点地让榕江睁开蒙眬的睡眼。呀,江中的那块大卵石居然还有一个独自垂钓的老者,一身白衣一动不动地坐在那里,大概也沉醉在这仙境中了吧。好一幅"独钓榕江水"!(2015年广东卷满分作文《榕江记》)

作者心中的榕江,像梦中的仙子。为了表达自己对榕江由衷的热爱和赞美,作者综合运用拟人、比喻、反复、联想等手法,极力渲染榕江的静谧美、温馨美、轻柔美、神秘美,引领读者沉醉在摇曳生姿的大美世界里而欲罢不能。

二、引用诗文,增添意蕴

古诗词是语言中的钻石,具有极强的生命力和穿透力。一个睿智的考生,总是善于直接或间接地引用那些闪着智慧光芒、蕴含着丰富哲理的古典诗词、名言警句来表情达意,使文章词采华美,赏心悦目,更具丰厚的思想底蕴和文化韵味,达到四两拨千斤的效果。如:

(1)身近自然,去享受诗意的生活。我向往"采菊东篱下"的悠闲,我心仪"人迹板桥霜"的静谧,我追寻"低头弄莲子"的祥和……而身近自然,它恰恰能给我们带来悠闲、静谧、祥和的感受。(2015年广东卷满分作文《身近自然,诗意生活》)

(2)"桃之夭夭,灼灼其华。之子于归,宜其室家",这是什么人曾吟过的诗?"瞻彼淇奥,绿竹猗猗",这是什么人曾观过的景?"有匪君子,如切如磋,如琢如磨"这是什么人曾发出的感慨?"窈窕淑女,君子好逑",这是什么人梦萦的情思?(2015年湖北卷满分作文《泉涌》)

例(1)连续引用古诗词名句,让读者强烈地感悟到了诗意化的语言,在美妙的联想中被陶醉,进而品味诗意的人生,产生一种强烈的与大自然融为一体的情感冲动。例(2)大量引用古诗名句,意在告诉人们,这些丰富精美的文化大餐是古代文人墨客奉献给后人的视觉盛宴,怎能不令我们感恩致谢?

三、推敲炼字,生动传神

古人作文,"吟安一个字,拈断数茎须";贾岛"僧敲月下门"的佳话流传至今,何以然也?因为精心推敲字词,往往一字传神,使表达更加准确、贴切、形象、生动,语言文采斐然,令人过目不忘,回味无穷。"炼字"主要是指动词、形容词以及叠音词的锤炼等。如:

(1)秋天的莲,是收获的莲。褪去了夏日的盛装,孕育出颗颗饱满的果实。江南的女子,如水一般的女子,她们架起木舟,向那绿海驶去。纤手飞舞之间,采下朵朵莲蓬,剥开一个,取出莲子,放入嘴中,一股清香在嘴中绽开。那是莲的清香,那是莲的奉献。(2015年北京卷满分作文《深入灵魂的热爱》)

(2)从桑叶间坠出的桑树果子,一大把一大把的,由青雪雪、黄澄澄、红扑扑、紫莹莹,变得晶莹透亮,乌紫乌紫的,像黑玉。桑叶伸伸展展,桑葚清清凉凉在底下荫着凉着偷乐。(2015年江苏卷满分作文《农之月令》)

例(1)使用"架""驶""飞""采""剥""取""放"等一系列动词描写江南女子,竭力表现采莲女子轻快、敏捷、娴熟、清纯、娇嗔、俏皮的形象,使原本可爱的形象更加灵动起来,女子与美丽的莲花相映成趣,美不胜收,爱不自制!例(2)描写农家孩子吊弯桑树枝摘桑葚的细节,使用极具音乐美感的"青雪雪、黄澄澄、红扑扑、紫莹莹""清清凉凉"等叠音词,描写桑葚斑斓的色彩、晶莹的亮度和悠闲的神态,令人垂涎欲滴,心驰神往,委婉含蓄地表现了"做个庄稼人、做个山里人是真正的智慧"的主题,叮咚悦耳,清新质朴,具有浓郁的乡村泥土气息。

四、句式多变,凸显缓急

句式有长有短,有整有散。使用短句可以避免冗繁,特别是三字格、四字格的短语有一种流动感,和谐优美,节奏明快。整句结构匀称,语脉贯通,气势恢宏。用整句抒情,感情充沛,意荡神驰;用整句论说,则逻辑严密,增强气势。长短并用,整散结合,句式富于变化,具有灵动错落之美。如:

(1)我的背,直了,硬了;你的背,弯了,脆了。我的眼,明了,亮了;你的眼,昏了,暗了。我的发,密了,黑了;你的发,疏了,白了。

而如我一般,该是以怎样的骄傲,如一道长虹划过天际,光芒四射;而如你一般,该是以怎样的隐忍,不发一言退去周身光华,忘了你也有过这样的荣耀。(2015年湖北卷满分作文《我是地上泉,来报地下恩》)

(2)看崇山峻岭,清江碧湖,即使你不懂山的形成原理、水的流动规律,你也能用心感受山的巍峨、水的灵动;看姹紫嫣红,绿树环绕,即使你不懂花的种类、树的名称,你也能用心感受花的甜美、树的葱郁;看繁星闪烁,银月悬空,即使你不知星星有多么明亮、月亮有多么神秘,你也能感受星的闪耀、月的皎洁。(2015年广东卷满分作文《用心感受,自然近在咫尺》)

例(1)两个段落,先用一组短句,从"背""眼""发"三方面将"我"和母亲进行鲜明的对比,简短的句式,急促的节奏,表现光阴似箭,母亲青春难留,更表现出"我"急于报恩的焦躁和不安。再用一组整句,抒写我在"骄傲"中忘记了母亲的"隐忍",表述酣畅淋漓,字里行间透露出深深的自责。长短句结合,恰到好处地表现了复杂的心态。例(2)用一组整句,描写山水花木、日月星辰的美好,读起来节奏明快,铿锵悦耳,语势流畅,文采飞扬,激起人们亲近大自然的强烈欲望。

五、讲求韵律,平仄抑扬

语言表达不但善于绘色绘形,还要善于绘声,即讲求语言的音韵美。力争使句子平仄交错变化,句末大致押韵,有音符的跳跃之美,追求散文诗一样的表达效果。读这样的文字,视觉、听觉、感觉一起受到感染,一定会余音绕梁,三日不绝。如:

古人很早就开始拥抱自然。王维"行到水穷处,坐看云起时"的悠闲令人欣赏;苏子"一蓑烟雨任平生"的豁达令人赞叹。即使是在现代,也有千万"驴友"身体力行,感受祖国的大好河山;村上春树通过日复一日的长跑从大自然中汲取写作的灵感。穿上跑鞋,放下忧虑,尽情跑去拥抱自然;戴上耳机,不必在意世俗纷争,自己便是自己世界里的神仙。只要我们有亲近自然的心,那么张开双臂,拥抱自然,我们的心中永远是春天!(2015年广东卷满分作文《张开双臂,拥抱自然》)

这段文字描述古今人们拥抱自然之举,除引用古诗名句、使用整句外,另一个最大亮点,就是句式平仄相间,讲究音韵和谐,而且自始终基本一韵到底,如行云流水,每一句话,都像一个跳动的音符,读起来朗朗上口,娓娓动听,极富美感。

六、包装素材,旧貌新颜

素材"包装",就是对原有的传统素材进行艺术再加工,巧施粉黛,浓妆淡抹,使之清新妩媚,亮丽登场,使文章有理有趣,让读者在优美的文字享受中明道理,辨是非,长智慧。用这种方法对素材进行精心打造,一定会使文章熠熠生辉,鹤立鸡群,在激烈的竞争中脱颖而出,独占鳌头。

(1)一簇簇香菊在院子里绽放,一只只蝴蝶在花丛中起舞,一道道清泉从门前流过。陶渊明幽居于此,"晨兴理荒秽,戴月荷锄归"。他远离尘世,隐归田园,看花开花落,任云聚云散。他活得很清逸,像蓝天里的白云,像大海中的游鱼。(2015年广东卷满分作文《心近自然来》)

(2)雨滴渐落,薄衣已湿;路途遥远,草鞋易破。面对生活的艰辛,仕途的失意,苏轼苦中作乐:在他眼里,静听雨声,缓步慢行,是一种安谧的享受;竹杖芒鞋,削落官职,是一种卸下负担的轻松;阴晴圆缺,悲欢离合,是一笔特殊的财富。他坚信,虽然脚下多泥泞,但只要乐观面对,前方一定是醉人的黎明!于是,他"一蓑烟雨任平生",尽管经常身处"萧瑟",眼前却总能"也无风雨也无晴"。(2015年四川卷满分作文《笑对人生方为大智慧》)

以上两例将人们耳熟能详的陶渊明、苏轼两则素材进行一番加工润色,变平淡叙述为生动描写,激情四溢,文采灼灼。人,变得血肉丰满;事,显得情趣并容。由此可见,只要肯在素材包装上下功夫,给素材穿件靓丽的衣裳,就能够化平淡为神奇,让笔端流出琼浆玉液,字字珠玑,满篇生辉。

一言以蔽之,高考优秀作文必须要散发出"光辉"。没有"太阳",总得有个"月亮";没有"月亮",总得有个"星星";没有"星星",总得有个"萤火虫"!对语言巧施粉黛,浓妆淡抹,笔下的文章必定犹如亭亭玉女,眉目传情,顾盼生辉,何愁不能赢得读者的青睐与眷顾!

人美身段秀　文美好结构

无论是窈窕淑女,还是帅哥俊男,一定都有一个健美匀称的好身段。为文亦如为人。打造一篇好的高考作文,就要力求使文章有一个标准、完美甚至新奇的框架结构,让读者一见倾心,过目不忘。结构,犹如一座大厦之框架,是文章的主体。好的结构,一目了然,给人耳目一新的感觉,好结构赢得好分数。因此,高考作文不仅要求内容切题,还要做到结构完美,只有这样,才能使文章更"酷"更"亮",牢牢吸引阅卷老师的眼球,从而脱颖而出,获得理想的分值。可以毫不夸张地说:结构好才是真的好!

纵观近年来高考满分作文或标杆作文,有很多都是在结构上匠心独运,用独特的"形体美"展现丰富的"内在美",从而一举夺魁。考场作文受人青睐的结构形式主要有如下数种:

一、并列式

并列式是议论文最常见的结构模式之一,就是把一个问题从不同角度、不同侧面进行阐述。其组材形式也有多种,既可以围绕中心论点,平行地列出若干分论点,也可以就一个观点,运用几个并列关系的论据。并列式议论文的结构模式是:引论——提出中心论点;本论——论证并列的几个分论点(论据+分析论证);结论——回应总结全文。

2015年福建卷高考满分作文《路漫漫其修远兮,吾将上下而求索》一文,开篇引用冰心的名言引出中心论点——"我们要走向成功,就应该有敢于面对荆棘的勇气、敢于探索的精神和敢于创新的气魄",本论部分就运用了并列式结构:

成功需要敢于面对荆棘的勇气。2011年的内地首富梁稳根……
成功要有敢于寻找新路的探索精神。世界上第一辆具有现代意义的火车是英国人斯蒂芬森发明的……

成功要有勇于创新、不走寻常路的气魄。相比于浮躁功利的写作之风,杨绛"甘愿做一滴清水"……

三个并列的分论点以中心论点为"圆心",从三个角度圆满、周密地扣合主题,是成功运用并列式的典范之作。

运用策略:在运用并列式结构行文时,科学、合理设置分论点是成败的关键。其基本要求是各分论点紧扣中心论点又相对独立,彼此互不相容,互不交叉。其次是分论点的句式要基本相同,长短不能悬殊太大。写作中表现最为突出的问题有两个:一是分论点设置不当,即几个分论点的内涵或互相包含,或互相交叉,或重复,或矛盾,彼此不能相对独立,造成了概念之间的混淆,致使逻辑不清,不能构成并列。二是分论点在表达上句式不一致,或字数相差太大。

二、层进式

层进式结构即文章各层次之间是环环相扣、层层深入、步步推进的关系,或从现象到本质,或从原因到结果,或从一般到特殊等等。各层的前后顺序有严格要求,不能随意改动。层进式论证结构不但体现作者思维的清晰性,更能反映作者思维的深刻性,能使文章更灵活,更具个性化色彩。它的基本结构是提出问题(是什么)——分析问题(为什么)——解决问题(怎么办)。

2015年高考全国课标卷Ⅱ满分作文《创新铸就辉煌》一文,采用如下层进式结构行文:

……当今世界,日新月异,发展迅速,要想在激烈的竞争中永远立于不败之地,就必须创新。因为创新缔造文明,创新铸就辉煌,创新最具风采。

个人的发展离不开创新……

社会的进步离不开创新……

国家的繁荣离不开创新……

不管是个人的发展、社会的进步还是国家的繁荣,都离不开创新。让我们用知识充实自己,用创新武装自己,从点滴做起……

文章先提出中心论点(是什么?),主体部分设置三个分论点,分别从"创新之于个人""创新之于社会""创新之于国家"三个方面,由小到大、由浅入深逐层展开论述(为什么?),最后归纳全文,指出如何创新(怎么办?)逻辑严密,剖析深刻。

运用策略:运用层进式布局谋篇,在分层论述时,层与层之间论述的范围可由小到大或由低级到高级,呈阶梯式层进上升。在每个分论点句式基本相同的情况下,变换其中的关键词语,并使变换的词语语意逐步加深。运用层进式一般按"是什么"、"为什么"、"怎么样"三步谋划结构,层层相因,步步深入,层次间不能随意调换顺序。

三、引议联结

引,即引论,就是引用材料,提出问题。一般写在第一自然段,要求从材料中引出切合题意的中心论点。引用可以摘抄材料中的关键词句,可以是一句话,如名言、格言、警句、俗语、谚语等;可以是一种现象,也可以是一件事情。议,即本论,是针对前面提出的观点,综合各种手段进行分析论证。要材料丰富,内容充实,有说服力。联,就是由材料推开去,联系社会生活,联系时事,或历史,或现实;或集体,或个人,指出论点在现实生活中的指导意义。结,即结论,解决问题,总结全文。或以抒情句式发出鼓励和号召,铿锵有力;或对论述的问题深化和拓展,引人深思。

2014年高考上海卷满分作文《我的人生我做主》就是"引议联结"的典范,其结构图解如下:

我的人生我做主

第1段:卢梭说:"人生而自由,却无所不在枷锁之中。"卢梭的话解释了自由与不自由的关系……正所谓,我的人生我做主。

第2段:每个人都希望自己是自由的……要实现从不自由想自由的跨越,就必须有穿越"沙漠"的过程。

第3段:列举越王勾践忍辱负重最终取得夫差信任被放回国一例,论述自由靠自己争取。

第4段:用假设论证法进一步论述倘若勾践自暴自弃,无所作为,怎能摆脱困境,获得自由?

第5段:列举日本松下幸之助面对众多不利因素,凭借自己的智慧,实现了由不自由向自由的华丽转身,让世人刮目相看。

第6段:联系现实生活中刘志军等贪官纷纷落马的惨痛事实,论述争取自由、珍惜自由的必要性。

第7.8段:总结全文,再次强调"我的人生我做主",照应标题,凸显主旨。

很明显,文章第1段引用名言引出话题,是"引"。第2——5段列举越王勾践和松下幸之助的典型事例,论述了实现自由的方式和态度,是"议"。第6段列举贪官落马的实例,阐述不正当的处世方式令人失去自由,是"联"。"议""联"是本论,选用的几则素材紧扣观点,正反结合,令人信服。第7.8段总结全文,重申观点,是"结"。

运用策略:引用材料,三言两语,干脆利落,击中要害,快速入题。引用不是照抄,而是对原材料进行分析后,或概述,或摘要,取其精要,并据此提出自己的观点。"议"要阐释材料,内容充实,有说服力。要恰当使用古今中外的名人名家事例作论据,也可采用名言警句、俗语谚语等。"联"要力争选取当前的热点焦点事件或现象,纵横拓展,做到典型有力,切中时弊。"结"可归纳升华,亦可呼吁号召,要凸显主旨,精炼有力。

四、反弹琵琶

"反弹琵琶"是指从某论点的对立角度去确立新观点,阐发新见解,即反其意而用之,是求异思维的一种形式和结果。"反弹琵琶"要打破思维定式,不采用人们通常思考问题的思路,而是从问题的相反方向进行思索,从而提出新的见解,塑造新的形象,具有挑战性,常常能标新立异,出奇制胜,发人深省。"反弹琵琶"的一般思维过程是:否定旧观点——提出新观点——分析论证新观点——归纳总结。

2015年高考安徽卷满分作文《眼见未必就是实》,是成功运用"反弹琵琶"的范例。作者打破常规思维"眼见为实"的桎梏,别出心裁,从反面立意,不仅巧妙扣合试题材料的要旨,又不落窠臼,令人耳目一新。文章框架是这样的:

我们总是强调眼见为实,总以为看到的就是真相,而在显微镜下,原本色彩斑斓的蝶翅失去了色彩……令人惊叹的结论提醒我们,对于眼睛看到的现象,不要急于下结论——眼见未必就是实。

为什么眼见就未必是实呢?

因为"眼见"只是一种现象,而现象亦有真假之别(举例论证)……

社会是复杂的,人心是叵测的。那些狡诈的人,那个不是工于心计、巧于伪装?……

既然眼见未必就是实,那么怎样才能不受蒙蔽、把握真相呢?……

文章"反弹琵琶",从旧观点中翻出新意,显示出考生不俗的思辨能力。如此构思行文,一定会从万千试卷中脱颖而出,真可谓"万绿丛中一点红",格外耀目。

运用策略:运用这种技法要注意以下两点:①学会逆向思维,敢于提出与众不同的见解,敢于破除习惯的思维方式和旧的传统观念的束缚,跳出因循守旧、墨守成规的老框框,大胆设想,标新立异,发前人之未发,化腐朽为神奇。②立论要经得起推敲。要准确把握事物的本质,避免顾此失彼,从一个极端走向另一个极端。"反弹"不是"乱弹",否则就可能立论偏颇,不堪一击。

五、设置悬念

所谓"悬念",是指在文章中设置疑问或矛盾冲突,以引起读者某种急切期待和热烈关切的心理状态的一种手法。悬念设置得好,可以使行文波澜迭起,增添文章的"看点";可以充分调动读者的注意力,激起阅读的兴奋,紧紧抓住读者的心;可以使读者在情节的起伏中,在感觉的一紧一松一收一放中得到快感,直至山穷水尽之时抖开包袱,展现出一派柳暗花明,让读者发出"原来如此"的惊叹。2014年高考课标Ⅰ卷满分作文《双赢》深得设置悬念之妙,因此赢得一片喝彩。文章这样设置悬念:

"(苏觉)走出去,看到李明还坐在那里,悠闲自得,好像他的画也完好杀青了。李明对苏觉笑笑,苏觉莫名其妙地望着李明的背影。"李明画完了吗?他又在笑什么?此为悬念一。苏觉看了李明的画,"总以为有点违背'爱'的主题。冥思苦想之后他踌躇满志地添上了几笔",他添的是什么?此为悬念二。当苏觉"听到自己和李明都被破格录取之时,他惊讶地跳了起来,李明更是惊讶万分"。两人为何惊讶?此为悬念三。文章接着写道:"苏觉的画上多了一只猫,更像家了,也更完整了;李明画的虎上落了一只蝴蝶,更温馨,更有意境了"。这是怎么回事?简直让人丈二和尚摸不着头脑了。此为悬念四。

文章最后揭开谜底:

原来,李明知道苏觉应聘屡屡失败,决定放弃竞争,因而画了一只与"爱"这一主题相距甚远的老虎。在苏觉出去后,他掀开苏觉的画,发现虽色调温馨,但只有静物,于是他给苏觉的画添加了一只小猫。苏觉回来后,看了李明的画,知道李明无意与自己竞争,顿觉惭愧万分,灵感一现,便在李明画的虎身上,添了一只蝴蝶。

文章就这样层层设悬,让读者欲罢不能,吊足读者的胃口。文末揭开谜底,抖开"包袱",令人惊叹不已,啧啧称赞。这样的文章怎能不让人大开眼界,获得高分!

运用策略:设置悬念一定要符合事件发展的客观规律,不可故弄玄虚。可以是一个悬念贯穿始终,也可以环环设置。设置悬念是手段而不是目的,目的是通过疑窦丛生充满磁力的情节,吸引读者,为文末揭示主旨蓄势,因此,有设疑必有释疑,通过矛盾的解决,解释事情原委和人物命运的结局,使读者的期待心理得以满足。

六、一线串珠

围绕作文题,我们大脑中肯定会有很多很好的材料。这些材料看起来很是庞杂,又都舍不得丢弃。怎么办?我们不妨用一条线把这些材料穿起来。这条线就是文章的线索,而各种各样的材料就是一颗颗璀璨的珍珠。运用一定的技巧,把这些珍珠穿起来,那么读者将会看到"一串璀璨",这种作文方法,就是一线串珠法。这条线索可以是时空线索、问题线索、因果线索、情感线索等。

2015年高考北京卷满分作文《假如我与心中的英雄生活一天》,作者巧妙地以辛弃疾词《水龙吟·登建康赏心亭》为线索,将词句串联于文章之中,展现"我"与英雄梦中相见的一个个感人场面,让人们走进英雄的内心世界,感受英雄落泪的无奈与悲愤。主体部分是这样的:

"楚天千里清秋,水随天去秋无际。"漫漫秋季,天高气爽。我在辛夫人的安排下……

"遥岑远目,献愁供恨,玉簪螺髻。"江水东逝,时光荏苒。先生已经南渡十多个年头了……

"落日楼头,断鸿声里,江南游子。把吴钩看了,栏杆拍遍,无人会,登临意。"远处的重峦叠嶂,甚是秀丽迷人……

"休说鲈鱼堪脍,尽西风,季鹰归未?求田问舍,怕应羞见,刘郎才气。"听说,前不久皇帝又准备安排一批将军解甲归田……

"可惜流年,忧愁风雨,树犹如此!"归雁声中,先生怕是也思念家乡了吧……

"倩何人唤取,红巾翠袖,揾英雄泪!"本是可以横刀立马、征战沙场的人物,却被困在这里做个小小通判……

运用策略:运用一线串珠法,可以设置一条线索,围绕线索组织材料,一唱三叹,反复吟咏,缀合成篇;也可以设置两条线索,同时展开故事情节,或平列进行,或交织发展,在特定的契合点汇合,完成文章主旨的表达。无论怎样设置线索,以什么样的形式行文,都必须从表现文章的中心思想和体现材料之间的内在联系出发,切不可游离于主题之外。

七、抑扬生变法

所谓"抑扬生变法",就是指欲说其美,先写其不美;欲说其不美,先写其至美,即在文章中对所写之物,或欲扬先抑,或欲抑先扬,然后陡然一转,或褒扬抬高,或贬低否定的以进为退的结构方式。运用这种方法来构思写作,能使简单平淡的素材尺水波,情节跌宕起伏,摇曳多姿,人物形象丰满,主题深刻突出,激荡起阅读心理的落差,从而产生震撼人心的艺术效果。

2015年高考浙江卷满分作文《虚梦》,是一篇欲抑先扬很有讽刺意味的小小说。文章描写一名县长"新上任"时一脸正气,慷慨陈词:"为官就应该为民请命,我不图啥,只图让老百姓踏踏实实过上好日子!""不到一个星期,就已发表了好几篇洋洋洒洒的文章在县日报上","描绘了一幅全县家家脱贫齐奔小康的幸福蓝图。笔力雄浑,一字千钧,行文间透露着为民请命的浩然正气"。"上任一个月后,县长召开了一次全县县民民意大会","让他们填上自己最在意的民生问题","县长在大会上发表讲话:'我为官一天,就要为民服务一天,宁愿自己没粥喝,也不让县民们没饭吃!'"随后,县长又发表了一篇文章,表示县政府"将会采取相关措施,尽快解决相关问题,让县民真正过上好日子!"至此,一个勤政为民、心系百姓的县长形象跃然纸上。然而后文写道:"两个月过去了,三个月过去了,半年过去了,一年过去了……""一切似乎都没什么变化,只是县长渐渐变胖了,肚子渐渐凸起来了"。

文章用大量篇幅铆足了劲描写县长的勤政为民,达到制高点后陡然笔锋一转,一个言过其实、只说不做、养尊处优的"官老爷"形象暴露无遗,讽刺意味入木三分。

运用策略:一要注意"抑"和"扬"的分寸。运用欲扬先抑的写法时,不要把事物贬抑得一无是处,要留有"扬"的余地。运用欲抑先扬的写法时,不要扬得过了头,否则就会喧宾夺主,贬抑就没有了力度。二是注意"抑"和"扬"的适时转换。如果"抑"得不到火候就"扬",或者"扬"得不到火候就"抑","抑扬"就不得力;而如果"抑"或"扬"过了火候,迟迟不"扬"或迟迟不"抑",也会影响"抑扬"效果。"抑"和"扬"转换的最佳时机是前后内容自然形成转化关系的时候,用"但是"、"然而"等表示转折关系的连词做标志。

八、拟写小标题

"小标题"式作文结构又称为"片段组合结构",就是将生活中的一个个镜头加以剪辑有机组合起来,用"小标题"标明。运用这种手法写作,在处理写作素材时可以有意识地将原本完整的故事做大胆的剪裁,选取其中主要片断而舍弃其余,然后将所选片断连缀成文,并在各片段之前配以简洁的标题。"小标题"是文章起伏的波纹,是文章最简洁的神来之笔。"小标题"如同文章的灵魂,可以让读者对文章内容一目了然,使文章结构鲜明夺人。常见的小标题形式有镜头组合式、时间串联式、形式串联式、比喻对比式、呈示对象式等。

2015年高考江苏卷满分作文《皱纹中的智慧》通过三各片段,描述爷爷人生淳朴的智慧,就运用了"牛耕""珠算""戏曲"三个小标题。"我"认为牛耕"太费力了,现在有机器,很方便啊",爷爷却说:"牛耕虽然慢……但比机器耕得细呀,也不伤地。"看着"爷爷撑着老花镜,拨弄着算盘","我"说用手机帮他,爷爷拒绝了,珠算结果"那么精准,丝毫不差"。静夜里爷爷给"我"唱戏曲,"曲调虽不动听,却带着莫名的心颤和悲凉"——那是一种净化了的境界。三个"小标题"下的三个场景,既相对独立,又互为联系,用浓缩了的高度概括的画面彰显文章的主旨。

运用策略:有效运用"小标题"要注意以下几点:①"小标题"必须提纲挈领,言简意赅。语言要富有文采,富有节奏感。②选材要精当,数量要恰当,容量要相当。③各"小标题"应从不同的角度按一定的逻辑关系排列先后顺序,或并列,或层进。④"小标题"是对主标题的分解或阐释,二者属于总分关系,要与文章主标题水乳交融,密不可分。

九、巧用"蒙太奇"

所谓"蒙太奇",就是把不同时间、不同地点的生活片段巧妙组合起来,以突出表现作品主题。"蒙太奇"式结构法取材广泛自由,不受时空约束;省去了承上启下的过渡,以便快速而更臻完善地成文;有排比段式的外在形态和内在韵律,符合现代读者的审美需求,备受考生和阅卷老师的青睐。将蒙太奇手法用到高考作文中,就是用一个个与中心有关的画面或故事,按某种方式串联组合,使之产生连贯、对比、衬托、制造悬念等效果,为更好地表达主旨服务。主要形式有并列式蒙太奇、主观式蒙太奇、对比式蒙太奇、重复式蒙太奇等。

2013年高考全国课标Ⅱ卷满分作文《同学情的加减法》一文,成功地运用"蒙太奇"结构全文,作者把四组镜头剪辑在一起,前后连贯,很好地表现了题旨。其结构如下:

深夜。宿舍。舍友生病。(镜头一)

……

下午。学校礼堂。颁奖典礼。(镜头二)

……

上午。教室。同桌打翻水杯。(镜头三)

……

同学向你借橡皮,减自私。

好友帮你打饭,加感恩。

同桌上课睡觉,加提醒。

舍友睡觉打呼噜,减暴躁。(混搭镜头)

……

几个片段并非简单并列,而是有一定的层进关系的。前三个片段选取发生在宿舍、学校礼堂、教室的三件小事,全方位反应同学情,展示了互相关爱能够让爱扩大、收获真挚同学情的主旨。第四各片段简笔叙述多个场景,提出做法,形成并列,彰显题旨。几组镜头剪辑在一起,典型而集中地反映了校园生活,行文明快、简洁,具有排比段的外在形态和内在韵律。

运用策略:运用"蒙太奇"的精髓,一要打磨精彩镜头。要选择与中心相关的镜头来呈现,所选镜头具有代表性,力求立体地、全方位地反映主题,不能停留在一个层面。二要设法扣题。虽镜头较多,但主题只有一个。要择机点题,以达到镜头的"形"与主题的"神"的完美统一。三要巧于粘连,重视衔接。镜头选好后,可用暗衔接,只展示镜头,靠读者的理解来衔接;也可用明衔接,即通过序号、点题式叙述、议论来衔接。

十、段落排比

排比本是一种修辞,而将这一语言样式扩大化运用在段落之间,就形成了段落排比法。换个角度说,所谓段落排比法,就是用三个或三个以上结构相同或相近的段落组合成篇的结构方法。文章各个段落之间的关系是并列的,每个段落内容地位平等,互不包含。你写完了一个侧面,再写另一个侧面,可以在一个平面上自由发挥联想,无须担心文章结构会不会完整。常见的段落排比法有:段首排比法、人物事件排比法、场景排比法、假设排比法等。

2015年高考全国课标Ⅱ卷满分作文《带着一颗创新的心上路》一文,本论部分运用段首排比法,用"人们总是歆羡于莱特兄弟的成功,好像他们生来就是幸运的象征,然而不要忘记他们常常仰面朝天地躺在地上……""人们总是羡慕爱迪生的聪明,好像他生来就是发明电灯的精灵,然而应该记得他曾被老师以'低能儿'的名义撵出学校……""人们总是仰慕詹天佑的英明,好像他生来就是中国地铁之父,然而不该忽视他初次主持修建中国第一条铁路所承受的压力……"将莱特兄弟、爱迪生、詹天佑三个伟大人物的创新事迹巧妙揉进句式之中,领起主体部分的三个段落,构成短语段之间的排比,气势磅礴,意蕴深刻,具有撼人心魄、无可辩驳的说服力。

运用策略:使用段落排比法应注意以下事项:使用结构相同或相似的段落必须是三个或三个以上,且有内在联系。几个结构相同或相似的段落应按一定的顺序加以排列,如时间顺序、空间顺序;并列、递进顺序,横式、纵式顺序。不必拘于段落结构的绝对一致,绝对一致往往给人单调呆板的感觉,只要大致相同就可以了,这样行文会显得自由、活泼。

十一、戏剧剧本

运用戏剧剧本形式作文,分为独幕剧与多幕剧两种。这种形式主要以对话形式展开,描写和叙述很少。人物活动的时间和空间要求相对集中,场景变化少,人物塑造不多,单求鲜活。可以把不同时间、不同地点发生的事件巧妙组织到一起,文章结构较自由,便于借剧中人物之口来表达作者的观点。擅长对话描写、口头语言表达能力好、思路活跃的同学使用这种文体写作比较适宜。

2011年高考广东卷满分作文《回到原点》用的是三幕剧的结构形式。作者围绕"信心",通过对话的形式,展现了考试中发挥失常的"郝斜生"、上百次失败的"发明家"和事业失败的"生意人"走出阴影、充满信心直面挫折的人生经历。运用剧本的形式减少了过渡语及铺排性文字,集中笔墨描写场面,突破了时空局限,灵活自由,变而不乱。这样巧妙的安排使得文章内容更充实,节奏更明快,主题更突出,集中凸显了"回到原点,充满信心"的重要意义。

运用策略:运用剧本式结构有四点值得注意:一是人物语言要符合人物的年龄和身份特征,具有个性化特色。孩子的天真,老人的世故,各得其妙;二是画外音(旁白)的出现恰到好处,以此暗示写作意图和题旨;三是准确恰当用好诸如"微笑着说"、"扑闪着大眼睛""用力地点点头"等舞台说明;四是合理安排场次,一般以三幕剧为宜。

十二、访谈录

顾名思义,"访谈录"就是访问谈话的记录,也称访谈手记或采访记录,即记录记者与采访对象之间谈话内容的文字。它是一种常见的新闻文体,在当今的各种新闻媒介中都有广泛的应用。近几年高考作文中也出现不少用访谈录形式写成的高考佳作。它的模式为:采访背景介绍;访谈主体(采用记者与被采访人对话的形式,结构安排可用议论文的并列式);升华论题。借用"访谈录"的体裁来结构内容,超脱平铺直叙的定势,独出心裁,可以增添阅读的情趣。

2015 年高考重庆卷满分作文《嘻哈说事》一文,采用访谈录的形式,通过对小男孩、乘客以及司机的采访,来表现不同的人对"小男孩儿请求等妈妈,乘客埋怨"这一事件的看法。作者成功地借鉴一些娱乐节目的开头、结尾以及采访过程呈现的特点,符合文体要求,语言风趣幽默,趣味性较强。

运用策略:第一,通晓文体要求,做到心有定格。"访谈录"通常分为两部分,第一部分是对访问对象、访谈内容、时间背景等的介绍;第二部分是访者与谈者的对话。前者相当于小序,后者则是全文的主体。第二,明确一个中心,做到不枝不蔓。写访谈录要有一个中心话题,围绕这个中心话题不枝不蔓,紧凑严整。第三,搞清提问先后,做到展开有序,做到脉络清晰,条理分明。第四,讲究提问技巧,做到问答自如。提问要内容具体,缓和采访气氛,前后连贯。

除此之外,议论文还有"总分总"结构(可归入并列式),还有一些创新文体,如日记体、书信体、演讲词、诊断书等,考生对此或比较熟悉,或使用较少,在此不作一一赘述。

画虎画皮画骨　知人知面知心

——高考作文如何"透过现象看本质"

【考纲要求】

"透过现象看本质"是高考作文对"发展等级"的要求之一。它要求考生透过现象的迷雾作深入思考,对表象进行"去伪存真,去粗存精,由表及里"的加工,剥去一层,讲出至理,发掘出寓于事物中的本质来。若要文章让人感动,让人深省,让人难忘,就必须发掘深刻,立意深邃,想人所未想,发人所未发。别人只看到表面现象,你却看到了隐藏在深层的本质;别人只能"知其然",你却能"知其所以然"。这样才能给人启迪,催人深思,发人深省。要能够在纷纭复杂的事物表象中,剥去现象的外壳,洞察事实的真相,高屋建瓴地确立自己的观点。

【提分技巧与方法】

事物的本质是蕴含在事物表象之中的,往往很难一眼看出;同时,其本质也有层次深浅或主次轻重的区别,不易一下抓准。因此,透过现象看本质,动笔写作前须仔细审度,深入探究,不可贸然做出判断。

1. 要独具慧眼,不放过生活中那些"不起眼儿"的凡人琐事。如能透过那些"芝麻绿豆"的小问题去发现蕴含的深刻含意,就可以发掘出"寻常中显本质,微尘中见大千"的卓尔不群的立意。

2. 要用理性的睿智之光,"振叶以寻根,观澜而溯源"。要运用比较的方法,对事物的现象进行概括,形成对事物理性化的认识。同时,注意对事物发展过程进行动态分析,探求事物在各个不同发展阶段的特殊性。

3. 博览群书,掌握"理论武器"。事物的现象是错综复杂的,往往真假交织,不易分辨;同时,事物的本质往往也有个逐步暴露、逐渐展开的过程。因而,对事物本质的认识并非易事。这就要求我们平时多积累,多读一些理论书籍和文章里的精彩论析。带着"理论武器"走进考场,往往会收到很好的效果。

4. 记叙与议论,文体不同各有招。记叙文是以叙述描写为主要表现方法的,在文章中一般是通过议论与抒情来体现"透过现象深入本质"。议论文要有深刻的哲理性,不仅要有正确、科学的理,而且这个理还要尽量讲得深入、切实,能真正揭示事物的本质。通过作者周密的论辩,道理的深度、广度和力度才能被发掘出来,才能够体现"透过现象看本质"。

一、记叙文如何"透过现象看本质"

记叙文要做到"透过现象看本质",就要求作者具有较强的透视力,能在看似平淡的故事中发掘出人物的思想和事件蕴含的深层意义,从而给人以启迪、熏陶和教育。

具体来说,可以采用以下几种方法:

1. 深入本质,揭示灵魂。记叙文要写得生动感人,就必须从身边的人和事中寻求写作素材,叙述的故事要贴近生活。在此基础上,提高一步,开拓一层,由表及里深入本质,触及骨髓,揭示人物的精神品质,塑造人物的形象。

2015 年高考江苏卷标杆作文《王大爷的早餐店》一文,开篇描写"王大爷的小店里总是挤着很多人。远远的只能看到雾气把小屋子填得满满的,溢到外面来,朦胧中也分不清哪些是人,哪些是桌"。接着写"王大爷的性格特别好,讲话和气还很爱聊天,笑眯眯的","王大爷的粥里头有肉,价格还不贵"。当心直口快的"我"问了一句"那大妈呢"之后,王大爷的笑容一下子僵了下来,很不自然地说:"你大妈啊,陪着我呢!可不就是她派你们来陪陪我嘛,我这就够啦……"考生以圆熟的笔法叙述凡人小事,暗合了"智慧"的题旨。但文章不止于此,后文有意提到王大爷丧偶后靠着开早餐店每天与街坊谈天说地打发孤独的时光,这正是应对苦难的大智慧,文章立意又升华一层——王大爷忍受苦难、化解苦难的智慧跃然纸上,形象更加鲜明可敬。

2. 以小见大,以事寓理。即从小事情中悟出大道理,在小人物身上显示大精神。不露声色地叙述平凡小事,无波无澜,但在这些日常琐事中又隐含生活哲理。叙事娓娓而谈,意在充分铺排蓄势,全为文末揭示哲理而来。行至结尾卒章显志,犹如相声抖开"包袱",立意突显,令人称妙。

2015 年高考四川卷优秀作文《老实爸爸 PK 聪明儿子》一文,写"爸爸喜欢读书,一篇文章翻来覆去地读好几遍";"我"也喜欢读书,但速度是爸爸的好几倍。

爸爸喜欢玩游戏,一关一关慢慢玩,仔细琢磨;"我"也喜欢玩游戏,不通关,一旦失去兴趣就换一个。"爸爸做事,认准了目标就像过河的卒子——一个劲儿地往前冲","我"脑子灵活,学啥像啥,可惜"就像狗熊掰玉米——掰一路,丢一路"……其结果,"爸爸虽然没有一官半职,却走到哪儿,哪儿都有朋友",而"我"却"成了孤家寡人"。"我"困惑不解地问爸爸:"你看起来老实巴交,却为什么事事顺心?我这么聪明,却烦恼一个接一个呢?"爸爸说:"老实人才最聪明,聪明人不一定真聪明!"在大量叙事的基础上,文章结尾水到渠成揭示蕴含的哲理,突出寓意,妙不可言。

3. 画龙点睛,升华主题。一个高明的作者总是在不慌不忙的叙事中,把读者引向自己设定的思维方向,让读者按照常规思维模式去领会文章的内涵。待到文章收尾处,作者逆笔突转,发掘出一个高远的不同寻常的题旨,文章立意达到一个更新、更深的高度,令读者惊叹之余击节称赞。

2014高考上海卷优秀作文《那人·那路》一文,写学校在学生活动区与教职工生活区之间安置了一道铁隔栏。同时,在学生活动区一侧的黄土地上植了绿色的草皮。大约过了一个多月,草坪呈现出一派生机勃勃的景象,像一块翠绿的地毯铺在这里,很养眼。可是,好景不长。不知是谁"勇敢"地将铁栏的一根钢筋锯断,上边一截向天空弯上去,下边则齐地锯掉,使铁栏有了一个豁口。于是,人们把脚踏进了草坪。大家都抄近道,在草坪上踩出一个"人"字,小路已经溜光溜光的了。学校曾用新的钢筋把那豁口焊好。但群众的力量是巨大的,焊好这根,又在旁边锯断另一根。豁口一旦打开,很难补上。文章最后一段这样写道:

望着"人"字小路,我想起了鲁迅的话:世上本没有路,走的人多了也便成了路。这里本不是路,但走的人多了真的成了路。铁隔栏意味着限制,豁口意味着突破,"人"字小路是其结果,它是绝妙的讽刺!只要人们不反思,坦然且勇敢地钻那豁口,人们就会在不是人该走的路上走下去,尽管它是"人"字形。

结尾简短的议论抒情以冷峻犀利的笔法无情地鞭笞了人们为了自己的"自由"而任意践踏公德的陋习,给人以深刻的警醒,这一画龙点睛之笔,升华了主题。

二、议论文如何"透过现象看本质"

议论文要做到"透过现象看本质",就必须用联系的发展的眼光看问题,不为纷纭复杂的表象所迷惑,剥开层层掩盖的现象外壳,向纵深挖掘,探究根源。不能只在小圈子内妄发议论,而要目光远大,将个人、集体、国家、民族联系在一起,即要探究现象存在的背景,探究现象的共同特征,探究现象的特殊含义,从特殊到一般并联系现实生活进行推理阐释。

具体来说,可以采用以下几种方法:

1. 往前面想一想。世界上任何事情都互为因果,往前面想一想的思维方式,意在通过前后联系,用辩证的方法剖析问题产生的诱因,通过追根溯源,从根本上认清"症结"所在,然后制定相应的措施,达到釜底抽薪的目的。

2015高考安徽卷优秀作文《绝知此事要躬行》一文,开篇引用材料"蝴蝶翅膀看起来色彩斑斓,实际上却根本没有颜色","我们要想真正了解事物表象掩盖之下的本质,就应勇于实践,正如陆游所言:绝知此事要躬行"。提出论点之后,往前面想一想,撷取历史长河中的几朵浪花,援引古今名人的典例展开论述:

想当年,李时珍以身试药,几十年如一日,终于写成医学名著《本草纲目》……

曾记否?"习大大"任福州市委书记时,曾针对行政人员办事拖拉、敷衍的作风,提出了"马上就办"的方针。他从自身做起,钻船舱,访军营,下企业,走访了许多基层单位,从此福州上下一派正气!还有"卧底局长"陈家顺,他先后深入多家用工企业,以农民工的身份应聘到企业"卧底"打工,从而真正了解农民工吃住、工资待遇、劳动时间等情况,用实际行动诠释了一名共产党员全心全意为人民服务的宗旨。

往前面想一想,不仅感受到了古今圣贤的人格魅力和榜样力量,更从深层次告诫人们:绝知此事要躬行是中华民族的传统美德,是事业成功的保障,我们必须认清本质,躬身践行。

2. 往后面想一想。这种思维方式是"瞻望"未来,预测推理某种现象长此以往,会产生一种什么样的结果。以此告诫人们,看似微小的现象,可能会引发大的影响甚至严重后果,严防因小失大,造成难以收拾的残局。这种方法由眼前现象入手生发开去,阐明事态发展的走向或恶果,从而使人产生"后怕"心理,从而警示后人。

2015年高考全国课标Ⅰ卷优秀作文《致老陈的一封信》一文中,指出了老陈在高速公路上开车接电话的不良行为后,循循劝导提醒:你的行为不仅是对自己生命安全不负责,也是对家人的不负责,更是对社会的不负责。之后,作者展开论述:

作为公民,我们需要了解的最基本的事儿是什么?是生命的重要性、规则的重要性。和谐的社会正基于此。从德翼空难考问德国人的严谨作风,到北京青年驾豪车飙车使自己锒铛入狱,每一次因为个别人冲破道德红线而造成的事故,总能触痛世界的神经。漠视道德规范的人终会害人害己,正如您在高速公路上接电话,若真的与其他车相撞,撞毁的就不仅是自己的生命与家人的心,更撞破了法律的尊严,撞断了道德的红线。

  往后面想一想,后果令人不寒而栗,同时也尖锐地指出了老陈的行为不仅关乎自己,更关乎他人、关乎法律、关乎道德。明确了行为的本质,难道老陈还有什么理由执迷不悟吗?

  3. 往反面想一想。事情的表象往往具有欺骗性,常常误导人们一叶障目不见泰山,以致做出错误的判断。拨开现象这层迷雾,问一问"真的是这样吗?",然后向着表象的反面想一想,可能就会发现其中的奥秘,从而认清事物的本来面目,揭示出事物的本质特征。

  2015年高考四川卷优秀作文《聪明反被聪明误》一文,作者引用材料引出中心论点"小聪明,到头来是聪明反被聪明误",然后摆事实讲道理进行论证。请看下面一段论证方法:

  放学路上目睹一场车祸,年轻司机把一中年妇女撞倒在地,中年妇女要求肇事者把她拉到医院做检查。司机的母亲关切地对中年妇女说:"没事的,不用检查,我被车撞了好几次,甚至车从我身上碾过去,一点事都没有。"好一个息事宁人的聪明母亲!果真如此吗?这位母亲被车撞了好几次都安然无恙,要么她就不是人,要么抑或练过气功,具有特异功能。但谁都看得出来,她就是一个凡体肉胎,也没有什么特异功能,要不,让现场的汽车从她身上碾过去让大伙开开眼界?勿用狡辩,她这样做,只不过想逃避责任,把别人当傻子!这样的小聪明,恰恰暴露出其冷酷、绝情、没有人性的丑恶灵魂,是不折不扣的老实!

  作者巧妙往反面想一想,由貌似聪明的表象推导出一个老实的"冷面人"。这样一想,轻易揭开了罩在表象上假慈善的虚伪面纱,使人物的本质暴露无遗。

  4. 往里面想一想。这种论证方式就是不为表象遮望眼,思维直抵更深层。往深处想一想,论述时不仅仅停留在"是什么""赞成什么""反对什么"的层面,而要纵深挖掘,思考这种现象存在的深层根源是什么?即要阐释清楚"为什么""怎么办"。挖出了根源,才能从根本上解决问题。

  2014年高考全国大纲卷《沉甸甸的责任沉甸甸的话题》一文,为了论证责任的重要性,作者引用了北京市陈先生一家三口准备出境旅游,办事机构需要书面证明"你妈是你妈"一例,痛斥社会生活中某些部门不负责任而造成"老百姓办事难"的生活现象。然后深入剖析不科学甚至是荒谬的"规矩"为何存活至今的根源：

一方面，部门与部门之间相互推诿扯皮，不愿承担责任的心态在作祟。个别部门在苛刻地要求办事群众提供诸多证明材料的同时，却以各种理由推脱责任，不愿意在职能范围内为办事民众开具相应证明，造成群众始终因为"你证明我，我证明你"的死循环在诸多单位间来回奔波，疲于奔命，苦不堪言。

另一方面，个别单位留恋权力，不愿放权。每一个审批项目、每一个"证明"的背后都代表着一项权力，一份利益。要让既得利益者放弃到手的利益，让"到嘴的鸭子飞上天"，那简直是"削骨放血"般的痛苦。

通过深层挖掘，文章一针见血地指出这种现象的存在是"不愿承担责任""留恋权力，不愿放权"的心态在作祟，针砭时弊，入木三分。

【误区提醒】

透过现象去发现事物的本质，关键在于寻找事物表象与其本质之间的内在联系。运用这种方法要以防步入以下几个误区：

1. 牵强附会。事物的表象与本质之间生拉硬扯，油水分离，由表象很难联想、挖掘出与之对应的深层内涵。这样，记叙文有故意做作、任意拔高主题之嫌；议论文则逻辑混乱，论证无力。

2. 捕风捉影。写记叙文，由故事情节的某个侧面甚或某一细节，想当然地任意生发联想，天马行空，漫无边际，故事与题旨脱节。写议论文，事、理之间缺乏逻辑关系纽带，很难从事件中折射出作者高远、深邃的立意，凸显事物的本质。

3. 盲目猎奇。为了吸人眼球，刻意杜撰离奇甚至荒诞的故事，误将猎奇当创新，让人感到虚假空洞。现象是虚无缥缈的，何谈"本质"？这样的文章犹如空中楼阁，没有生活基础，显得苍白无力。

诗歌鉴赏解题指导与专题精练

一、诗中有画　画中有诗——鉴赏古诗词中的画面描写

考情分析

年号	卷别	作者	朝代	作品	体裁	设问方式	题型	分值
2011	广东	苏轼	宋	减字花木兰	词	词中所写的春天的最美时节是什么时候？	简答题	3
2011	安徽	欧阳修	宋	琅琊溪	七绝	这首诗围绕溪水描绘了哪几幅画面？	简答题	4
2014	山东	陈与义	宋	寻诗两绝句	七绝	"园花经雨百般红"与"乔木峥嵘明月中"两句所描写的景色特点有何不同？	简答题	4
2014	天津	黄庚	宋	暮春	七绝	《暮春》一诗，春之"暮"体现在何处？	简答题	2
2015	安徽	杜甫	唐	月圆	五律	这首诗前六句描写了月圆之夜的那几幅画面？请用简洁的语言进行概括。	简答题	4

从上表可以看出，鉴赏古诗词中的画面描写的作品主要选自唐宋诗词，题型是简答题，历年来分值相对稳定，考察频率有逐年增多的趋势。

答题策略

【设问方式】

(1)这首诗(词)围绕描绘了一幅什么样的画面?有什么作用?

(2)这首诗(词)描绘了一幅怎样的画面?请用简洁的语言进行概括。

(3)这首诗(词)的第×句描写了怎么样的景色?是怎样将景与情结合在一起的?

【答题步骤】

①描绘图景画面。抓住诗中的主要景物,用自己的语言再现画面情景。描述时要忠于原诗,可以运用联想和想象的方法加以再创造,语言力求优美生动。

②概括氛围特点。根据景物构成的画面,用一、两个双音节词概括氛围特点,例如冷清、恬静、雄浑、空茫等。

③分析思想感情。写景是手段,抒情是目的。分析景中寄寓的思想情感,务必具体化,严防空洞无物。

【答题模版】

这首诗(词)运用的手法描写了一幅的画面(图),营造了一种、的氛围特点,表达了诗人的感情。

精题示例

(2015高考安徽卷)阅读下面这首诗,完成8—9题。

月 圆①

[唐]杜甫

孤月当楼满,寒江动夜扉。
委波金不定,照席绮逾依②。
未缺③空山静,高悬列宿④稀。
故园松桂发,万里共清辉。

【注】①这首诗是唐代宗大历元年(766)秋天杜甫流寓夔州时所作。②绮逾依:这里指(席子上的)光彩更加柔美。③未缺:指月圆。④列宿:众星。

问题:这首诗前六句描写了月圆之夜的那几幅画面?请用简洁的语言进行概括。

【答题步骤】

步骤一:描绘图景画面。这首诗的前六句句句写景,众多的景物交织成一幅优美的画面。诗中描写的景物有孤月、小楼、寒江、柴扉、江波、绮席等,描绘这些图景时要使用动词或形容词进行适当修饰,力求准确优美。

步骤二:概括氛围特点。诗歌描写的是月圆之夜的美景。月圆之夜万籁俱静,一切都显得安静而祥和,皎皎月光洒落在江波、绮席之上,又显得异常清新。由此可以概括出诗句营造的氛围特点:静谧、清新。

步骤三:分析思想感情。诗歌所描写的众多景物之中,"月"居高临下,月光普照万物,是主角。而且又是"月圆"之时,此情此景,诗人不免睹月思乡,又由"月圆"想到万家"团圆",诗歌表达的情感就非常清晰了。答题时要具体,切忌空洞。比如仅答出"对家乡的深切思念"是不妥的,应答出"睹月而生的对家乡的深切思念"。

【参考答案】这首诗运用虚实结合的手法,描写了孤月当空,清辉满楼;月映寒江,影动柴扉;月洒江波,浮光跃金;月照绮席,光彩交融;月挂空山,万籁俱静;月明中天,疏星寥落等画面,营造了静谧、清新的氛围,表达了诗人睹月而生的对家乡的深切思念,寄托了渴盼万家团圆的美好愿望。

模拟精练

1. 阅读下面这首宋词,完成1—2题。

诉衷情令·长安怀古
康与之

阿房废址汉荒丘,狐兔又群游。豪华尽成春梦,留下古今愁。

君莫上,古原头,泪难收。夕阳西下,塞雁南飞,渭水东流。

【注】绍兴十二年八月,高宗、秦桧为了讨好金人,"分化陕西地界,割商、秦之半畀金国",长安遂归金人。这首词当作于此前。

"夕阳西下,塞雁南飞,渭水东流"描绘了一幅怎样的景象?有什么作用?

2. 阅读下面这首唐词,完成1—2题。

绥州作①
韦庄

雕阴②无树水难流,雉堞连云古帝州。
带雨晚驼鸣远戍,望乡孤客倚高楼。
明妃去日花应笑,蔡琰归时鬓已秋。
一曲单于③暮烽起,扶苏城上月如钩。

【注】①本诗是韦庄年轻时外出求学而羁留绥州时所作。绥州城亦称扶苏城,因最高处即秦皇长子扶苏墓。②雕阴:绥州城南门正面之山即雕阴山。③单于:曲调名。

尾联描绘了一幅怎样的图景?表达了作者怎样的情感?请作简要说明。

3. 阅读下面这首词,完成1—2题。

浣溪沙
辛弃疾

父老争言雨水匀,眉头不似去年颦,殷勤谢却甑中尘。
啼鸟有时能劝客,小桃无赖已撩人,梨花也作白头新。

这首词的下阕描绘了一幅怎样的画面?请简要赏析。

参考答案:

1. 描绘了夕阳西下,北雁南飞,浩荡的渭水滔滔东流的景象,营造了一种萧杀而壮阔的氛围。作者寓情于景,抒发了目睹眼前衰景油然而生的浓郁的哀愁。

2. 尾联描绘了一幅秋日晚景图:无边的暮烟在升腾,凄清的曲子在暮烟中回响,扶苏城上弯月如钩。整个画面凄凉空茫,既表现了作者离开家乡的孤独和不知道何时才能摆脱羁留处境的苦闷,也传达了对前程的担忧。

3. 描绘了一幅充满生机的百鸟啼鸣、桃李芬芳的热闹春景图。前句写春鸟啼鸣,中句写桃花明艳照人,后句写梨花清丽洁白。营造了轻快、欢欣的氛围,表达了作者对百姓生活的关心和因有丰收预兆的喜悦之情。

二、赏万千之象　悟造境之妙——古诗词鉴赏中的意境分析

考情分析

年号	卷别	作者	朝代	作品	体裁	设题方式	题型	分值
2012	福建	李钢	宋	望江南	词	"箬笠但闻冰散响，蓑衣时振玉花空"，这两句的描写颇为精妙，请简要赏析。	简答题	3
2012	湖南	李益	唐	度破讷沙	七绝	请从意境营造的角度，赏析全诗。	简答题	6

意境分析题的作品主要选自唐宋诗词，多为非名家非名篇，这种题型的考查常常融合在意象及景物描写的考查之中。纵观近年来的命题规律，纯粹的意境分析类试题考查的频率比较低，分值也不太稳定。

答题策略

【设问方式】

1. 这首诗（词）营造了一种怎样的意境？表达了作者怎样的思想感情？
2. ××渲染了一种怎样的氛围，请结合诗句做简要分析。
3. 请从意境营造的角度，对这首诗的××联作一赏析。

【答题步骤】

①抓住诗歌中的主要意象，描绘诗中展现的图景画面。各种意象交织而成意境，不同的色调（如红、绿、白、黑）、不同的特质（如雁、柳、月、猿）、不同的处所（如江南的红花、雨巷、边塞的大漠、孤烟），必定营造出不一样的意境。

②概括景物所营造的特点、氛围特征。要使用专业术语，对图景营造的氛围进行概括，常见的术语有：孤寂冷清、恬静优美、雄浑壮阔、萧瑟凄凉、清新恬淡、富丽堂皇、明镜绚丽、虚幻缥缈、繁华热闹等。

③分析作者的思想感情。诗歌中的众多意象组成意境，意境又为一个"情"字而来，即所谓"一切景语皆情语"。诗言志，归根到底，最终必须回到作者抒发的情感上来。归纳情感要结合意境尽量做到细化，切忌空洞。

【答题模版】

这首诗(词)借××等意象,描绘了一幅××的画面,营造了一种××的意境,表达了(抒发了)××的情感。

精题示例

(2012 高考湖南卷)阅读下面的唐诗,完成后面的题目。

度破讷沙①(其二)

李益

破讷沙头雁正飞,鸊鹈泉②上战初归。

平明日出东南地,满碛寒光生铁衣。

【注】①破讷沙:沙漠名。②鸊鹈泉:泉水名。

问题:请从意境营造的角度,赏析全诗。

【答题步骤】

步骤一:抓住诗歌中的主要意象,描绘诗中展现的图景画面。这是一首边塞诗,诗人选取极具边塞特色的大雁、日出、寒光、铁衣等意象,描绘了戍边将士战罢归来的壮美图景。

步骤二:概括景物所营造的特点、氛围特征。诗歌描写意象中的大漠辽远,大雁高飞,日出东海,从大处落笔,气势磅礴,显得苍劲、雄健;红日和寒光,通过颜色等的比照映衬,又显得异常壮美,诗歌雄健、壮美的意境由此可知。

步骤三:分析作者的思想感情。由"战初归"可知是战罢归来,将士凯旋的喜悦之情自不必说。一个"雁"字,又流露出无法排遣的思乡思亲之情。而"满碛寒光生铁衣"又暗含慷慨悲壮的情怀。

【参考答案】全诗借助极具边塞特色的含蕴丰富的大雁、日出、寒光、铁衣等意象,描绘了戍边将士战罢归来时大漠辽远,大雁高飞,日出东海,铁衣生寒的图景。通过喜忧、暖冷、声色等的比照映衬,营造出雄健、壮美的意境,抒写了征人既有胜利的喜悦又有对家乡的思念,同时又暗含军旅生活的艰辛的慷慨悲壮的情怀。

模拟精练

1. 阅读下面的宋词,回答后面的问题。

长相思·山驿

【北宋】万俟咏

短长亭,古今情。楼外凉蟾一晕生,雨余秋更清。

暮云平,暮山横。几叶秋声和雁声,行人不要听。

"楼外凉蟾一晕生,雨余秋更清"两句营造了怎样的意境?

2. 阅读下面的唐诗,回答后面的问题。

早　行

刘驾

马上续残梦,马嘶时复惊。

心孤多所虞,僮仆近我行。

栖禽未分散,落月照孤城。

莫羡居者闲,溪边人已耕。

这首诗的颈联创设了一种怎样的意境?

3. 阅读下面这首元曲,回答后面的问题。

【越调】天净沙·鲁卿庵中[注]

张可久

青苔古木萧萧,苍云秋水迢迢。红叶山斋小小。有谁曾到?探梅人过溪桥。

该元曲前三句描绘了什么样的景色?营造了怎样的意境?

4. 阅读下面这首宋诗,回答后面的问题。

夏　意

苏舜钦

别院深深夏篁清,石榴开遍透帘明。

树荫满地日当午,梦觉流莺时一声。

这首诗是用什么手法营造意境的? 请简要分析。

参考答案:

1. 这两句借湿冷的月、黄昏的雨、傍晚的云、秋叶的声和大雁的鸣叫,描写了雨后的清秋景象,营造了一种清幽、悲凉、孤寂的意境,抒发了词人目睹凄凉秋景而生发的浓浓的羁旅之思。

2. 此联借栖鸟、落月、孤城等意象,描绘了一幅萧瑟寂静的清晨行旅图。远处的树木寂静地站立着,那些栖息的鸟儿还在依枝恋巢;远处的天边上悬挂着残月,微茫的月色下隐约矗立着孤独的城池。此联营造了凄清、冷寂的意境,表达了诗人内心的孤苦和思乡之情。

3. 前三句写青苔之上,古木参天;苍云飘逸,秋水无边;红叶掩映之中,小小山房隐约可见。青苔、古木、苍云、秋水、红叶、山斋等意象,营造出一种清幽、淡远的意境,表达了作者对友人隐居生活的赞美和向往之情。

4. 这首诗用衬托的手法营造意境。作者借助庭院、石榴、树荫、流莺等意象,描写石榴花明媚,红艳如火,与庭院绿树、树阴遍地相映衬,营造了一种静谧、清幽的意境,表达了诗人的悠闲旷适之情。

三、一枝一叶总关情——古诗词鉴赏中的意象赏析

考情分析

年号	卷别	作者	朝代	作品	体裁	设题方式	题型	分值
2012	山东	晁补之	宋	吴松道中	五律	(1)开头两句描写了怎样的景色?营造了怎样的氛围?	简答题	3
2012	山东	晁补之	宋	吴松道中	五律	(2)请结合全诗分析"孤舟"这一意象的作用。	简答题	5

续表

年号	卷别	作者	朝代	作品	体裁	设题方式	题型	分值
2012	江西	秦观	宋	江城子	词	概括"杨柳""飞絮"意象的内涵,并分析这首词表达的情感。	简答题	4
2013	山东	江湜	清	山寺夜起	五律	三、四两句中的"烟"有哪些特点?诗人是如何描写的?	简答题	4
2013	江西	辛弃疾	宋	水调歌头	词	概括"兰""蕙""菊"三种意象的共同内涵。	简答题	2
2014	安徽	马子严	宋	西湖春暮	词	这首词描写了暮春之景,请从点面结合的角度作简要赏析。	简答题	4
2015	福建	陆游	宋	秋夜纪怀	五律	第二联写景精细,请简要分析。	简答题	3
2015	天津	黄庭坚	宋	雨过至城西苏家	七律	诗中描写了春雨后的哪些景象?	简答题	2

赏析意象是近年来诗歌鉴赏的重头戏,也必将成为未来高考的高频考点。这类试题考查的作品基本选自宋代诗词,题型主要是简答题,分值相对稳定。

答题策略

【设问方式】

1. 请概括××等意象的内涵,并分析这首诗(词)表达的情感。
2. 请简要分析诗(词)中××意象在诗歌中的作用。
3. 这首诗写了哪些意象?这些意象有什么特点?
4. 这首诗(词)描写了××之景,请从××的角度作简要赏析。
5. 这首诗(词)的××句(联)描写了怎样的景色?营造了怎样的氛围?
6. 结合诗歌内容,分析××意象在两首诗中的作用是否相同。

【答题步骤】

①准确概括意象特征,明确意象(景物)内涵。如柳——送别、留恋;落花——

失意;竹——气节,虚心,积极向上;兰——高洁;松柏——伟岸,坚强;梅——不屈不挠;子规——悲惨,思念故乡;猿猴——哀伤,凄厉;大雁——孤独,思归;孤云——孤独,漂泊;月亮——思乡思亲等。在此基础上,描绘诗歌展现的图景画面。

②概括景物所营造的氛围特点。根据景物构成的画面,用一两个双音节词概括氛围特点,如幽深冷寂、孤凄悲凉、闲适静谧等。

③分析并揭示意象中蕴涵的诗人的情感。感情由意象(景物)而来,一定要做到情景交融,言之有据,言之有理,而且要具体化。

【答题模版】

这首诗(词)描绘了××等意象,渲染了××的氛围,表达(抒发)了诗人××的思想感情。

精题示例

(2015高考天津卷)阅读下面这首诗,按要求作答。

雨过至城西苏家

宋·黄庭坚

飘然一雨洒青春,九陌净无车马尘。
渐散紫烟笼帝阙,稍回晴日丽天津。
花飞衣袖红香湿,柳拂鞍鞯绿色匀。
管领风光唯痛饮,都城谁是得闲人?

【注】此诗作于宋哲宗元祐元年(1086),黄庭坚时任秘书省校书郎。是年,长期贬谪外放的苏轼被授予翰林学士、知制诰等要职。

问题:诗中描写了春雨后的哪些景象?

【答题步骤】

步骤一:准确概括意象特征,明确意象(景物)内涵。这首诗描写了尘土、紫烟、丽日、红花、柳色等意象,这些意象色泽鲜艳明快,暗示了诗人轻快的心情。

步骤二:概括景物所营造的氛围特点。朦胧的紫烟与丽日、红花、柳色在色彩上形成鲜明对比,显得格外艳丽、空明;涤净的尘土与散发着芳香的红花清新醉人。这些意象营造了一种空明清新的氛围,令人陶醉。

步骤三:分析并揭示意象中蕴涵的诗人的情感。色调明快的景物描写,抒发了雨后天晴作者访友时的轻快与喜悦,也流露出仕途上的踌躇满志或忙中偷闲的快乐。

【参考答案】诗中描写了尘土涤净,紫烟渐散,雨过日丽,红花沾雨,柳色葱翠的美景,营造了一种空明、清新的氛围,抒发了雨后天晴作者访友时的轻快与喜悦,也流露出仕途上的踌躇满志或忙中偷闲的快乐。

模拟精练

1. 阅读下面的宋词,完成后面的问题。

甘州·寄李筠房

张炎【注】

望涓涓一水隐芙蓉,几被暮云遮。正凭高送目,西风断雁,残月平沙。未觉丹枫尽老,摇落已堪嗟。无避秋声处,愁满天涯。

一自盟鸥别后,甚酒瓢诗锦,轻误年华。料荷衣初暖,不忍负烟霞。记前度、剪灯一笑,再相逢、知在那人家?空山远,白云休赠,只赠梅花。

【注】张炎,南宋著名词人。李筠房,南宋浙江湖州人,张炎的友人。宋时两人情趣相投,时常相聚,而宋亡国后两人天各一方。此词即是张炎寄词远慰隐遁山中的老友,勉以梅花相赠,共保岁寒之贞。

词的上片写了何种景象?有何作用?请简要概括。

_____

2. 阅读下面这首唐诗,完成后面的问题。

宣州送裴坦判官往舒州①

杜牧

日暖泥融雪半消,行人芳草马声骄。

九华山路云遮寺,清弋江村柳拂桥。

君意如鸿高的的②,我心悬斾正摇摇③。

同来不得同归去,故国逢春一寂寥!

【注】①此诗作于开成四年(839)春,在宣州做官的杜牧即将离任,回京任职。他的朋友、在宣州任判官的裴坦要到舒州去,诗人便先为他送行,并赋此诗相赠。②的的:鲜明的样子。③摇摇:心神不定的样子。

请简要赏析诗的颔联中"云""柳"两个意象。

3. 阅读下面这首元曲,完成后面的问题。

山坡羊·北邙山①怀古
张养浩

悲风成阵,荒烟埋恨,碑铭残缺应难认。知他是汉朝君,晋朝臣?把风云庆会②消磨尽,都做北邙山下尘。便是君,也唤不应;便是臣,也唤不应。

【注】①北邙山:河南洛阳北面的邙山。自东汉魏晋以至唐宋,洛阳或为首都,或为陪都,曾经盛极一时。于是,距洛阳不远的邙山就成了许多帝王公卿、达官贵人选择墓地的宝地。②庆会:喜庆吉祥的集会。

曲子的前三句描写了哪些景物?营造了怎样的氛围?

参考答案:

1. 词的上片写作者登高望远,望见的是被暮云遮掩的荷花、西北风中失群的孤雁、残月下大片的沙漠等意象,营造了苍凉、哀伤的氛围,烘托了诗人对老友的殷切思念之情,抒写了国破家亡之后的忧伤悲凉之感。

2. "云",突出云雾缭绕的朦胧景象,表现九华山路旁的寺宇时隐时现的缥缈迷离之美;"柳",表现眼前绿水送别的清弋江村边,柳枝如丝,轻拂桥面,营造出朦胧而优美的氛围,反衬出诗人对友人远行的关切、惜别之情。

3. 曲子的前三句描写了作者登临所见的景色:一阵阵悲风,一缕缕荒烟,遍地坟茔,到处是残缺不全、字迹漫漶的墓碑,营造了一种悲怆、凄凉的氛围,表现了人一旦死去便万事成空的主旨,对统治者永难满足的欲望给予当头棒喝。

四、笑颦知人性 霜雪见风骨——古诗词鉴赏中的形象解读
考情分析

年号	卷别	作者	朝代	作品	体裁	设题方式	题型	分值
2012	安徽	杨万里	宋	最爱东山晴后雪	七绝	请简要分析这首诗中诗人的形象。	简答题	4
2012	江苏	温庭筠	唐	梦江南	词	词中三、四两句刻画了一位什么样的主人公形象?	简答题	4

续表

年号	卷别	作者	朝代	作品	体裁	设题方式	题型	分值
2012	天津	杨万里	宋	野菊	七律	颔联描绘了怎样的野菊形象？	简答题	2
2012	湖北	贾岛	唐	送邹明府游灵武	五律	请概括邹明府这个人物形象的主要特点，并作简要分析。	简答题	4
2013	辽宁	张镃	宋	竹轩诗兴	七律	请结合全诗，简要分析诗人的形象。	简答题	6
2013	重庆	钱继章	清	鹧鸪天·酬孝峙	词	上片刻画了词人怎样的自我形象？	简答题	4
2014	山东	陈与义	宋	寻诗两绝句	七绝	诗中"陈居士"的形象特点是什么？请结合两首诗加以分析。	简答题	4
2014	上海	陆游	宋	镜湖女	七律	结合作品，对作者塑造的"镜湖女"形象加以赏析。	简答题	4

从列表中不难看出，鉴赏诗歌形象是多年来高考的高频考点，试题考查的作品大多选自唐宋诗词，题型均为主观简答题，考生自由发挥的空间较大。分值基本稳定。

答题策略

【设问方式】

1. 这首诗塑造了怎样的形象？
2. ××是个什么样的形象？这首诗（词）是如何塑造这一人物形象的？
3. 请概括××这个人物形象的主要特点，并做简要分析。
4. 这首诗的××联描绘了怎样的××形象？请结合诗句做简要分析。
5. 通过诗中的形象塑造，表现了诗人什么样的情感？

【答题步骤】

①简要概括人物形象。用一句话概括诗中人物是一种什么样的形象，这句话主要包含两方面内容，即人物的特点和身份，如"忧国忧民的诗人形象""坚韧不屈

的菊花形象"等。

②结合诗句具体分析形象特点。分析形象特点要紧紧抓住人物的语言描写、动作描写、神态描写、心理描写等,从正面了解人物形象。同时,还要关注诗歌中的环境描写,这些描写往往对人物起衬托作用(包括正衬和反衬)。

③概括塑造形象的意义。诗人塑造人物形象都有一定的目的性。塑造自己的形象,直接表达自己的志向、节操、抱负、喜好;塑造他人的形象,往往表达自己的赞美、向往之情。如果是咏物诗中塑造"物象",一定是托物言志,含蓄地表达自己的情操、追求和品格,答题时要做到物我统一。

【答题模板】

这首诗(词)塑造了一个××(特点)××(身份)的形象。诗中的××描写表现了人物××的特点。抒发(表现)了诗人××的情感(志向、志趣、节操)。

精题示例

阅读下面两首宋诗,回答问题。

寻诗两绝句

陈与义

楚酒困人三日醉,园花经雨百般红。
无人画出陈居士①,亭角寻诗满袖风。

爱把山瓢②莫笑侬,愁时引睡有奇功。
醒来推户寻诗去,乔木峥嵘明月中。

【注】①居士:指文人雅士。②山瓢:天然粗陋的酒器。

问题:诗中"陈居士"的形象特点是什么?请结合两首诗加以分析。

【答题步骤】

步骤一:简要概括人物形象。从这两首诗句不难看出,陈居士是一个行为洒脱、情趣高雅的文人形象。这句话包含两方面内容,即人物的特点(行为洒脱、情趣高雅)和身份(文人雅士)。

步骤二:结合诗句具体分析形象特点。从诗句"楚酒困人三日醉""爱把山瓢莫笑侬"中,可以看出陈居士洒脱的性格;从诗句"亭角寻诗满袖风""醒来推户寻诗去"中,可以看出陈居士高雅的情趣。由注释可知,陈居士的身份是一位文人雅士。

步骤三:概括塑造形象的意义。从诗面上看,诗人极力表现陈居士行为洒脱、情趣高雅的形象特征,表现了诗人对陈居士的赞美,其实也含蓄地表露出作者潇洒倜傥的个性。

【参考答案】诗中"陈居士"是一个行为洒脱、情趣高雅的文人雅士形象。"楚酒困人三日醉""爱把山瓢莫笑侬",从陈居士喜欢喝酒可以看出他洒脱的性格特点。"亭角寻诗满袖风""醒来推户寻诗去",白天寻诗,夜晚寻诗,表现了陈居士的高雅情趣。诗句带有浓厚的个人情感体验色彩,含蓄地表露出作者潇洒倜傥的个性。

模拟精练

1. 阅读下面这首元曲,回答问题。

【正宫】黑漆弩·村居遣兴
刘敏中

长巾阔领深村住,不识我唤作伧父①。掩白沙翠竹柴门,听彻秋来夜雨。闲将得失思量,往事水流东去。便宜教②画却凌烟,甚是功名了处?

【注】①伧父:鄙贱之夫。②便宜教:即便,即使。

前两句刻画了作者怎样的形象?请简要分析。

2. 阅读下面这首唐诗,回答问题。

放 船
杜甫

送客苍溪县,山寒雨不开。
直愁骑马滑,故作泛舟回。
青惜峰峦过,黄知橘柚来。
江流大自在,坐稳兴悠哉。

杜甫一生漂泊,生活凄苦,诗作中大多为多愁善感的形象。而这首诗一反常态,表现出一个全新的诗圣形象。请结合诗歌简要分析诗人的全新形象。

3. 阅读下面这首宋词,回答问题。

侧犯·咏芍药
姜夔

恨春易去,甚春却向扬州住。微雨,正茧栗梢头弄诗句。红桥二十四,总是行云处。无语,渐半脱宫衣笑相顾。

金壶细叶,千朵围歌舞。谁念我、鬓成丝,来此共尊俎。后日西园,绿荫无数。寂寞刘郎,自修花谱。

词的下阕描写了芍药和词人怎样的形象?表达了词人怎样的情感?

参考答案:

1. 前两句刻画了一位居住荒野、悠闲自在又含有傲兀不平之情的隐士形象。"长巾阔领"说明作者衣着简朴,表现了他逍遥自在的情怀;"深村"点明其居住的地方的幽静状态;"伧父"的称谓表明作者已经完全是个农夫的形象,而世俗之人无法理解,抒写了傲兀不平之情。

2. 这首诗刻画了一个饱览祖国大好河山、心情舒畅的全新的诗人自我形象。作者泛舟游览,看到沿途的青峰、黄橘、大江,自己稳坐船头,兴味盎然,逸兴遄飞,好不自在,抒发了游览山水时的轻松愉悦之情。

3. 词的下阕描写了正在盛开的芍药花的美丽形象。芍药花花朵金黄,绿叶细密,人们在花丛中尽情地唱歌跳舞,以此表现芍药之美。同时描写了词人自觉迟暮而孤寂的形象。"鬓成丝""自修花谱"等可见此人年事已高,生活孤独寂寞。词人通过对芍药花的盛开和人们的热闹场景的描写,对比自己的孤独和寂寞,表达了词人的孤寂和悲凉之情。

巧设误会　妙趣横生

所谓"设置误会",就是在叙事的过程中,先故意安插一些思维上的逻辑性错误,给人一种常识性的"错误"印象,然后,按照故事情节的步步推进,将谜底层层揭开,给人以恍然大悟、豁然开朗的艺术享受,并通过一次次误会的纠正,逐渐揭示出事物的本质特点与深刻道理,使故事结果趋于明朗化,从而又进一步推动情节的发展,给人以妙趣横生之感。

【美文厅】

误　会

何云

"误会作案法"——即在行窃时,带点"礼品",万一被先进屋的主人碰见,便诡称是男主人或女主人带来的客人,待对方无戒备时潇洒地离去。

现在,他提着装有几只空糕点盒的网兜,投石问路地按起三栋二单元四楼七号房的门铃。见无动静,他便麻利地撬门入了室,墙上的石英钟正"当当当"地作十点钟的特别宣告,这时间主人一般不会回来。

他环视了室内高雅的布置,窃喜自己的侦察判断力过人。凭经验,他撬开了卧室窗前的书桌,一只首饰盒跳入眼帘。他并不满足,似乎没有钞票就是白跑了一趟,便埋头在屉中翻寻起来。猛然,他感觉室内光线折动,扭头一看,有人!顿觉头皮发紧,胸口像有只兔子在跳,悔自己忘却厅外动静,乔装已来不及了,惊慌不知所措。当他看清门口是个身材瘦小、目光呆滞的老头时,便恶胆陡升,眼露凶光。

"哦!稀客,是袁华带你来的吧?"老头嗓音沙哑地先声发话,接着一阵咳嗽。

"嗯,袁华哥上街买烟去了。"他慌忙应承,把伸向腰后尖刀的手缩了回来。心想,袁华可能是这老东西的儿子。

"嘿,我一见客厅的礼品,就知道来了稀客,让你破费了!"老头五线谱般的额头扯出了几丝兴奋的笑纹。

他为"误会法"产生了效应十分得意,心底嘲笑这老头实在是太愚蠢,嘴里却答道:"哎,小意思,我早就想来袁华哥家玩玩。"说着掏出一包"红塔山",上前递了一支。老头摇头摆手,说自己患高血压,今天又感冒了,才从医院回来,医生要其戒烟。他不断地咳嗽,好像在给语句加标点符号,好一会儿才气喘吁吁招呼道:"来客厅坐吧,我给你泡茶去。"接着一步三摇地向厨房走去。

他坐在沙发上,真有"宾至如归"的感觉。老头端茶来的身子仿佛是被风戏谑的蜡烛,摇晃得就要熄灭。他觉得很是安全。

老头递上茶后,喘息着说:"你们青年人啦,就是爱学习,你刚才是在找书吧?"忽地又想起什么似的改口问:"哦!你是不是在找手纸呀?"

"我——我是在找手纸,我肚子不舒服。"他一是想借上厕所之机溜走,二是想不妨真的"方便"一下,便顺水推舟地装出三分病态。

"厅外走廊的厕所里,有手纸。"老头殷勤地指点,把他送进厕所。

他蹲在厕所里寻思脱身之策,忽然门外窸窣作响,神经突然又紧张起来,忙提起裤子去拉门。但门被什么从外死死拴住,只听见老头以讥嘲的口吻说道:"哎!对不起啦,先委屈你一下。"还未等他开口央求,"噔噔噔"的脚步声已撒向走廊那头。"来人啦——抓强盗啦——"洪钟般的声音撕碎了宿舍区的寂静。一阵绝望涌上他心头,"妈的,老子误会了……"他懊恼不已。

一个月后,他从《起诉书》上得知,那老头叫方锐,是法院的一个退休干部,几十年的政法生涯炼就了他那一双辨贼识盗的火眼金睛。

【亮点借鉴】

写作借鉴点一:运用误会法,情节跌宕起伏,曲折有致。

本文情节的跌宕起伏,曲折有致,全由"误会"而来。明察秋毫的方锐,一进门就识破了窃贼的伎俩,然而不动声色地"以其人之道还治其人之身",利用窃贼的"误会"将对方一步步引入自己精心设计的圈套,智擒盗贼。方锐先是主动热情打招呼,麻痹窃贼,使窃贼产生误会,丧失警惕;然后不停咳嗽,装出有病的样子,让窃贼误以为"很是安全";最后方锐主动告知"厅外走廊的厕所里,有手纸",殷勤地指点,把窃贼送进厕所,窃贼在一连串的误会中掉入主人精心设置的陷阱里。

写作借鉴点二:层层铺垫,曲径通幽,情节的发展既在预料之外,又在情理之中。

本文看似难以置信,细细品来又入情入理,这是成功运用铺垫技巧的神奇效果。"这时间主人一般不会回来","一般"之外就有特殊,结果主人回来了;"五线谱般的额头扯出了几丝兴奋的笑纹",一个"扯"字,暗示了"笑"的不同寻常;"老头殷勤地指点,把他送进厕所",为后文关门捉贼做铺垫。层层铺垫使故事跌宕起伏,摇曳生姿。

写作借鉴点三:心理和神态描写使人物形象更加鲜明突出。

窃贼顺利撬门入室,看到"室内高雅的布置,窃喜自己的侦察判断力过人",足见其老道和自负;当发现有人进来,"顿觉头皮发紧,胸口像有只兔子在跳,悔自己忘却厅外动静",吓得"惊慌不知所措",做贼心虚、手忙脚乱的嘴脸刻画得惟妙惟肖;当他看清进门的是个瘦小呆滞的老头时,"便恶胆陡升,眼露凶光",其狡诈凶残的本相暴露无遗。

【下水作文】

原来如此

韩延明

我们班新近换了语文老师,姓贾。

早有传闻,这位贾老师是省级名师,很是了得,特别在作文教学方面颇有建树,曾有千余篇论文发表并获奖。可上了近一周的课,也没见他有什么过人之处,同学们不免大失所望,私下议论纷纷:"这位贾老师,该不会是个水货吧!"

听说今天上作文课,同学们早已正襟危坐,恭候贾老师大驾光临,想借机验证一下这位名师的虚实。

铃声未了,贾老师疾步走上讲台。嚄!今天是怎么啦?他在讲台前来回踱了几个方步,好像还摆了几个身姿,然后目光扫视全场,突然指着第三排的薛斌吼道:"你,给我站到讲台前,我要让你好好亮个相。"

薛斌被请上讲台,满脸通红。贾老师从头到脚,把他数落了一通。薛斌的脸上显出古怪的表情,惹怒了老师。只听贾老师一声大吼:"不情愿是吧?你给我出去,到办公室听候发落。"随着"哐当"一声响,薛斌被关在了门外。那薛斌可是咱班的优等生啊,平时都被老师像宝贝一样捧着,哪里受过这等侮辱。看来,这世道真是变了!

贾老师背着手在教室里转了两圈，嘴里阴阳怪气地大声嚷嚷："等着，有你们好看的。"然后拂袖而去。

这一下，教室里沸反盈天，就像炸开了锅。一时间，吵闹声、埋怨声、叹气声、口哨声夹杂着敲桌子的声音，凡所应有，无所不有。

"什么名师，原来这等粗鲁，简直有辱斯文！"

"这算什么作文课，莫名其妙骂学生，又莫名其妙甩门而去，宝贵的时间就这样白白糟蹋了。简直是谋财害命啊！"

"什么'莫名其妙'，他是怕薛斌想不开，出意外。这会儿肯定说好话、赔不是去了。"

"看来我们这些善男信女都要毁在他手上了。罪过！罪过！"

见此情形，班长只好找教务处徐主任救急。

徐主任将信将疑地来到教室外面，教室里果然乱作一团。他气冲冲来到贾老师办公室，却见贾老师正与薛斌谈笑风生。徐主任大怒："贾老师，你不去上课，却躲在这里享清闲，像话吗？"

"徐主任，我正在上课呀！"

"正在上课？睁着眼说瞎话，亏你还是名师！"

"徐主任，消消气，请您跟我来。"贾老师向薛斌递了个眼色，与徐主任一起来到教室里。

贾老师往讲台上一站，教室里静了许多。他清了清嗓子，诡谲地说："同学们，我们这节作文课的训练内容是'学会观察生活'。刚才我把薛斌狠狠数落了一顿，那是我俩相约演的一场戏；然后又故意空出时间，也让大家充分'表演'，目的是设置情境，给大家提供观察的机会。现在，请大家拿起笔，描写薛斌的衣着服饰以及被'批'时的神态、外貌；也可以写老师的言谈举止，或同学们的'众生相'。时间十分钟，待会儿检查。"

薛斌面带诡异的微笑回到了讲台前。被叫的同学一个接一个读着自己的作品，贾老师不住地摇头。"同学们，薛斌是公认的优等生，大家对他都很熟悉；刚才的'表演'又让他充分'亮相'，但大家笔下的薛斌都走了形，对老师和同学们的描写也很不到位，这说明咱们不善于观察生活。正如法国雕塑大师罗丹所说，生活并不缺少美，而是我们缺少发现美的眼睛。善于观察生活，积累素材，有了这源头活水，我们才能写出真情感人的文章。"

"哗——"教室里爆发出经久不息的掌声，徐主任也会心地笑了。

点评:作者模仿原作,巧妙运用"误会"法组织材料,构思情节。贾老师身为省级名师,一周将尽也未见"出彩",同学们怀疑他是个水货,此为误会一;作文课上无端地"辱骂"学生,又莫名其妙甩门而去,招致大家众多埋怨,此为误会二;徐主任见贾老师无故"旷课",怒而指责,此为误会三。至此,读者还真以为这是位不称职的"假"老师。然而贾老师重返教室的一番话揭开谜底,解除误会,赢得了经久不息的掌声和赞许,表现了一位集智慧与幽默于一身的名师形象。故事情节曲折有致,跌宕生姿,呈戏剧性变化,让人发出"原来如此"的惊叹。伏笔和双关的运用也是本文一大亮点。开头"省级名师""在作文教学方面颇有建树""薛斌的脸上显出古怪的表情"为下文设伏,文章显得有趣、有理;"我要让你好好亮个相""有你们好看的"意在言外,充满睿智,余味无穷。

最新热点素材三维透视

1. 屠呦呦：从"三无"教授到诺奖得主

　　北京时间2015年10月5日晚间,电视台播出了中国中医科学院中药研究所研究员屠呦呦荣获2015年诺贝尔医学奖的消息。到了19点多,诺奖委员会通过官方电话向屠呦呦告知了这一消息。屠呦呦经过191次实验,终于成功提取了被称为"中国神药"的青蒿素,解决了世界难题,对抗击疟疾显示了神奇疗效。得知获奖的消息,屠呦呦这个没有博士学位、没有留洋背景、没有院士头衔的"三无教授"感慨万千,一夜没有合眼。

　　青蒿素的提取是一个世界公认的难题,美国筛选了近30万个化合物而没有结果;中国在1967年就组织全国7省市开展包括中草药在内的抗疟疾药物研究,先后筛选化合物及中草药达4万多种,也没有取得阳性结果。1969年,屠呦呦所在的中医研究院接到了一个"中草药抗疟"的研发任务。时年39岁的屠呦呦临危受命,担任科技组组长。屠呦呦和同事们通过翻阅中医药典籍、寻访民间医生,搜集了包括青蒿在内的600多种可能对疟疾治疗有效果的中药药方,对其中200多种中草药380多种提取物进行筛查,用老鼠做试验,但没有发现有效结果。直到第191次试验,才真正发现了有效成分。从蒿族植物的品种选择到提取部位的去留存废,从浸泡液体的尝试筛选到提取方法的反复摸索,屠呦呦和她年轻的同事们熬过了无数个不眠之夜,体会过无数次碰壁挫折。为了提取青蒿素,屠呦呦没日没夜泡在实验室里,满身都是酒精味。为了验证青蒿素的疗效和安全,她以身试毒,弄坏了肝脏。她的同事们也都愿意在自己身上试验药的毒性。

　　在谈及青蒿素药物开发的过程时,屠呦呦说:"青蒿素的发现,不是我一个人的成绩,是多年来研究集体攻关的成绩,是团队共同努力的成果,是中国科学家集体的荣誉。"她说:"这次获奖,说明中医药是个伟大的宝库,但也不是捡来就可以用的。""荣誉多了,责任更大,我还有很多事要做。"

素材解读：

"三无教授"屠呦呦荣获诺贝尔医学奖,这个昔日里少为人知的任劳任怨、执着坚持、默默奉献的科学家,一时名声大噪,引起人们的广泛关注和热议。其实,屠呦呦荣获诺贝尔医学奖并非偶然。窥探屠呦呦数十年来的科研之路,她的敬业、奉献、坚持、合作,都为她今日获奖奠定了坚实的基础,为她摘取世界大奖做了最好的注脚。

1. 勤于钻研,敬业奉献。对于"三无教授"屠呦呦荣获诺奖,不少人表示惊讶,不可思议。然而,了解了屠呦呦的科研之路,这样的惊讶就可以悄然消失,这样的疑问自可以烟消云散。而立之年临危受命之后,屠呦呦就全身心投入到研究中去,她带领团队展开科研攻关,从系统整理历代医籍、本草入手,收集600多种方药,又从中选出200多种方药,对380多种提取物进行筛查,不断改进提取方法,终于在1971年获得青蒿抗疟发掘成功。"为了提取青蒿素,屠呦呦没日没夜泡在实验室,满身都是酒精味。为了验证青蒿素的疗效,她以身试毒,弄坏了肝脏"。为了科研,屠呦呦不顾家庭,甚至不顾自己生命的危险。研究青蒿素的过程是异常艰辛的,其中的酸甜苦辣绝非常人能够想象和忍受。如果没有对中医事业的高度热爱,没有勤于钻研、无私奉献的敬业精神,是无法攻克世界难题的。

2. 坚韧不拔的毅力,持之以恒的精神。从屠呦呦临危受命到青蒿素成功提取,历时长达数十载,实验多达191次。面对一次次失败和打击,他们没有妥协,没有气馁,反而屡败屡战,愈战愈勇。要在设施简陋和信息渠道极度闭塞的条件下,在短时间内对几千种中草药进行筛选,其难度无异于大海捞针。但这些看似难以逾越的阻碍反而激发了屠呦呦的斗志,她和同事们翻阅大量的中医药典籍,寻访民间医生,在实验中不断总结经验教训,探寻更好的方法,终于如愿以偿,大功告成。正是由于屠呦呦这种百折不挠的毅力,持之以恒的精神,使得青蒿素问世,填补了医学史上的空白,挽救了全球特别是发展中国家数百万人的生命。如果没有锲而不舍的"韧劲儿",没有持之以恒的毅力,没有百折不挠的意志,科学实验难有建树,更别奢望什么获得诺奖了。纵观科研之路,不管是居里夫人发现镭,还是爱迪生发明灯泡,他们都是经历了无数次失败,无数次的坚持,最后攻克一道道难关,如愿以偿,成为世界的巨人。

3. 谦逊为人,淡泊名利。在青蒿素研究工作中,屠呦呦是科研组长,是领军人物,在实验中起着举足轻重的作用。青蒿素的成功提取,屠呦呦身先士卒,功不可没。屠呦呦获得诺奖这样的殊荣,是对她科研成果的极大肯定,这个荣誉是至高无上的,她受之无愧。然而面对记者的采访,屠呦呦总是说:"青蒿素的发现,不是我一个人的成绩,是多年来研究集体攻关的成绩,是团队共同努力的成果,是中国科学家集体的荣誉。"和那些好大喜功的人相比,屠呦呦表现出的豁达的胸襟、谦逊的态度和淡泊名利的操守,令人肃然起敬。这让我们自然想起当年莫言获奖的感言:"我因为写小说因为讲故事得了诺贝尔奖,我一点不敢骄傲,内心深处也不敢骄傲。因为我知道,在这个世界上,有许多人在写作,很多人写得比我好。我感觉到非常惭愧。"

4. 团队合作是成功的铺路石。同其他任何一项科研成果的取得一样,青蒿素的成功提取并非某一个人的功劳。在"中草药抗疟"的研发工作中,众多同事们和屠呦呦一起,翻阅中医药典籍、寻访民间医生,从蒿族植物的品种选择到提取部位的去留存废,从浸泡液体的尝试筛选到提取方法的反复摸索,年轻的同事们同屠呦呦一道熬过了无数个不眠之夜,付出了艰辛的汗水。为了验证青蒿素的疗效,确保安全,屠呦呦的同事们也都心甘情愿地在自己身上试验药的毒性。正如屠呦呦所说:"青蒿素的发现,不是我一个人的成绩,是多年研究集体攻关的成绩,是团队共同努力的成果。"歌德曾经说过:"不管努力的目标是什么,不管他干什么,他单枪匹马总是没有力量的。合群永远是一切善良思想的人的最高需要。"三人为众,众人拾柴火焰高。如果"单人跳舞",一定舞不出令人仰视的高度。

5. 传承与发展。屠呦呦在抗疟疾药物研究中,从中国古代医药文献入手,大量翻阅中医药典籍,地方药志,四处寻访民间医生,搜集了海量的中药药方,对多种提取物进行筛查,最后整理出《抗疟单验方集》。屠呦呦说:"我们祖先早有用青蒿治疗疟疾的经验。我们为什么就做不出来呢?"尽管如此,在最初的实验中,青蒿的效果并不出彩,研究多次陷入僵局。屠呦呦再次翻阅古代文献寻找答案。《肘后备急方》中的几句话引起了她的注意:"青蒿一握,以水二升渍,绞取汁,尽服之。"受此提醒,屠呦呦将古典文献与现代科学技术相结合,首次采用乙醚低温提取法,如愿获得抗疟效果明显的青蒿提取物。因此屠呦呦感慨地说:"中医药是个伟大的宝库,但也不是捡来就可以用的。"对于古代优秀文化,只有在传承的基础上不断创新与发展,才能更好地发挥作用。

运用方向:勤奋、敬业、奉献、毅力、坚持、恒心、创新、信念、谦逊、淡泊名利、团队合作、继承与发展等。

2. 青岛天价虾涉事烧烤店被罚9万　店铺关闭老板消失

2015年10月4日,肖先生一行到达青岛后,他们选择了"善德活海鲜烧烤家常菜"就餐。在吃饭前,肖先生曾详细询问过菜价,向老板确认大虾38元究竟是一份还是一只,当时老板说的是38元一份。但吃完饭后,老板却称大虾价格为38元一只。

另一位有相同遭遇的朱先生向北京青年报记者提供的手写账单中可见,"蒜蓉大虾"的价格共计1520元,加上其他菜的消费,共计2175元。

此外,网友还向北京青年报记者提供了一份"善德活海鲜烧烤"的价目单,该价目单显示,"海捕大虾38元",旁边没有标明计价方式是按"一个"还是"一份",但在价目单的最下方,有"以上海鲜单个计价"的说明。

记者按照朱先生提供的信息找到了"善德烧烤"的预订电话。店家表示,该店大虾是海捕大虾,而且是活虾,营养价值很高,38元一只已经很便宜。

10月5日,接到游客投诉后,青岛市、市北区两级物价部门第一时间赶到位于乐陵路92号的"善德海鲜烧烤家常菜"大排档进行调查。现场检查发现,该烧烤店提供的菜品虽已明码标价,但是极不规范,涉嫌误导消费者消费。鉴于此,根据《价格法》有关规定,责令其退还非法所得,并按照涉嫌价格欺诈、违反明码标价及侵害消费者权益的规定,依法做出罚款九万元的处理。目前,涉事老板已消失,涉事烧烤店面目前已关闭。

素材解读:

这则素材揭示的现象比较普遍,反映了一些不良商家在经营过程中的欺诈、宰客行为。这种现象在旅游热季的旅游景点表现得尤为突出,它反映了自古以来"无商不奸"的恶习,更反映出当代人重利轻义、道德滑坡的严酷现实。解读素材,应该以"善德活海鲜烧烤"老板为主要切入口,也可从消费者的角度思考。

1. 金钱诚可贵,诚信价更高。"善德活海鲜烧烤"老板为了牟取暴利,挖空心思,故意误导、诱骗消费者。在调查中发现,该烧烤店提供的菜品虽已明码标价,但是极不规范,看似标明"海捕大虾38元",却并未标明计价方式是按"一个"还是"一份",却在价目单最下方不醒目不易被人发现的地方,标注"以上海鲜单个计价"的说明。这种做法,显然是有意而为之,其目的就是用含混不清、模棱两可的标价方式先引诱顾客消费,然后达到宰客牟取暴利的目的。这种金钱至上,置诚信于不顾的行为,到头来只能落得千夫所指,万人唾骂,关门大吉就是必然的了。

2. 知错就改,善莫大焉。古人云:人非圣贤,孰能无过;过而能改,善莫大焉。

"善德活海鲜烧烤"老板明知自己漫天要价是违法的,但辩称"该店大虾是海捕大虾,而且是活虾,营养价值很高,38元一只已经很便宜"。便宜与否暂且不论,欺骗消费的伎俩昭然若揭。在丑行败露之后,一个稍有良知和羞耻感的人,都会自觉接受批评或处罚,用心改过。而这家"善德活海鲜烧烤店"却百般狡辩、抵赖,全然没有改过之心,真有点恬不知耻。人生漫漫,有漏洞和缺失不可避免,关键在于发现漏洞之后要及时修复和弥补,不可听之任之,甚至百般掩饰,不思悔改,否则,在人生的舞台上,他只能扮演悲剧角色,为天下人耻笑。

3. 多行不义必自毙。"善德活海鲜烧烤店"昧着良心挣黑心钱,既给景区抹了黑,更使自己受到良心的谴责和道德的审判,真是搬起石头砸自己的脚。对于该店的欺诈行为,当地物价部门根据《价格法》有关规定,责令其退还非法所得,并按照涉嫌价格欺诈、违反明码标价及侵害消费者权益的规定,依法做出罚款九万元的处理。这家"烧烤店"的涉事老板无颜在当地露脸,已经销声匿迹,涉事烧烤店也被迫关闭。如果该店诚实劳动,合法经营,生意蒸蒸日上,也未可知。现落得如此下场,都是财迷心窍、见利忘义惹的祸。所以,人行天地间,道义不可丢。

4. 用法律的武器维护自己的合法权益。游客在景区受宰的遭遇,常常见诸报端,并不是什么新鲜事,但为什么此类事件频频爆出,毫无收敛?原因之一,就是不少受害者大多采取息事宁人的态度,不愿或不敢大胆地站出来,向不法行为说"不",因此而助长了不法分子的嚣张气焰,他们甚至明目张胆,飞扬跋扈,宰你没商量。遭遇受宰,人们应该学会用法律的武器维护自己的合法权益,最好的办法就是向当地相关部门投诉,像肖先生和朱先生那样,通过网络平台或新闻媒体予以曝光,寻求支持,要坚信正义一定会战胜邪恶,切不可忍气吞声,姑息养奸。

运用方向:诚信、道义、维权、知法守法、知错就改、惩恶扬善等。

3. 山海关景区被取消5A级资质

为了认真贯彻落实《国务院办公厅关于进一步促进旅游投资和消费的若干意见》和旅游业发展"515战略",依法整治旅游景区门票价格、环境卫生、管理服务存在的突出问题,净化旅游消费环境,2015年九月份以来,特别是十一假日期间,全国旅游资源规划开发质量评定委员会对旅游投诉较多的部分5A景区开展了服务质量暗访检查。10月9日,国家旅游局召开新闻发布会,通报近期5A级景区核查情况,取消河北省秦皇岛市山海关景区5A级资质。

山海关景区被取消5A级资质的主要原因,一是存在价格欺诈。强迫游客在功德箱捐款现象普遍,老龙头景区擅自更改门票价格。二是环境卫生脏乱差。地面不清洁,垃圾未清理,卫生间湿滑脏乱,清洁工具、施工材料随意堆放。三是设施破损普遍。设施普遍老旧,电子设备、寄存柜、展品等损坏严重,长时间无人维修。四是服务质量下降严重。导游、医务等岗位人员缺失严重,保安、环卫人员严重不足。

依据国家 5A 级景区标准和评分细则,山海关景区已不具备 5A 级景区条件,并存在严重服务质量问题,全国旅游资源规划开发质量评定委员会决定取消其国家 5A 级景区资质。

素材解读:

随同山海关景区被取消 5A 级资质的,还有丽江、十三陵等 6 家 5A 景区被严重警告,并限期整改。这些景区之所以被取消资质或受到通报批评,是因为景区在管理运营中存在诸多问题,丧失了 5A 级资质的资格。素材交代了山海关景区被取消 5A 级资质的主要原因,由此带给人们诸多思考,也提供了诸多的立意角度。

1. 优化服务意识,树立美好形象。山海关景区被取消 5A 级资质,原因之一是"服务质量下降严重。导游、医务等岗位人员缺失严重,保安、环卫人员严重不足"。一个景点要满足游客的要求,就要保证景区干净卫生,就要使游客对景点了如指掌,还要保证游客的生命安全和财产安全。一句话,就是要为游客提供优质化服务,树立景区的美好形象。而山海关景区疏于管理,服务意识差,自然就会被无情淘汰。同理,一个机关,一个企业,一个团队,要想在激烈的竞争中永远立于不败之地,打造名牌形象,追求名牌效应,就必须提供一流服务,心为民所想,利为民所谋。只有这样,才能赢得口碑,永远立于不败之地。

2. 走合法经营路,靠诚信赢天下。俗话说,心诚则灵。凡事以诚信为本,自然可以赢得人们的信赖,获得较高的人气,招来滚滚财源。而山海关景区存在价格欺诈,强迫游客在功德箱捐款,擅自更改门票价格。该景区利欲熏心,丢掉了诚信,丢掉了人心,最终丢掉了自己的"品牌",也断了自己的财路。须知,创 5A 景区难,保 5A 景区更难,即所谓创业难,守成更难。而"守成"的重要法宝就是"诚信"至上。如今社会,见到摔倒的老人"扶不扶"、看到掉在地面上的钱包"捡不捡"、遇到沿街讨钱的乞丐"给不给"的尴尬和困惑,无不暴露出诚信缺失给社会带来的负面影响。人无信不立,走合法经营路,靠诚信赢天下,才是人间正道。

3. 学会反思,在逆境中求生存。山海关景区被取消 5A 级资质,不能不说是一种极大的遗憾甚至是耻辱。但就像一个人一样,人生之路不可能永远一马平川,前途难测,跌跤是常有的事。如今事已至此,怨天尤人不可取,自暴自弃更不可取。最为明智的做法是,景区管理部门应根据《国务院办公厅关于进一步促进旅游投资和消费的若干意见》和旅游业发展"515战略",针对景区存在的诸多问题深刻反省,积极整改,以期重整旗鼓,从头再来。务必找出问题的根源,制定切实可行的措施,实施一场脱胎换骨的"大手术"。我们坚信,阵痛之后,只要静心反思,就一定会百病消除,景区必将以全新的风貌展现在游客面前。到那时,沉疴已去宿疾除,卷土重来未可知。

　　运用方向:自律、反省、改过、诚信、义与利、责任意识、优化服务、遵纪守法、创业与守成等。

4. "南京大屠杀档案"申遗成功

　　2015年10月10日,联合国教科文组织在官方网站上公布了2015年最新入选"世界记忆名录"的项目名单,在共47个入选项目中,中国申报的"南京大屠杀档案"榜上有名。"南京大屠杀档案"申遗自2008年8月起至2015年10月止,历时八年,7馆携手,终于使11组"南京大屠杀档案"正式列入《世界记忆名录》。

　　据了解,世界记忆工程国际咨询委员会第12次会议10月4日—6日在阿联酋阿布扎比举行,与会成员在3天内评审全球各国约90项关于世界记忆遗产的提名,其中包括中国申报的南京大屠杀和日军强征慰安妇相关资料。中国组成了以国家档案局局长李明华为团长的中国档案代表团参会,侵华日军南京大屠杀遇难同胞纪念馆馆长朱成山和上海师范大学苏智良教授以随团专家和观察员身份参会。

　　联合国教科文组织在简要介绍中称,"南京大屠杀档案"由三个部分组成:第一部分关于大屠杀事件(1937年至1938年);第二部分关于中华民国政府军事法庭在战后调查和审判战犯的文件(1945年至1947年);第三部分是中华人民共和国司法机构的文件(1952年至1956年)。

　　面对中国申遗,日本政府担心这将影响中日关系,反复要求中国撤回申报。日本也曾要求教科文组织慎重做出决定,但未能阻止中方申报的材料成功申遗。

　　素材解读:

　　这则素材包含了三方面内容,即中国艰难的申遗之路、日本政府面对中国申遗的百般阻挠,以及经世界记忆工程国际咨询委员会评审,通过"南京大屠杀档案"申遗成功。一般来说,叙事类素材(包括新闻素材),有几个叙述对象就至少就有几个立意角度。因此,我们可以从中国、日本和世界记忆工程国际咨询委员会三方对素材进行解读。

1. 漫漫申遗路,彰显了坚忍不拔的毅力。中国"南京大屠杀档案"的申遗历时八年之久,让人自然想起了艰苦卓绝的八年抗战,其困难之多、申遗成功之难可想而知。要制定提交提案,从海量的史料中甄别、筛选、翻译、校对史稿,拍摄照片和影像资料,撰写、校对和修改文本,研究申遗的成功经验,向联合国教科文组织提交档案。申报这项世界记忆遗产项目,更要面对某些外来势力的干扰、阻挠和非议,真是困难重重,步步艰辛,没有知难而进的胆识和坚忍不拔的毅力是无法成功的。推而广之,做任何事情,都要靠毅力作保障,坚持不懈,不达目的誓不罢休,正如尼克松所说:"胜利的道路是迂回曲折的。象山间小径一样,这条路有时先折回来,然后伸向前去;象山间小径一样,走这条路的人需要耐心和毅力。累了就歇在路边的人是不会得到胜利的。"

2. 得道者多助,失道者寡助。中国"南京大屠杀档案"的申遗是正义之举。"南京大屠杀史档案"于一般的历史档案不同,它作为人类创伤性记忆的一部分,作为历史废墟的载体,对人类文明的发展具有十分重要的借鉴与警示性意义,符合世界记忆遗产的地位。然而,在申遗过程中,日本政府想方设法进行干涉和阻挠,害怕军国主义的暴行昭然于天下,说什么"担心这将影响中日关系",其丑恶用心尽人皆知。他们不知道,世界和平是人们共同的向往,他们如此逆历史潮流而动,螳臂当车,到头来只能欲盖弥彰,为天下人所不齿。只有深刻反省历史,真诚认罪,才能得到谅解,否则只能愈加孤立,四面楚歌。

3. 主持正义,公道自在人心。世界记忆工程国际咨询委员会经过评审,全球各国约90项关于世界记忆遗产的提名,就包括了中国申报的南京大屠杀和日军强征慰安妇相关资料,并最终使"南京大屠杀档案"正式列入《世界记忆名录》,这充分显示了世界记忆工程国际咨询委员会在评审中的公平和公正,有力地彰显了正义的力量。尽管申遗项目繁多,竞争异常激烈,但评审委员会能尊重事实,坚持真理,不偏不向,严格筛选,表现出高度的责任心和正义感。再者,面对日本政府的无理要求,教科文组织秉公办事,不为所动,最终慎重做出决定,通过了"南京大屠杀档案"的审议要求并正式列入《世界记忆名录》。"南京大屠杀档案"的成功申遗,再次显示了正义的力量。

4. 团结协作,是事业成功的保障。"南京大屠杀档案"申遗成功,不是哪一个人、哪一个部门的功劳,而是大家齐心协力、共同努力的结果。2009年1月,朱成山研究员与九位人大代表,联名提交提案,建议将南京大屠杀专题档案申报世界记忆遗产,该提案被列入当年南京市人大十大重点提案之一。经过不断努力和协商,当年4月,侵华日军南京大屠杀遇难同胞纪念馆与中国第二历史档案馆、南京市档案馆,决定联合申报中国记忆遗产,迈开了申遗的第一步。后来,中央档案馆、辽宁省档案馆、吉林省档案馆、上海市档案馆也相继加入其中,申报队伍扩大为七馆,申报的内容也由原先的五组档案,扩大至十一组。"南京大屠杀档案"申遗工作浩繁,涉及面极广,若非众志成城,通力合作,是难以完成的。

运用方向:毅力、坚持、信心、正义、公平、团结协作、尊重事实、铭记历史、得道多助失道寡助等。

直击时事热点　紧扣时代脉搏

——时事热点语言表达题解题技巧

考情分析

　　语言表达题考查的内容涵盖面极广,灵活性极大,但有一个内容多年来一直贯穿始终,常考不衰,常考常新,这就是以时事热点为题料的语言表达题。这种试题的考查类型灵活多变,主要有主旨概括、新闻点评、写宣传语、提关键词、拟写标题等,旨在考查学生辨识、筛选、提炼新闻材料重要信息的能力,是一种实用性、实践性较强的语言表达技能题,较好地反映了高考命题贴近时代生活的走向。时事类语言表达题的题料大多选自国内外新近发生的热点新闻,内容主要涉及政治、科技、民生、经济、文化等各个领域。从近年来高考试题来看,考题数量基本每年两道试题,所占的比例保持平稳发展的趋势。从高考试题更加关注生活的特点分析,时事类语言表达题在今后高考试题中所占的数量可能会逐年增多,不会减少。

冲刺方略

题型1:主旨概括

　　"主旨概括"就是概括主要内容,亦称一句话新闻,是较为常见的压缩语段题目。解答这类题目,可以按照检索要素法进行——因为新闻属于记叙类文体,它告诉我们"谁做了什么事"或"谁怎么了",因此,抓住题料中的关键词,找出新闻中的时间、地点、人物、事件的起因、经过、结果,然后进行概括提炼即可。答题要点组成是:主体+事件(时间+地点+原因),答案是一个由人物和事件构成的主谓陈述句,要真实而全面地反映新闻事实,以最简约的语言表达较丰富的内容。

【真题链接1】

(2014·山东卷)概括下面这段话的主要内容,不超过55字。

近来,共青团中央发起了一项"青年好声音"网络活动,鼓励青少年结合自身学习工作实际,写下对24字社会主义核心价值观的认识和体会。活动开展一周多的时间里,33万余名青少年在网站、微博、微信、手机报等网络平台上,编创和传播内含丰富、形式时尚的网络文化产品,仅话题微博总阅读量就超过9000万次。这项以弘扬社会主义核心价值观为主旨的活动,为网络空间注入了强有力的青春正能量。

【解题指津】

这段文字虽然简短,但仍然包含两方面内容,即导语和主体。第一句是导语,高度概括了新闻中心事件,主体对事件作了简要的补充。这段文字中的关键词有"共青团中央"(主体对象)"'青年好声音'网络活动"、"33万余名青少年""编创和传播"、"正能量"(中心事件),把这些关键词串联起来,组成一句连贯完整的句子就可以了。

【答案示例】

为弘扬社会主义核心价值观,团中央发起了"青年好声音"网络活动,广大青少年积极响应,为网络注入了正能量。

【真题链接2】

(2015·安徽卷)请根据示意图,提取文字材料中的相应信息,并用一句话表述出来。要求:简明、准确,不超过70字。

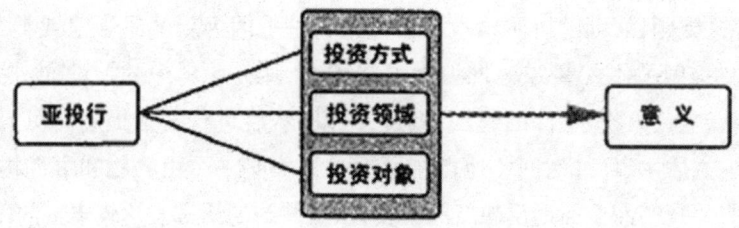

2015年4月15日,亚洲基础设施投资银行的57个意向创始成员国已全部确定。在完成各国X群序后亚投行有望在2015年底之前正式成立并投入运行。

据预测,2010—2020年,亚洲每年大约需要8000亿美元的基础设施投资,而现有的世界银行、亚洲开发银行等国际多边机构都无法满足需求,亚投行将有效弥补其中的资金缺口,具体方式有贷款、股权投资以及提供担保等。

可以预期,在亚投行的支持下,亚洲各国将掀起新一轮基础设施建设高潮,建设项目集中在公路、铁路、港口、通信、电力电网、油气运输等方面,这必将带动亚洲经济未来的强劲增长。

【解题指津】

解答本题,要做到"图文并重"。这则新闻报道的对象是"亚洲基础设施投资银行"(亚投行),核心内容是亚投行从"投资方式""投资领域""投资对象"三方面,采取"贷款、股权投资以及提供担保等"具体措施,向亚洲各国提供资金支持,其"意义"是"必将带动亚洲经济未来的强劲增长"。按照"主体+事件+意义"的形式将相关内容串联起来,就可轻松写出答案。

【答案示例】

示例一:亚投行将采用贷款、股权投资等方式,在交通、通信、能源等基础设施建设领域向亚洲各国提供资金支持,这必将带动亚洲经济未来的强劲增长。

示例二:亚投行在交通、通信、能源等基础设施建设领域以贷款、股权投资等方式向亚洲各国提供的资金支持必将带动亚洲经济未来的强劲增长。

题型2:新闻点评

新闻点评是新闻评论的一种,是对新闻中的具体事实进行画龙点睛式的评说。它在形式、字数和内容上比新闻评论更简短、更精炼。做好这类题目,考生要注意以下几个方面:首先,要能够准确把握新闻材料的实质,概括出材料的主要内容,为点评做好准备;其次,点评语句应简明扼要,点评内容要立场鲜明,是非分明,一语中的;再次,点评要从新闻材料实际出发,以理服人,不可凭空漫说,妄加评论。

【真题链接1】

(2012·湖南卷)阅读下面的文字,完成题目。

伦敦当地时间18日17时,随着中国与土耳其主宾国活动交接仪式的正式举行,为期3天的伦敦书展落下帷幕。

　　在此次书展上,中国以迄今最大规模的主宾国活动隆重登场,向英国及来自世界各国的出版商、版权交易商展示了中国现当代文学及各类图书出版现状。今年的中国展台上有近3000种英文图书展出。书展推出的中国作品包括《钱钟书英文散文选》和苏童的《大红灯笼高高挂》等书的英文版,以及《红楼梦》《聊斋志异》《孙子兵法》《论语》等中国古典名著英文版。

　　伦敦书展落下了帷幕,但书展对中英两国文化交流所产生的重大推动意义,将留下长远影响。正如中国作家协会主席铁凝在接受本报记者采访时所指出,长期以来,中英文学的交流有点失衡,不对等。中国读者对英国文学的了解,远比英国读者对中国文学了解得多,英方对中国文学的了解仅限于古典文学,像《红楼梦》等。中国一般读者,对英国的莎士比亚、狄更斯、勃朗特姐妹等,直到当代作家作品,如深受年轻人喜爱的《哈利·波特》等都非常了解。

　　2013年度伦敦书展将于明年4月15日—17日举行,市场焦点主宾国是近年出版业蓬勃发展的土耳其。

　　　　　　　　　　(选自《人民日报》2012年4月20日第4版"要闻"版,有删节)

　　(2)根据上述消息,自选角度,写一段新闻短评。

【解题指津】

　　本题明确要求写新闻短评。解答此题,首先要弄清新闻的内容:"伦敦书展"上,中国展出了3000种英文图书,展出的作品包括现代名作英文版和古典名著英文版。其次要抓住新闻中有关中国书展所发挥的作用的文字,以此把握书展的实质意义。将两部分内容融合在一起,再加入自己的观点看法,就可以轻松拟写出答案。答题时可从"展示""交流""平台""影响""推动"等不同角度切入,只要言之成理、持之有据、观点鲜明、答题简洁即可。

【答案示例】

　　伦敦书展的意义主要在于展示了中国出版业蓬勃发展的现状,扩大了中国书籍在世界的影响,为中西文化的沟通搭建了平台,提供了媒介,增进了西方对中国文化的了解,促进了中国文化与世界文化的交流。

【真题链接2】

　　(2013·湖北卷)有媒体统计了诺贝尔文学奖得主莫言与作家郭敬明2012年

度的作品总销量,发现前者的总销量远低于后者。中国社会科学院发布的《中国文情报告(2012—2013)》显示,2012年度小说类图书的销量冠军仍然是郭敬明的作品。你如何看待这种现象?请简要点评。要求:①观点明确;②语言表达简明、得体;③字数不超过30字。

【解题指津】
从媒体统计的数字和社会科学院发布的信息上看,莫言作品的总销量都不及郭敬明。是否由此就否定莫言的作品?显然不能。由表入里作深入思考,可以从读者群体、作品的文学价值等方面寻找根源,进而做出科学、公正的评价。解答本题易入的误区是简单地肯定或否定,这样,纵然观点明确,语言得体,也会因为观点不正确、评价不公允而影响得分。

【答案示例】
示例一:两位作家的读者群体不同,不能也不应在销量上简单比较。
示例二:销量与作品的文学价值不能画等号,这两位作家各有千秋。

题型3:写宣传语

开展新闻活动,如举办美食节、旅游节、读书节,为了制造声势,渲染气氛,扩大影响,强化活动效果,往往需要根据活动内容或主题拟写宣传广告标语。写好宣传语要注意以下几点:①明确宣传对象的特质或活动的主题,具有针对性,主旨鲜明;②语言表达力求简短明快,朗朗上口,便于传诵,具有感召力,尽量使用一种以上修辞手法;③在形式上使用整句,分句结构匀称美观。

【真题链接】
(2012·湖北卷)2012年4月9日,湖北省"书香荆楚·文化湖北"全民读书月活动正式启动。为配合这次读书月活动,请从《楚辞》和《史记》两本书中任选一本,写一则阅读宣传语。
要求:①联系该书内容;②表达简明得体;③字数不超过40字。

【解题指津】
这则新闻消息的背景是湖北省举办"书香荆楚·文化湖北"全民读书月活动,要求配合活动,为《楚辞》或《史记》写一则阅读宣传语。解答本题,务必明确宣传的对象是"书籍"而不是"活动",首先锁定目标。然后,从两本书中选择一本自己最熟悉的,用高度概括的语言介绍书籍内容,并号召全民读书,内容涵盖作者和读者两个方面。在表达上尽量使用对偶句,富有韵律美,同时具有感召力和鼓动性。

【答案示例】

示例一:著《离骚》屈子行吟泽畔,书香荆楚传华章;读《楚辞》楚人再诵乡音,文化湖北续辉煌!

示例二:史家绝唱,无韵离骚;读史明志,鉴古通今。史学经典,请读《史记》!

题型4:提关键词

提取关键词在《考纲》里并不是一个单设的考点,它其实是信息筛选和压缩语段两个考点的综合,主要考查学生概括思想内容、提取关键信息的能力。要求考生具有较强的理解、分析、筛选、概括、语言表达等各项能力。解答这类试题,首先要求考生在准确理解文段的基础上找到有效信息,并从中筛选出核心信息;然后用最简洁的语言加以概括,且概括时只能用词语或短语(一般都有字数要求)。拟写答案时要做到信息完整齐全,表达规范流畅,字数符合规定。

【真题链接】

(2011·四川卷)阅读下面的材料,概括要点回答中国建设世界一流大学缺少"什么"。不超过25字。

4月23日,"2011大学校长全球峰会"在清华大学举行。其中,"中国建设世界一流大学"成为热议的话题。多位大学校长接受记者采访时表示:目前,中国顶尖大学在吸纳拥有国际学术背景人才、借鉴发达国家的教学制度和成功经验等方面缺乏全球化视野;许多人安于现状,在科研方面全方位地紧盯世界一流水平的意识不够,仅满足于在国内获奖或在国内刊物上发表论文。他们建议,政府主管部门要扮演好自己的角色,为学校营造出宽松的发展环境;全社会对于大学发展应抱有平和的心态,少一些急功近利。

【解题指津】

这段文字的核心内容是中国建设世界一流大学还有很多欠缺,可分为两层意思:一是中国在建设世界一流大学中存在的两个问题,即"缺乏全球化视野"和"紧盯世界一流水平的意识不够";二是大学校长提出的建议,即政府主管部门"为学校营造出宽松的发展环境"和"全社会对于大学发展应抱有平和的心态"。两个层次共有四个要点,将这些要点提炼简化,符合题目规定的字数要求即可。

【答案示例】

全球化视野,争创世界一流意识,宽松环境,平和心态。

题型5:拟写标题

标题是新闻的眼睛,也是新闻内容的精髓所在。好的标题,不仅能够反映出新闻的内容,还能把其中的神采传达出来。新闻标题具有简单明了、吸引读者的特点,也因此成为高考的常考题型。"拟标题"较之于"新闻概括"要求更高,它不仅要求高度概括出内容,还要讲求形式优美,富有文采。标题一般只要求具备人物、事件两个必备要素。必须简洁、确切、醒目,既要概括主要内容,又要有较强的吸引力。在形式上,标题一般为短句,有时为对称的两个短句(或对偶句),文末不用标点。

【真题链接】

(2012·湖南卷)阅读下面的文字,完成题目。(新闻材料见前文题型2:新闻点评)

(1)请为上述消息拟一个标题并阐述理由。

【解题指津】

拟标题必须紧扣整则消息的主要内容,所拟标题须言之成理,持之有据。这则新闻报道的对象是"伦敦书展",中心事件是这次书展中"中国展台上有近3000种英文图书展出",目的是让更多的外国人了解中国文学。拟写标题应包含以上两个内容,形式为"对象+事件",至于书展的时间和意义等因素可不予考虑。

【答案示例】

伦敦书展:让更多的读者了解中国

能力冲关

1. 概括下面这则消息的主要内容,不超过20字。

浙江省台州市仙居县建风景区,欲占用该县横溪镇后山根村一对六旬夫妇的房屋做停车场,老人没有同意,结果于2015年3月29日凌晨被人纵火烧死。

仙居县百花谷景区因新开发的项目"五一"开业,急需另建一个停车场,老人住的那排老房子便是它们的首选,县里要求村委会将此地改作停车场。3月25日,该村村委派了几个人劝说老人搬家,只说要将此地建停车场,但未谈及补偿方案,老人没有同意。29日凌晨1点左右,老房子突然起火,火势凶猛,消防员越喷火越大。据目击者称,大火燃烧时看见有一辆轿车开往村口,起火的老房子连地上都有火苗,石头也有被烧碎的痕迹。所有村民都怀疑是恶意人为。

2. 阅读下面的材料,提取四个关键词,概括回答防空警报的意义。不超过25字。

2015年9月18日上午10时起,西安市在全市范围内鸣放防空警报。自1996年10月《人民防空法》颁布以来,全国绝大多数城市都依法组织了防空警报的鸣放。鸣放防空警报除了可以对全市警报系统遭遇突发事件时能否快速反应和应对进行检验之外,还能借鸣放防空警报对市民进行国防教育、人防教育,增强民族自尊心和自信心,同时提高群众对警报印象识别的能力。"每年的这个时候,西安上空都会响起防空警报,就是要提醒我们大家勿忘国耻,珍惜我们现在的美好生活。"市民徐先生对记者说。

3. 请为下面的消息拟一个恰当的标题。不超过15字。

2015年9月初,美国哈佛大学物理系网页上发布了一条一句话消息:"尹希晋升到正教授。"这短短一句话背后的信息量可大得很。

本科毕业于中国科技大学少年班的尹希很年轻,1983年12月出生的他今年还未满32岁。尹希一路都是别人眼里的"超常儿童"。小学二年级时,尹希就对妈妈大学时学的微积分课本产生了浓厚兴趣。跳级之后,9岁半的尹希考入北京八中智力超常实验班。1996年,不到13岁的尹希考入中科大少年班。2001年,尹希赴哈佛大学攻读物理学博士,并于2006年获得博士学位;同年,哈佛大学打破本校博士不得在本校继续博士后研究的惯例,破格允许尹希博士留校继续研究工作;2008年,年仅24岁的尹希博士受聘担任物理系助理教授。2013年曾获美国斯隆研究奖。

4. 阅读下面的消息,请自选角度,写一段新闻短评。不少于100字。

国务院总理李克强2015年8月26日主持召开国务院常务会议,决定全面推开中小学教师职称制度改革,为基础教育发展提供人才支撑。

会议认为,深化中小学教师职称制度改革,对于优化配置资源、加强基础教育师资保障,具有重要意义。经过几年来的大面积试点,全面实施改革时机已成熟。会议决定,将中小学教师职称制度改革在全国全面推开。

一是将分设的中学、小学教师职称(职务)系列统一为初、中、高级。

二是修订评价标准,注重师德、实绩和实践经历,改变过分强调论文、学历倾向,并对农村和边远地区教师倾斜。

三是建立以同行专家评审为基础的评价机制,并公示结果、接受监督。

四是坚持职称评审与岗位聘用相结合,实现人尽其才、才尽其用。

5. 根据下面文字的内容,结合兰花节活动主题写一则宣传语。不超过30字。

第六届中国秦岭金丝峡兰花节,于2015年4月22日起在陕西商南举办。本届兰展以"天下奇峡,兰花之都"为主题,本着以兰会友、广交朋友、增进友谊、展示秦岭兰花的原则,邀请来自全国各省、市、自治区和港、澳、台地区及国外的兰花组织和个人参展。据了解,本次展会将展出近千个品种的国兰、洋兰。会展前期,将举行"中国秦岭金丝峡兰花仙子"形象大使评选活动。此外,还将进行精品兰花拍卖,举办以兰花为主题的书画创作和文艺表演等活动。

"能力冲关"参考答案

1. 答案:逼迁放火烧屋,六旬夫妇葬身火海。
2. 检验警报系统　国防人防教育　民族自尊自信　勿忘国耻
3. 31岁华人成哈佛大学正教授
4. 即将全面推开实施的中小学教师职称改革方案,职称设定更加规范化,评价标准更加合理人文化,评价机制更加健全透明化,聘评结合人尽其才更加科学化。这一方案的实施,对于优化配置资源、加强基础教育师资保障,具有重要意义。
5. 游奇峡探幽览胜增进八方友谊
   赏兰花以兰会友广交四海宾朋

滴水显人意　花瓣总关情

——写景散文技法例谈

【技法点拨】

身处纷繁的大千世界,我们常常会被身边秀丽的风景所吸引,所陶醉,所感染,从而生发如骨鲠在喉,急于把这美景记录下来的强烈的情感冲动。用优美的语言把看到的风景诉诸笔端,并借以表达自己内心的某种情感,这便是写景散文。

写景散文是把自然山水、人工场景、民俗风貌当作主要描写对象,通过物象形声色味、情态特性的描写,充分展示其风采魅力,借以传递作者的情感从而吸引读者、感染读者的文章体式。与其他散文样式相比,写景散文最具美景美意、诗情画意,因而深受广大读者的青睐。在高考作文议论文占统治地位的背景下,倘能跳出桎梏,独辟蹊径,用写景散文构思谋篇,一定会凭借其"美景""真情"鹤立鸡群,一枝独秀,深深地打动读者,感染读者,获取读者的芳心,赢得理想的得分。

那么,怎样才能写好写景散文呢？虽曰文无定法,因人而异,但凡事都有套路章法,写作写景散文还是有"法"可依的。

第一、观察入微,凸显特点

写作写景散文,首先必须养成细心观察事物的良好习惯。观察是写景状物的前提,只有"远近高低"三百六十度全方位立体透视、观察、体味,才能准确捕捉风物的特征,展现独特的颜色和姿态,凸显独一无二的"个性"美,从而为抒情造势。如朱自清笔下的《春》,就牢牢抓住春天的"美""力"和"新"的特点;老舍笔下的《济南的冬天》就凸显了济南冬天"温晴"的特点,给读者留下深刻的印象。

第二、按照顺序,有条不紊

自然界的景物原本杂乱无章,因此,描写景物必须根据自己抒情言志的需要,有所取舍,然后考虑先写什么,后写什么,做到"言之有序"。描写景物的次序有许多种,常见的如时间次序(春、夏、秋、冬)、方位次序(东、西、南、北、中)、空间顺序(上、下、左、右)、逻辑顺序(移步换景)等,无论采取什么顺序,都要以凸显风景特点为核心,以触发情感为出发点,切忌游离于情感基点之外的天马行空,随心所欲,严防偏离情感主线的恣情泼墨,造成一发而不可收的残局。

第三、运用技巧,生动描摹

写作写景散文,要求调动多种手段进行描摹,尽力展现笔下之景的风姿和特质,使读者在花鸟鱼虫、风花雪月的自然美景中受到情感的熏陶、灵魂的净化和精神的升华。要达到这样的效果,就必须借助各种艺术手段。可以运用比喻、拟人、对比、夸张、通感等修辞技巧,运用以动衬静、虚实相生、联想想象、简笔勾勒、工笔描绘等表现手法,形象生动地描绘大自然的妖娆风姿,精致入微地抒发自己别样的感受。①描绘风景的色彩、形状、声音,使之具有立体感。②综合调动视觉、听觉、触觉、味觉等多种感官描摹风景,突出其可感性。③变换观察角度,让风景形态呈现出"远近高低各不同"的全景感、动态感。

第四、勿忘本心,景为情生

清代著名诗人、学者王国维先生在他的《人间词话》里写道:"昔人论诗,有景语、情语之别,不知一切景语皆情语也。"同时期学问大家王夫之也说:"情景名为二,实不可离……巧者则情中景,景中情。"品味名家大师的高论,其含意不外乎两点:一是一切写景状物的文字都是作者表情达意的载体,二是一切景物又必然引起作者情感的共鸣,进而付诸文字,形成景语。景与情,情与景,二者相辅相成,水乳交融,不可分离。一般来讲,写景散文绘景的笔墨分量较重,抒情可以比较含蓄甚至藏情于景,但必须时刻牢记,写景的最终目的在于抒怀,要适时、适度地借描摹表达情感,借遐想表达情感,借议论表达情感,不要让写景散文变成肤浅、庸俗的卖弄文采的文字游戏。

总之,写作写景散文,务必以"观察"为行文基础,以"技巧"为描摹手段,以"情感"为写作之本,景为情生,寓情于景,使景趣、情趣、理趣有机融为一体,体现"文以载道"的为文要旨。

【经典引路】

人间四月，西子有约

婉约

草长莺飞的日子，适合外出。阳光下踩着春意盎然的脚步，飞扬着美丽的心情，投身人间四月天。

沿着平海路向西，至湖滨公园，映入眼帘的便是美丽的西子湖。蔚蓝的天空下，湖面碧波荡漾，泛起涟漪，那折射洒落在湖面上的点点晶亮，随波涌动，就像是从天上撒落的满湖碎银。遥看远方，群山含黛，层峦叠嶂，一道道山峰犹如绿色的屏障将西湖轻拥入怀。西子湖，三面环山，一水抱城，湖光山色，相得益彰。

波光粼粼的湖面，偶尔可见几只觅食的水鸟，欢快地飞起又落下，给湖水增添了灵动的美。不远处，三潭印月、湖心亭、阮公墩三个小岛矗立在湖中央。几条古色古香的画舫载着游客不时闪现在视线里，近了，远了……

都说晴湖不如雨湖，四月的西子湖，正是烟雨美景相得益彰的时候。倘逢烟雨迷蒙，站在湖边远眺，你看不真切层峦起伏的群山，但见雨雾之中的缥缈；而湖中的小岛也早已披上柔柔的雾纱，远远望去，那迷离的绰影虚幻成水墨画中的雾化之笔。那细小的雨点打在湖面，疏密有致地跳动着，就像是雨的精灵在合奏一首钢琴曲。撑着雨伞，静静伫立，听雨点沙沙地落在伞面，落在高大的香樟树上，一首悠扬的钢琴曲便飘入耳际，滑过心扉。

湖滨转角处，一排垂柳在春风中轻舞，只一眼，那萌萌的绿意便摄取我心。如果说，雨雾中的柳树是飘逸的君子，那么阳光下的柳树则更添儒雅的气质。仿佛站在我面前的，已不再是柳树，而是一位穿着长衫的俊朗男子，正穿越时空而来，那从容不迫的举止，那淡定自若的神色，还有那飘飘衣袂里潜藏着的淡淡的清愁，无一不让我痴迷。

西子湖畔，海棠依旧，红枫旁逸斜出。花廊上，紫藤花的藤蔓爬满支架，繁多的花絮悬挂下来，像一串串紫色的风铃迎风摇曳。古老高大的香樟树上，不时有小松鼠在枝丫间俏皮地探出头来，悠哉悠哉地串来串去，引得游人纷纷驻足，人与自然，融为一体，说不出来的唯美与浪漫。

如果说四月的江南是一幅画，那么四月的白堤无疑是这幅画中最精妙的一笔。"夹岸桃花蘸水开"，那一树树花色各异、娇艳欲滴的桃花，盛开在素有"十锦塘"之称的白堤两侧，如临水梳妆的美人，巧笑嫣然。一株桃花一株柳，树树桃花间杨柳,这是白堤四月最美的景致,这种美无法用笔墨描绘,只有身临其境才能有更深刻的体会。

风,吹起了我的发梢,舞动着我的衣袖,在桃与柳的相映中,我品读着人间最美。而心中,那被四月点亮的,便是暖暖的爱与希望。

简评:本文尽情泼墨,描摹人间四月的西湖盛景,表达由衷的热爱与讴歌之情。作者按照空间顺序写景状物,移步换景,娓娓道来。运用比喻、拟人等修辞手法,综合调动视觉、听觉等各种感官,动静结合,绘景拟声,既有清新可人的静谧之美,又有轻盈俏皮的灵动之美。作者善于联想,对笔下之景工笔描画,尽显山水神韵风姿。通篇用大量笔墨状写西湖美景,歌咏之情渗透字里行间,情景水乳交融,浑然一体。

【下水作文】

奇山秀水金丝峡

韩延明

金丝峡地处秦岭南麓,原以为它只是一个传说而已;然而,身临其境,却让我大饱眼福!

金丝大峡谷是国家级森林公园。它蜿蜒曲折,幽深狭长。站在谷底,仰视苍穹,天被两侧高耸的悬崖峭壁夹成一条曲线,人在"井"底,心不由得悬了起来:深怕两边斧砍刀削似的峭壁会坍塌下来。黑幽幽的山石上渗着水珠,下面是厚厚的苔藓,让人仿佛闻到一股浓墨滴渗到绒毯上的淡淡幽香。

峡谷内植被丰茂,满目苍翠。花草灼灼地逼你的眼,不经意间它已经钻进你的鼻孔,痒痒的,甜甜的,香香的。树木修颀高长,负势竞上,争抢那一缕射入谷内的阳光。枝头的那些小鸟时不时探头窥视,调皮地鸣叫几声,顿时把整个山谷叫得一片灿烂。

流连于峡谷,最神奇的是那"石生树"——一块方正洁净的大石上竟生长着两棵树。苍劲的树根一半裸露在外,一半陷入石中。枝节突兀的树根似老人粗糙的血管,我们好像隐隐听到,树干正汩汩地吮吸着来自根底的血浆。更绝的是那些攀附在绝壁上的树木,只要有一点缝隙,它们的根就努力挤进去,将那石缝崩裂,将坚硬的石壁层层撬起,剥离。而它们的根则不折不饶,向着石壁深处钻进。

在一面峭壁上,一条由各种植物组成的三米多宽的"绿色走廊"由峰顶直泻谷底。远远望去,就像从山顶垂下的一条绿色丝带,在山风的吹拂下飘然起伏,恍惚间,仿佛一阵仙乐轻轻地从远处飘来,朦胧中,我已找不到自己。就这样,植物们相互支撑,以根为犁,硬是在这千米石壁上,开垦出一条生命的奇迹。

峡谷中没有路的地方,人们往往用钢丝和木板凌空架起一条条通道。这些"路"随着地形变换,悬空的木板一会儿飞上山腰,一会儿又落入谷底,贴着水面,就像条条长龙,在峡谷中翻飞、蠕动、蜿蜒。走在这样的路上,颤颤悠悠的,仿佛腾云驾雾一般。

谷底有一条条溪流,溪水时而漫过水草浮动的浅滩,时而在乱石间穿行,时而又汇成一潭绿波,摇曳着两岸的青山。悬崖边,瀑布高挂,飞流直下,跌入深潭之中,攒玉叠翠,抛洒万斛珍珠,激起层层涟漪。

沿着陡峭的石阶向山上攀登,绝壁上开凿出来的石阶犹如天梯,在云雾缭绕的山腰间隐现。身登青云梯,我两股战战,几欲作罢。终于,我站在了石燕寨的山顶,原先须仰视才见的群峰都匍匐于脚下。这时,我才真正领悟到了"会当凌绝顶,一览众山小"的辽阔与豪迈,禁不住几声长啸。

金丝峡的山美,既有华山的险峻,又有黄山的秀丽,看山,心里如饮美酒,激情荡漾;金丝峡的水秀,既有清冽的山泉,涓涓的小溪,也有形态各异的瀑布,看水,耳畔仿佛飘来阵阵醉人的山歌;金丝峡的峡幽,既有青龙的灵动,又有月牙的玄妙,看峡,胸中或山重水复,又柳暗花明。

金丝峡,深山里一颗璀璨的明珠——金丝归来不看峡!

点评:本文是一篇激情奔放的写景抒情散文,作者饱蘸笔墨,尽情讴歌了金丝大峡谷的丽山秀水,峡谷奇观。文章大量运用通感的修辞手法,写景摇曳生姿,抒情淋漓尽致。"枝头的小鸟时不时探头窥视,调皮地鸣叫几声,顿时把整个山谷叫得一片灿烂",化听觉为视觉,寥寥数语,山谷的清新明朗如在眼前;看到老树根那"粗糙的血管",仿佛听到"树干正汩汩地吮吸着来自根底的血浆",何等的形象感人!看到"花草灼灼","鼻孔痒痒的,甜甜的,香香的",这种感觉又是那样的回味生津,余香四溢。结尾的一段抒情,视觉、听觉、感觉交相辉映,再辅以酣畅淋漓的排比,美不胜收。

广采百花巧酿蜜

——高考作文考点攻略之"内容充实"

"内容充实"是高考作文基础等级中一项重要要求。"内容充实"是指在写作时要言之有物,持之有据,用足够的高质量的材料揭示文章的主题。记叙事情,能够写出事情的全貌及其重要细节;议论问题,能够运用充足的论据阐明实质。写进文章里的材料要有较高的质量,所选材料对表现主题是必要的、足够的,而不是无用的、单薄的。值得注意的是,这里的"内容"不仅指材料(人物事件和数据资料),还包括思想感情、观点看法等。

那么,高考作文如何做到内容充实呢?

1. 多措并举积累材料。只有尽可能多地占有材料,"胸中有丘壑",下笔时才能文思泉涌,左右逢源,挥洒自如。正如鲁迅先生所言:"要像蜜蜂那样采过许多花,这样才能酿出蜜来,倘若叮在一处,所得就非常有限,枯燥了。"

(1)拥自然入怀。观赏日月星辰,凝视山川河流。风的私语,花的叹息,高耸入云的山峰,波涛汹涌的江河,游荡在寒冬中的几点残雪,跃动在湖面上的一抹斜晖……花草树木、鸟兽虫鱼、山峰河流,都是大自然赐予人类的跳动的音符,只要能用敏感的心及时捕捉,就能谱写出一首首悦耳动听的歌。

(2)和社会握手。社会生活是我们写作的不竭泉源。触及社会焦点,追踪时事话题,关注家长里短,放眼环球世界……身边琐事、国家大事、国际风云都是我们写作的绝好材料。只要你用青春的眼睛观察这个世界,用青春的思想思考这个世界,用青春的心智观照这个世界,即使是社会生活中司空见惯的平凡小事,也能为我所用,任我驱遣,笔头也就自然会溢出华美的辞章,写成警人警世的隽永奇文。

(3)与课本交流。课本是编者的心血凝聚,选文大多文质兼美,内容涉及为人处世、道德情操、思家爱国、名人事例、名篇名句、诗词典故等方方面面。如果能抓住课本,广采博记,并努力做到融会贯通,因时因地,巧妙化用,必能开掘这五彩缤纷的"花圃园地",创就一篇篇独具特色的精粹美文。

2. 合理筛选选择材料。材料是文章的血肉和支柱。要写出内容充实的文章,就要注意材料的精心筛选,发挥材料"以一当十"的功效。

(1)材料要切凿。材料切凿,有真情实感,是内容充实的根基。作文需要真实,但这个真实,不是仅仅对生活的自然摹写,而应是在生活基础上的再创造。因此,考生写作时根据为文需要,在把握生活真实的基础上,可铺排渲染,锻造加工,来丰富文章的内容。反对缺乏创意的胡编乱造,如不少考生曾一度沉迷神游太空、时间旅行、神鬼传奇、梦中奇遇等缺乏底蕴和真实体验感受的题材,反映出学生生活积淀不足和生活感悟力的低下,这样的材料对文章内容有百害而无一利。

(2)选材要新颖。高考作文取材最忌讳陈旧、老套,要力避"永久牌"例子。考生应该关心国内外大事,关注现实生活中涌现出的新人新事。最好能引述时尚言论和当前媒体普遍关注的事例辅助说理,加强说理的针对性和时代感,这样的文章更具吸引力、说服力。

(3)材料要典型。材料典型,是内容充实的命脉。典型的材料,具有广泛的代表性和巨大的说服力,可以收到以一当十、以少胜多的最佳效果。所选材料要知名度高,代表性强,吸引力大。

3. 尽情联想,组织材料。

(1)联想古人、名人和书中人。放眼古今中外,科学家、思想家、文学家,音乐天才、体坛名将、政治领袖,他们那精彩的人生、奋斗的历程、成功的经验、失败的教训常给我们无数充满智慧的启迪。在文中恰当运用这些人物的事例,或引作论据,或抒以情感,不但可以增强文章的说服力,而且可以彰显你广博的知识积淀,会使你的文章书香飘散,读者自然为之叹服。

(2)联想新闻热点、国家大事和国际风云。不管是国事家事,无论是国内国外,凡是焦点热点,都统统拿来为我所用。这样既可以充实文章内容,又使文章具有浓厚的时代气息,引起读者的高度关注。

(3)联想名言名句、俗语谚语和歌词。名言名句、俗语谚语,是历史文化的积淀,是前人智慧的结晶;歌词往往蕴涵事理,抒发真情;而且它们大多已被人们认可,脍炙人口。因此,引用名言名句、俗语谚语或歌词,可以展现你丰厚的文化底蕴和非凡的语言组织能力,使你的文章意蕴饱满,更具感染力。

【佳作示例】

多一分钟宽恕

（2015高考重庆一考生）

诚然，快节奏的生活，让我们总是行色匆匆，在惶恐中行进在自己的路上。纵然如此，对步履维艰的残疾人，对那位孩子热爱着的母亲，我们就不能多一分钟的等待，多一分钟的宽恕吗？

海纳百川，有容乃大。

子贡问曰："有一言可以终生行之者乎？"子曰："其恕乎！己所不欲勿施于人。"孔老夫子是说，宽恕可以使一个人终身受益。

然而，现实生活中，"宽恕"一词，似乎被好多人丢到九霄云外去了。

看看那些开着豪车的"路怒族"吧，似乎公路是专为他一个人修的，一旦前车慢了点，或者过马路的人慢了点，便破口大骂，不管是不是在公共场合，也顾不得什么社会公德了。前段时间，在某国航班上，两名中国乘客只因一言不顺便大打出手，不仅耽误了全机人的时间，还丢了自己的脸，更丢了民族的颜面。

生活节奏快了，社会压力大了，大家似乎都生了几分暴脾气，都站在自己的角度看世界，却缺少了对他人的宽恕，缺少了中国公民应该具备的那一份美德。

看看网络上的无聊跟风者，前段时间爆出姚晨老公出轨的消息，众人便对人家老公恶语相向，咒人家不得好死。后来又爆出真正出轨的是姚晨，大伙儿又一窝蜂地调转枪头，骂人家是"淫妇荡妇"。八卦新闻而已，人家个人的隐私，跟你八竿子打不着，自己该干什么干什么，何必为此浪费口舌？即使你是姚晨的粉丝，你只管看她的戏就好了，至于人家个人的婚姻问题，让国家婚姻法去管，用宽恕的心给人家选择的自由吧。

纵观历史，宽恕他人就是宽恕自己。

三国时曹操刺杀董卓失手，逃到了吕伯奢家借宿。吕伯奢一家本准备杀猪备酒，好生款待曹操。曹操却只因听到对方一句"薄而杀之，何如？"便心生仇恨，提剑杀了吕伯奢全家，仓皇而逃，最后留下千古不仁不义之名。要是他当时多一分钟的等待，多一分钟的宽恕，事情何以至此！

又说春秋战国时秦穆公，养了一匹难得的好马。一日这马逃出马圈，跑进了山林。秦穆公万分痛惜，便派手下满山搜寻，最后却发现几个农夫正在分食自己的爱马，秦穆公何其愤怒！然而，他不仅没有处罚那几个农夫，还赐其金银匹缎，劝其归家。多年后,秦穆公身陷战乱之中,敌人的长矛已刺到了他的胸前,危急时刻,一队死士冲了出来,救出了秦穆公——这几名死士正是当年受秦穆公恩赐的那几个农夫。

相比于曹操,秦穆公对他人的宽恕,最终拯救了自己,传为美谈。

由此可见,对他人的怨愤是对自己的惩罚;对他人的宽恕,则是对自己的救赎。

灯红酒绿的都市里,那漫天的霓虹灯,总是不经意间点燃了我们的怨怒。但请你在自己的人生空间里,为他人留下一丝余地。

你可以行色匆匆,但请多一分钟的等待,多一分钟的宽恕。这样,你好,他好,我也好!

【满分亮点】

这篇满分作文最大的亮点,是旁征博引,内容充实,凭"猪肚"一举夺魁。在论证说理时,作者援引古今名人事例或热点素材,充分让事实说话。选用素材涉及的人物,有帝王将相,有古圣先贤,也有土豪一族、普通乘客和无聊跟风者,涵盖面极广;从素材人物所处的时代上看,古代当代兼而有之,既有浓厚的文化底蕴,又有鲜明的时代特色;从素材性质上看,既有正面的,也有反面的,文章全方位多角度论证中心论点,令人信服,给人启迪,也足显作者较为深厚的知识积淀,赢得阅卷老师的一致好评。

面对面倾诉　心与心交流
——巧用书信体扮靓高考作文

不知从何时起,考场作文议论文一统天下的局面悄然形成。可以说,这是一种急功近利、很不正常的现象。考生千篇一律干巴巴说理,酷似于科举八股文,文章缺乏真情实感,缺乏灵动美,因而严重影响得分。要打破这一僵局,就要激励考生百花齐放,标新立异,用新文体替代老面孔,勇求新求异之道。2015年高考课标卷Ⅰ作文试题要求考生写一封书信,表明对小陈举报自己的父亲老陈违规驾驶一事的态度,考题明确限定只能写书信体,这一命题有效杜绝了"无论试题怎样变化,唯我议论文独霸天下"的"以不变应万变"的不良风气,引导考生打破桎梏,走创新之路,引来一片叫好。

通览历年高考满分或优秀作文,书信体所占的绝对比例很大,明显优于议论文体。像备受人们热捧的《谏屈原书》、《致和珅的一封信》、《给父亲的情书》等。特别是近五年来,书信体倍受青睐,有明显升温的趋势,考场满分或优秀作文越来越多。如2011年高考河南卷满分作文《致中国的一封信》、甘肃卷优秀作文《给诚信业主的一封信》;2012年高考课标卷黑龙江满分作文《感恩哥与善良弟的书函》、广东卷优秀作文《莫怨此生非锦华——致纳兰性德的一封信》《面对现实,开辟未来》(给妹妹的信)、课标卷吉林优秀作文《给皇上(四郎)的信》;2013年高考课标卷河南满分作文《梦行不止,勇往直前——致自己》、江苏卷优秀作文《给弟弟的一封信》、天津卷优秀作文《历而知之——给旧日同学的一封信》、江西卷优秀作文《我想和您同行》(致鲁迅)、四川卷优秀作文《给三郎的一封信》;2014年高考全国课标卷Ⅱ满分作文《致游人:爱我就请放放手》、北京卷满分作文《老规矩,请听我说》、安徽卷满分作文《给变通的一封信》、辽宁卷优秀作文《总想和你在一起》;2015年高考山东卷满分作文《抓住老鼠才是好猫——给步入高中的儿子的一封信》《舍弃茎蔓求果实》、湖南卷满分作文《莫让思维禁锢了你》《行到水穷处,坐看云起时——致王维》、四川卷满分作文《写给老实的聪明人》等。

　　书信体何以如此走红？因为这种文体冲出了惯用的议论文的藩篱，采用《考试大纲》要求掌握的"实用类"文体，便于面对面倾诉，心与心交流。选用书信体表达，仿佛是作者与倾诉对象促膝交谈，一下拉近了彼此间的距离，使人倍感亲切；书信体可以融记叙、描写、议论、抒情于一体，也可以采用讨论对话的形式，自由灵活，交流推心置腹，容易达到"动之以情，晓之以理"的艺术效果。

　　书信体作文跟日记体作文类似，既可以是一封信构成一篇文章，如上例《梦行不止，勇往直前——致自己》等；也可以是几封短信组成一篇文章，表达一个主题，如上例《感恩哥与善良弟的书函》等；可以是写给他人的，也可以是写给自己的；可以写给人，也可以写给物；可以写给现实的人，也可以穿越时空，写给过去或未来的人，不一而足。采用书信体写作，除内容要切合题意外，在形式上还要符合书信体的格式要求。下面结合实例，领略书信体作文的风采。

【文题设计】

阅读下面的文字，按要求作文。

　　曼德拉一生最美好的岁月都是在监狱中度过的，他说："当我走出囚室迈向自由的监狱大门时，我已经清楚，自己若不能把痛苦和怨恨留在身后，那么其实我仍在监狱中。"

　　要求：标题自拟，文体不限；不能脱离材料含意的范围作文，不得抄袭；不少于800字。

【写作指导】

　　解读这道试题的关键，在于理解曼德拉那句话的深刻含义，属于名言类作文试题，是近年来作文试题命制的常见类型之一，也是难度相对较大的命题形式。曼德拉的这句话是用否定的语气从反面来讲的，意思是说，虽然我的"肉体"走出了监狱大门，但如果不把痛苦忘却，那么我的"思想"仍在监狱中。我们把这句话变换一种说法，变成肯定的语气，就是：要把痛苦和怨恨忘却。只有这样，才能走出阴影，摆脱精神桎梏。曼德拉的话表现了他豁达的胸襟、海纳百川的气度和乐观的生活态度。这句话给了我们这样的启发：人的一生不可能一帆风顺，难免会遇到意想不到的磨难或打击。一个人如果不能正确理解和对待生活中的种种"不如意""不顺心"，甚至是悲痛、仇恨，不能宽宥他人、微笑着面对生活，那么他就永远不会成功,一生只能生活在悲痛与绝望之中。由以上分析我们可以这样立意:①忘却痛苦就意味着成功;②解除心灵的监禁(心灵越狱);③宽恕别人就是爱自己;④要学会以德报怨,用恩惠回报别人的仇恨;⑤甩掉包袱,轻松上阵。

写作本题,按照常规思维,可能会首选议论文。如果这样,就极有可能出现千人一面的现象,引起阅读时视觉疲劳,从而影响得分。为了避免"撞车",可以考虑在文体、谋篇上大胆创新,给人以全新的视觉感受,鹤立鸡群,以新巧取胜。在此,以书信体为例,予以赘述。

1. 穿越时空,与题料中人物对话。可以超越时代、国籍、空间甚至生死界限,与作文题目中的人物通信。这样,不仅显得审题准确,扣题严密,而且"思接千载,视通万里"。这样的文章纵横驰骋,必定不落窠臼,新颖别致。

给曼德拉先生的一封信

商南高中高三(1) 徐一帆

尊敬的曼德拉先生:

您好!

我是一名中国学生,最近读了一些有关您的书籍,被您向往自由、积极进取的生活态度深深打动,也从中悟出了许多人生哲理,于是便想和您分享一下我的感受。文辞笨拙,还请海涵。

首先,我想摘录出您所说的对我感触最深的一句话:"当我走出囚室迈向自由的监狱大门时,我已经清楚,如若不能把痛苦和怨恨留在身后,那么其实我仍在监狱中。"

身为南非的精神领袖,您不仅博爱,而且还教给大家如何面对生活,如何追寻自己的自由。您用自己的行动来告诉大家,心若向阳,无畏悲伤!您的言行使我懂得,只要心是明亮的,就算夜再黑暗,就算生活有太多的无奈,就算命运夭折我们的梦想,我们也不应就此屈服。上帝的力量是伟大的,但命运最终掌握在我们自己手中。信念坚定不移,梦想总会实现。

其次,我想说说您的乐观与宽容。俄国作家普希金写过这样一首诗:"假如生活欺骗了你,不要悲伤,不要心急,忧郁的日子总会过去。"这不正是对您的写照吗?您被捕,放逐,经历了长达27年的监禁生活。您不仅没有颓废消沉,反而磨砺出了高尚的品质。您用最礼貌最宽容的方式回答了别人对您的残忍。我懂得,宽容别人,就是珍爱自己。如果对别人的过错一味追究,不仅会让自己失去快乐,而且会让自己多一个敌人。不妨大度一点,像紫罗兰一样,路人从它娇弱的身躯上踩过，它却把芳香留在了路人的脚踝。您的海洋般宽广的包容之心，令人肃然起敬！

最后，我还想谈谈您的心灵越狱。本是暗无天日，您心里却阳光灿烂；本是手铐脚镣，您却挣脱枷锁，报之以歌。我仿佛看到了您灵魂的自由之光在闪烁，熠熠生辉！有的人生活在牢狱中或贫穷里，可他的灵魂很高洁，有种超然物外的洒脱；可有的人，明明生活在安逸之中，却硬要将自己的心灵"监禁"起来，整天做着毫无疑义的痛苦挣扎。我想，我不会富甲天下，可我会拥有千万个艳阳天。我没有理由怠慢这一个个明媚的日子。

曼德拉先生，您坚毅、宽容、自由的精神深深打动了我，所以冒昧写信给您，以表达我由衷的敬仰之情。今后，我会用更加乐观与阳光的心态面对生活中的痛苦与磨难。我可能不会成为伟人，但我会永远踏着伟人的脚步前行！

一个中国学生
×年×月×日

点评：本文采用书信体形式构思行文，显得机智巧妙，读来倍感亲切，很好地收到了传情达意的效果。作者站在高处俯视材料，进行全方位审读，由整体立意，从心里充满阳光、宽以待人、心灵越狱三个层次与名人交流自己的心得感受，做到了审题立意"全覆盖"。对素材的引用，无论是直接的还是间接的，都能做到自然得体，干净利落，了无痕迹，足见作者的较为高超的语言功底。

2. 自己与自己对话。这种构思，既可以给现实生活中的"我"写信，还可以穿越时光的隧道，给幼时的"我"或未来的"我"写信，即所谓"时光之书"。这样行文不但极富浪漫色彩，更使文章情趣盎然，韵味无穷。

致不懂得宽恕的自己

商南高中高三(1)　赵迪

亲爱的你：

记忆中的你，一直是那个蛮横无理不知宽恕为何物的青涩小男孩，在父母与亲人的庇护下过着百依百顺不懂如何去爱如何体谅的生活。而今天的你，已经是年过十八的成年小伙子了，应当去包容去体谅，去拼搏去追梦。

要懂得，真正的智者是怀揣宽恕笑对生活的人。正如黑人领袖曼德拉，智慧如他，懂得携一颗宽容的心去赢得天下。也许你没有惊世的才华，也没有超人的能力，但只要拥有一颗懂得宽容的心，笑对自己所遭受过的痛苦与磨难，积蓄力量，就可以实现梦想，一飞冲天，受到万人的瞩目与爱戴；就可以像曼德拉那样，凭借宽恕之心得民心，得天下。

你要牢记纪伯伦的那句名言："一个伟大的人有两颗心脏：一颗心流血，一颗心宽容。"

要懂得，真正的智者是懂得宽恕化敌为友的人。对于敌人，人们心中充满的肯定是仇恨，然而智者却懂得化仇恨为力量。伟大如林肯，在当时的世界他无疑是一方霸主，想要消灭敌人简直易如反掌，但他却没有。他消灭敌人的办法，是将敌人变成朋友，将仇恨变为力量。

你要记住哲人阿萨吉奥利那句忠告："如果没有宽恕之心，生命会被无休止的仇恨和报复所支配。"

要懂得，真正的智者是心怀宽恕退而求和的人。遥在战国时期，赵国并不是一个强大到让人望而生畏的国家，然而面对最强势的秦国的挑衅屡屡获胜。何也？因为文有蔺相如武有廉颇。聪明如蔺相如，他懂得宽恕和退让，终于换来文武两大股肱之臣的和睦，这是何其豁达的胸襟！智者的宽恕换来了赵国的安宁，也让"将相和"的美谈流传至今。

你要记住于丹那句话："中国一直以和谐为美，而真正的和谐是什么？那就是对于他人的一种宽容。"

亲爱的你，千万不要只懂得一点宽恕就满足了。相比前人，你还相差甚远。路还有很长，要时时与包容相伴。知道吗？紫罗兰把它的香气留在踩扁它的脚踝上，这是何等的大度！这是马克·吐温对宽恕作的最好的诠释，也应当是你未来道路上追求的目标。

亲爱的你，前途漫漫，还有很多的难关没有越过，还有很多的艰辛没有品尝。梦行不止，携宽恕以前行！

心底的你
×年×月×日

点评：给自己写信，构思的确不同凡响！书信的正文部分，围绕"宽恕"这一核心内容，用三个结构相同的中心句分领三个语段，谆谆告诫自己要"笑对生活"，"化敌为友"，"退而求和"，有一唱三叹之美。每段之后直接引用名人名言既概括前文内容，又强化题旨，起到画龙点睛的作用。文章采用并列式结构布局谋篇，语段之间形成铺排，显得匀称整齐，前后浑然一体。整齐的句式，畅快的表达，也为文章增色不少。

3. 与同类人对话。把自己想象成倾诉对象的同类人,以一个"过来人"或"后来者"的身份,设身处地替对方着想,提出观点或希望。因为"同类",必定有共同语言;因为有共同语言,必定会打动对方,达到自己的目的。

致高三学子的一封信

商南高中高三(2)　周淑芳

亲爱的高三学子们:

　　高考在即,你们一定会有许多压力吧?或者是来自繁重的作业负担和起早贪黑超负荷学习带来的痛苦。请听我一句话:忘却痛苦,放下包袱,轻装上阵。

　　拜伦曾说过:"一个痛苦能够毁灭人,然而受苦的人也能够把痛苦消灭。"曼德拉就是一个将痛苦消灭的人。他的青年时期,大都在监狱里度过。对于一个具有远大抱负的人来说,失去自由是多么的痛苦!有些人进了一次监狱,一生都生活在痛苦的阴影中。而曼德拉凭着"当我走出囚室迈向自由的监狱大门时,我已清楚自己若不能把痛苦的怨恨忘在身后,那么其实我仍在监狱中"的乐观和睿智,最终走出黑暗,成为伟大的黑人领袖。学习中的压力和痛苦也是如此。只有摆脱黑暗的深渊,才能看到光明,成就卓越。

　　司马迁是一代风云人物。当年他因为替李陵辩护而惹怒圣上,最终被施以宫刑。他从暗无天日的牢狱中坚强地站起来,摆脱思想牢笼,潜心编写《史记》,为后人留下"史家之绝唱,无韵之离骚"。高尔基幼时为生活所迫,给人当学徒,每天遭受主人的辱骂和鞭打,饱经生活的酸甜苦辣,却始终以乐观的心态面对苦难。他目睹了社会各阶层之间的明争暗斗,积累了大量的生活素材,并付诸笔端,最终成为著名作家。倘若司马迁、高尔基一直沉浸在黑暗的阴影中,他们怎么会有后来的辉煌成就?凯利曾说过:"时间会磨平最大的痛苦。"面对激烈竞争带来的痛苦和压力,我们只有坦然接受,才能活出潇洒,活出尊严。

　　同样命运多舛,仕途坎坷,刘禹锡乐观地以"无丝竹之乱耳,无案牍之劳形"的态度战胜痛苦,而杜甫却满怀"万里悲秋常作客,百年多病独登台"的愁苦,最终落得个"床头屋漏无干处,雨脚如麻未断绝"的凄惨下场。痛苦像无情的魔鬼,吞噬着人的灵魂,最终使人绝望;痛苦像沉重的包袱,阻碍你前行。只有甩掉它,才能一往无前。

　　高三是一个蜕变的过程,如同毛毛虫变成蝴蝶,是一个将自己的躯体与背壳脱离的痛苦过程。每当你挑灯夜战眼皮打架时,每当你疲惫不堪应对铺天盖地的试卷时……你都要以乐观的心态去面对困难,忘记痛苦。请牢记福莱的那句名言:"令你忍受痛苦的事,可能令你有甜蜜的回忆。"是啊,如若我们咬紧牙关忘记痛苦,轻装上阵,当金榜题名之时,迎接你的一定是甜甜的金色的六月!

与你们并肩作战的学妹
×年×月×日

点评:作者以一个局中人的口吻娓娓道来,竭力劝勉高三学子忘却痛苦与压力,轻装上阵,应对高考,切合题意。这样行文亲切而又"接地气",容易打动读者的心灵,引起情感共鸣。在语言表达上,大量名人名言穿插于字里行间,显得文化味非常浓重,大大提升了文章的品位,提高了发展等级的得分率。文章交错运用正反对比论证、假设论证和比喻论证等方法,说理透彻,形象生动,很有说服力。

4. 运用比拟,人与物对话。给没有生命、没有语言、没有感知的"物"赋予"人"的情感,把这个"物"假想为富有灵性的倾诉对象,向其诉说自己的喜怒哀乐、酸甜苦辣、荣辱得失。这样的构思化抽象为具体,幽默,风趣,颇具错落移位之美。

高考,请听我说

商南高中高三(2)　曾豆豆

亲爱的高考先生:

你好!

月沉沉,夜已深,我依然凭着小窗,借着路上昏黄的灯光看书。喧闹一天的小城累了,倦了,合上了困乏的眼,四周万籁俱寂。而我,沐浴着朦胧的月光,强睁着干涩的双眼,手捧着千钧重的书本,挑灯夜战。突然,我有一种冲动,想给你写封信,是你让我痛苦而无奈!

无法选择,没有防备,你就这样来到我的身边,悄无声息。我是看到黑板前醒目的倒计时,老师手中抱着的一沓沓的试卷,同学们咬着笔头做习题时紧锁的眉,才知道你真的来了。有时候,我站在学校门口,目光呆滞地望着教学楼一格一格的教室,紧张得手心出了汗,急促地呼吸着空气,像青涩的少女看到心仪的男孩,一副手足无措的样子,我痛苦,沉默……最终,我还是迈开步子,昂首挺胸地走向你,以青春最美丽的姿态迎接你,因为我知道,我必须面对你,你就如刘墉先生所说的那样,"是种美丽的痛"。

高考先生,你的确使我们痛苦不已。为了迎接你,我每天奋战到深夜,睡梦中还挂念着几何数列、地球英语;为了迎接你,我们没有运动会、演讲比赛、音乐课、美术课……只能透过四方的玻璃看着学弟学妹在操场上追逐嬉戏,只能通过一扇窗户感受阳光的温暖,桂花的清香;为了迎接你,月考、联考、模拟考把我们"烤"焦,还没有来得及喘息,下一次考试已接踵而至。我就像"超级玛丽"一样不停地走,不停地闯关。日子变得忙碌了,教室,宿舍,厕所,三点一线,简单而枯燥。

偶尔,我的眸子里会出现一个人的身影,那是心里最深的秘密。即使知道这是一场没有结局的游戏,可还是愿意当一回主角。如花的年纪,青春的悸动如小鹿乱撞,可是这缕美好的情愫被你湮没,只能努力把她当作生命中的过客,随风飘散。

高考啊,你让多少学子皱眉,让多少学子痛苦,正如张爱玲《半生缘》中所说,"我们再也回不去了",只能配合你的脚步,追逐你的身影,这怎不让我心痛呢?可是,我依然感激你。因为你的存在,我的青春才变得美丽,我才有了奋斗的动力,我的生命才变得厚重。

终于,我知道,只要忘却痛苦,为你奋斗的日子还是美好的。十八岁的我没有人生经验,只能随你而舞,却让我感到生命的涌动,你是我成长中最美丽的事,最宝贵的财富;而与你相处的日子会变成岁月的陈酿,让我眷恋回味。席慕蓉说:"假如生命是一列疾驰而过的火车,快乐和悲伤,就是那两条铁轨,在我身后,紧紧跟随。"亲爱的高考先生,你就是我现在的火车,即使痛苦依然美丽。我要和你一起踏上生命的旅程,且歌且行,寻找我最遥远的梦,痛苦地绽放美丽的青春。

一个痛苦却快乐着的学子
×年×月×日

点评:本文运用比拟手法,与"高考"面对面说话,倾诉一个高三学子面对高考的痛苦不安,在经历了理性思考之后,转而忘却痛苦,满怀信心地踏上人生之旅,"痛苦地绽放美丽的青春"。文章构思新颖,联想丰富,情感变化起伏有致,最终走出痛苦,心向阳光,立意高远,健康,切合题意。行文多用整句和排比句,再引用名人警句,语言生动精炼,极富文采和说服力。内容紧扣材料,形式符合书信体格式要求,二者做到完美的统一。

传记类文言文阅读技法指导

【考点阐释】

近年来,高考文言文阅读试卷虽有体式多样的变化,但人物传记始终是阅读文本的首选。文言文中的人物传记,可分史传类人物传记与非史传类人物传记两种。前者集中于历朝正史中,如《宋史》、《旧唐书》等;后者散落于历代作家著作里。这些人物传记主要记载传主的大体经历、主要事略、突出功绩、性格思想、封赏情况等。

传记类文言文考查的内容主要包括文言词语、文言句式、重要句子含义的理解、传主的性格品质、对全文内容的理解概括、文言句子翻译、作者的创作意图、情感态度等。2014年新课标卷又出现了文言断句的新题型,必须引起足够的重视。

由于传记类文言文以记述正面人物为主,肯定传主言行,褒扬正义之举,贬斥邪恶之行,而且史料翔实,叙事具体,语言规范,词汇集中,又能给考生一定的思想启迪与激励,所以,作为高考文言文阅读的文本,必将是未来高考命题选料的重点,也应该成为今后复习备考的重中之重。

【技法点拨】

阅读、解答文言文人物传记类试题,要依据这种文体的行文结构特点,巧妙切入,揣摩文意,这是提高考生筛选和辨别文中重要信息、分析和归纳文意、正确翻译文句等水平的有效途径。

1. 准确解答文言词语类试题,前提是在平时多积累,多辨析,掌握一定数量的文言词语,在"量"上做好准备。解答试题时,要做到词不离句,即把词语放在具体的语言环境中,根据上下文意思去理解。要特别注意一词多义、古今异义、词类活用、文言通假等现象,不能简单化。对那些偶尔出现的生僻字,更要细心揣摩所在句子的意思,特殊情况下,甚至可以运用"猜读"的方法去推敲字义。

2. 有关传主的性格、品质的试题考查,大多以选择题的形式出现。解答这类试题,要通过反复阅读品味,梳理出关涉传主的主要事件;还要注意传主与时代、传主与他人之间的关系,同时兼顾立传者对传主的客观评价性语句。在此基础上,采用排除法,最终确定答案。运用排除法时,要按照由易到难的顺序,从最有把握的选句开始排除,循序渐进。一般情况下,陈述对象与题干中传主不一致的句子要排除掉,有关传主任职情况的句子也要排除在外。

3. 对传记内容的理解概括,内容包括生平事迹、表现手法、形象特点以及与事件相关的时间、地点、人物等,综合性较强。解答试题之前要通读全文,准确把握传主的形象。如果是评传,要区分传记中的"叙"与"评",弄清事件与观点的关系。同时还要学会把握作品中具有典型意义的细节描写,对这些细节加以仔细地思考斟酌。例如,这一细节表现了什么,它与整个事件之间是什么关系,它在事件或传主的生活中起了什么作用,它表现了人物怎样的精神特质等。设题时命题人有时故意使时间、人物错位,或偷换地点,或强加因果。只要细心应对,都能发现问题,准确作答。

4. 文言句子的翻译要遵循"信""达""雅"的原则。"信",就是译文要准确表达原文的意思,不歪曲,不遗漏,不增译。"达",是指译文明白晓畅,符合现代汉语表达要求和习惯,无语病。"雅",就是译文语句规范、得体、生动、优美。文言文翻译要以直译(对译)为主,实在无法直译时,可适当意译。要猜度命题人的意图,找准句子中的得分点,即命题人重点考查的文言词语和特殊句式。重要词语翻译要符合语境,不能望文生义或想当然;特殊句式的翻译要符合现代语法的规范要求。对于无主句,要根据上文补出主语,使整个句子明白、顺畅。

5. 断句(句读)是2014年高考新课标卷出现的新题型,考生比较生疏,难度也比较大。韩愈在《师说》中说:"句读之不知,惑之不解,或师焉,或不焉,小学而大遗,吾未见其明也。"可见断句在文言阅读中的重要性。考查断句,其实是考查对文本内容的准确理解。所以,读懂文本是解答断句类试题的关键。特别要把所断的文段放在整个文本当中去,使之成为一体。否则,极有可能在理解上挂一漏万,出现偏差,造成误断。具体说来要注意以下几点:①注意专有名词,如人名、地名、官名、年号、器物名等,因为它们专有,所以不能随便分开,也就是说坚决不能断。②借助虚词,特别是句尾虚词来断句。一般情况下,古人在句尾处都习惯用一个虚词去结束句子,或表示语气,或表示其他用意,如"也"、"矣"、"哉"、"乎"、"焉"、"与"(欤)、"耳"、"者"、"之"等。看到这些词,就应该想到这里是否应该断句;如果断开后能与前后句子的意思衔接上,就要毫不犹豫地下笔。当然,有时候,这些词还有出现在句子中间的,如"生乎吾前"等,这仅仅是特例。万一遇到这样的情况,要谨慎行事,不能死板教条。③根据句子的内容断句。在以上两种方法都行不通时,可以采取通观全句的办法。因为一个句子表达一个完整的"母意",而完整的"母意"是由几个"子意"构成的。也就是说,当知道整个句子大体上说了一件什么事后,就要弄清楚它是由哪些小环节构成的,如把这些小环节弄清楚了,句子也就好断了。

6. 怎样把握作者的创作意图、情感态度? 首先,要把握文中表述的重点信息。弄清叙述重心是什么,议论性文字在哪里,将文中不能直接体现作者观点的文字首先剥离,从保留下来的关键信息中分析概括出作者的观点态度。其次,要对人物言行的叙述、说明进行领悟、分析,概括作者的观点态度。再次,留心结语,仔细推敲。人物传记的结尾大都有一段议论性的评价语,这往往是体现作者观点态度的所在,如在选自《史记》的文本结尾常有"太史公曰"这样的话,其实这就是作者在表达自己的观点或立场。

【模拟演练】

阅读下面的文言文,完成1~5题。

许文岐,字我西,仁和人。祖子良,巡抚贵州右佥都御史。父联枢,广西左参政。文岐,崇祯七年进士。历南京职方郎中。贼大扰江北,佐尚书范景文治戎备,景文甚倚之。迁黄州知府,射杀贼前锋一只虎,夺大纛而还。狱有重囚七人,纵归省,克期就狱,皆如约至,乃请于上官贷之。

十三年迁下江防道副使,驻蕲州。贼魁贺一龙,蔺养成等萃蕲、黄间,文岐设备严。贼党张雄飞将南渡,命游击杨富焚其舟,贼乃却。巡抚宋一鹤上其功。副将张一龙善驭兵,文岐重之。尝共宿帐中,军中夜呼噪,文岐曰:"此奸人乘夜思遁耳",坚卧不出。质明,叛兵百余人夺门遁,一龙追获尽斩之,一军肃然。杨富既久镇蕲一鹤复遣参将毛显文至不相得军民汹汹文岐会二将以杯酒释之始无患。

十五年,左良玉溃兵南下大掠。文岐立马江口迎之,兵莫敢犯。时警报日急,人无固志,会擢督粮参政当行,文岐叹曰:"吾为天子守孤城三载矣,分当死封疆,虽危急,奈何弃之。"遣妻奉母归,撤富、显文出屯近郊,为固守计。无何,荆王府将校郝承忠潜通张献忠。明年大举兵来攻,文岐发炮毙贼甚众。夜将半,雪盈尺,贼破西门入,文岐巷战。雪愈甚,炮不得发,遂被执。献忠闻其名,不杀,系之后营。

时举人奚鼎铉等数十人同系,文岐密谓曰:"观贼老营多乌合,凡此数万卒皆被掠良民,若告以大义,同心协力,贼可歼也。"于是阴相结,期四月起事,以柳圈为信。谋泄,献忠索之,果得柳圈,缚文岐斩之。将死,语人曰:"吾所以不死者,志灭贼耳。今事不成,天也。"含笑而死,时文岐陷贼中已七十余日矣。事闻,赠太仆卿。
(节选自《明史》)

1. 对下列句子中加点词的解释,不正确的一项是(　　)
   A. 景文甚倚之　　　　　　倚:倚重
   B. 副将张一龙善驭兵　　　驭:治理
   C. 时警报日急,人无固志　固:原来的
   D. 炮不得发,遂被执　　　执:逮捕

2. 以下各组句子中,全部表明许文岐竭力挽救国家危局的一组是(　　)
   ①檄富、显文出屯近郊,为固守计　②佐尚书范景文治戎备,景文甚倚之　③文岐发炮毙贼甚众　④于是阴相结,期四月起事　⑤副将张一龙善驭兵,文岐重之　⑥文岐曰:"此奸人乘夜思遁耳",坚卧不出
   A. ①②⑥　　B. ①③④　　C. ②④⑤　　D. ③⑤⑥

3. 对文中画波浪线部分的断句,正确的一项是(　　)
   A. 杨富既久/镇蕲一鹤/复遣参将毛显文/至不相得/军民汹汹/文岐会二将/以杯酒释之/始无患/
   B. 杨富既久镇蕲/一鹤复遣参将毛显文/至不相得/军民汹汹/文岐会/二将以杯酒释之/始无患/
   C. 杨富既久/镇蕲一鹤/复遣参将/毛显文至/不相得/军民汹汹/文岐会/二将以杯酒释之/始无患/
   D. 杨富既久镇蕲/一鹤复遣参将毛显文至/不相得/军民汹汹/文岐会二将/以杯酒释之/始无患/

4. 下列对原文有关内容的概括和分析,不正确的一项是(　　)
   A. 当贼寇在江北一带作乱时,文岐以黄州知府的身份辅助尚书范景文进行防御,并且在与敌军的交战中射杀了敌军的前锋一只虎,最后夺得敌军大旗而还。
   B. 许文岐驻守蕲州期间,贼寇头目贺一龙、蔺养成等聚集于蕲州、黄州一带,许文岐严密防备。后来贼党张雄飞将要南渡长江,文岐用计迫使贼党放弃这次计划。

C. 许文岐善于协调将领之间的关系。久镇蕲州的杨富与新到的参将毛显文不和,弄得兵民不安,文岐消除了两人的矛盾。

D. 许文岐在固守城池时,因天气恶劣而被敌军俘获。将要被杀的时候,许文岐对人说自己没有死去的原因是立志消灭叛贼。文岐死后,朝廷追赠他为太仆卿。

5. 把文中画线的句子翻译成现代汉语。

(1)狱有重囚七人,纵归省,克期就狱,皆如约至,乃请于上官贷之。

(2)观贼老营多乌合,凡此数万卒皆被掠良民,若告以大义,同心协力,贼可歼也。

参考答案:

1. C(C项中的"固",根据其所在的具体语境,应为"坚定的"之意。)

2. B(②说的是许文岐很受尚书范景文倚重;⑤说的是许文岐非常重视副将张一龙;⑥说的是许文岐认为半夜军中喧闹是奸人想趁夜晚逃跑,于是坚持卧床不出去。此三句都与题干要求不符,有此三句的应当排除。)

3. D("既久"是说"镇蕲"时间之长,断开不妥;"参将"修饰"毛显文",不能断;"文岐会"之"会"的宾语是"二将",不能断开。)

4. A(A项依据原文可知,文岐辅助尚书范景文进行防御时还未做黄州知府。)

5. (1)狱中有七个判重刑的囚徒,文岐放他们回去探望父母,(给他们)规定回狱的时间,这七个人都按照规定的时间回来了,于是文岐请求上级官员宽恕他们的罪行。(译出词语"归省""克""贷"各1分,句子通顺2分)

(2)我看贼寇的老营多是无纪律的人,这里所有的数万兵卒都是被掳掠的良民,如果将大的道义告诉他们,大家同心协力,贼寇就可以被歼灭。(译出词语"乌合""掠"各1分,按现代语法译出特殊句式"告以大义"1分,句子通顺2分)

窥一斑而知豹　见一叶知而秋

——例谈"以小见大"手法的运用

"三点一线"式的校园生活平平淡淡,发生在学生身边的大都是琐碎小事,缺少惊心动魄的场面,缺少曲折离奇的情节。于是有人慨叹:没啥可写！其实,"平平淡淡才是真",生活处处皆文章,一滴水也能反映出太阳的光辉。只要我们留心观察,深刻思考,"小"事情也能挖掘出"大"道理,写出新颖、深刻的好文章,这就是"以小见大"的写法。

"以小见大"就是以小题材表现大主题。"小题材"可以是日常生活中的一件小事、一个细节、一件小物品、一只小动物、一棵小植物、一个小人物,也可以是整体中的一小部分……"大主题"可以是一个具有普遍意义的哲学思想,也可以是对人类社会的繁衍、发展具有重要意义的一种道德和一份情感……巴尔扎克曾说过,成功的作品"就是用最小的面积惊人地集中了最大量的思想"。从小事、细节、小部分、小物件、小人物着笔,往往能写出"用最小的面积"惊人地揭示出大主题的好文章来。"一滴水里见阳光""一粒沙里看世界""半瓣花上说人情"说的就是这个理。

运用"以小见大"的手法构思谋篇,主要有三种基本途径,即以小见情、以小见德、以小见理。

一、以小见情

"以小见情"就是通过对生活中人物细节的描写,如一颦一笑,一举手一投足,表现蕴含于其中的爱恨情仇。孟郊《游子吟》中的"临行密密缝"这个最普通的细节,凝聚的是感人的浓浓母爱,触动了多少人的心弦,让无数读者为之动容,这就是"以小见情"。有一篇习作《那把蓝色的伞》,描写的是两幅极其寻常的画面:一个下雨天,矮小的我和妈妈共撑一把伞,伞歪向了我,妈妈湿了;又是一个雨天,和妈妈一样高的我与妈妈共撑一把伞,伞歪向了妈妈,妈妈哭了。雨、伞、歪了、湿了、哭了,这些微不足道的"细节"温馨得让人流泪,让人深切感悟到母女间浓浓的关爱之情。

二、以小见德

人常说,眼睛是心灵的窗口,行为是心灵的外现。人物不经意间的一句话、一个举动,往往能够真实地表露一个人心灵的高贵与卑贱,可称为"小动作","大窗口"。莫怀戚的《散步》写的是三代人一块儿散步这一件平常的小事,展现在读者面前的却是一幅极其和谐、温馨、美满的尊老爱幼的画面,给人以心灵的震撼,也给人审美的愉悦。习作《爷爷的癖好》叙述了爷爷的三个癖好:总喜欢购买本地的产品,说是可以减少产品运输时产生的 CO_2;几乎很少购买肉、蛋、奶等食品,说是家畜的饲养,肉类包装、运输和烹饪会比植物性食物消耗多得多的能量;坚决不用一次性用品,说是会给生态环境带来灾难。三个小癖好,却让一个"固执得可爱"的环保大使的感人形象赫然出现在读者眼前,让读者感受到美德的魅力。

三、以小见理

俗话常说:"事儿虽小,理儿却大。"的确,有些看似不起眼的事物,却蕴含着深刻的哲理。拿小事说理,贴近实际,通俗易懂,读者乐于接受。席慕蓉在《贝壳》里写到,贝壳虽小,可"制作"精致;贝壳里的生命虽短暂,却活得一丝不苟。与此相比,人的生命更长,更有优越性,因此我们要把事情做得更精致,更仔细。还有小思的《蝉》,写蝉那么小的东西竟聒噪了一个夏天,由此引发了作者对生命的思考:无论生命短暂与否都要好好地活着。这些都是以小见理的经典之作。

学生习作《遭抢劫者的日记》里写的是这样的故事:有一天,一个人遭到抢劫。当晚他在日记本上写下:让我心存感激——首先,我以前从未被抢;其次,他们虽然抢了我的皮包,却未抢走我的生命;第三,他们纵然抢了皮包,里面却没有很多钱;第四,是我被抢,而不是我抢别人。作者由这则日记引出了自己深刻的见解:人生之路难免有风风雨雨,在挫折与打击面前应心存感激,保持乐观的态度,勇敢地去面对现实,坚信风雨之后必定有彩虹。事中寓理,给人以警策与激励,使读者获得更大的人生启迪。

"以小见情"、"以小见德"、"以小见理"手法的灵活运用,可以变"废"为宝,把生活中那些"鸡毛蒜皮"的小事打造得生动靓丽,焕发出无限生机,吸引读者的眼球,激起强烈的情感共鸣。

"以小见大"的特点是结构紧凑集中,内涵深刻,它适用于散文、记叙文、小说等文体。方法灵活多样,有托物言志,如张晓风的《行道树》、周敦颐的《爱莲说》;有以物喻人,如杨朔的《荔枝蜜》、高尔基的《海燕》;有借事寓理,如莫顿·亨特的《走一步,再走一步》、张洁的《挖荠菜》等。

那么,怎样才能使我们的文章更好地做到"以小见大"呢?

一、细心观察生活,合理筛选材料

观察是智慧最重要的能源。拾到一片落叶,可以发现它背后深藏着春去秋来、岁月匆忙的道理,可以发现树叶把绿意留给人类,把败叶留给土地的无私奉献的可贵精神;看到农民粗糙的大手,可以引申联想,世界正是像这样千千万万的双手创造出来的,劳动创造价值,劳动使生命永恒……

二、写有价值的"生活小事"

有人会问,"生活"还分有价值、无价值吗?是的。例如以"爱"为话题作文,倘若写"扶老太太过马路"、"你借我一把尺子,我还你半块橡皮",能有多深的思想性?同样的话题,一篇习作写晚饭后自己在房间里埋头用功,厨房里突然传来一声碟子被打碎的响声。"我"不禁心头一颤:妈妈已经为我刷了十几年的碗了,这近十万只碗是多么浩大的一项工程啊!记叙、抒情,挥洒淋漓,最后点明"爱就是一种深沉的责任"的主题,令人心灵一颤。

三、联系实际,挖掘材料的闪光点

生活中有些事情看似平淡无奇,但深入挖掘,就能从中提炼出深刻的道理,平凡中见不凡,无奇见有奇。如习作《习惯》,写自己上学时习惯走老路,生怕走新路耽搁时间。有一次自己提前上路,放胆走一回新路。一路上忐忑不安,但按时顺利走到了学校。由此感悟到:"我们平时生活中,之所以保持旧习惯,不敢尝试,不也往往是患得患失的心理在作祟吗?"

四、重视细节描写,于细微处见精神

写得越细致,越入微,给读者留下的印象就越深刻,所抒发的情感就越充沛,所阐释的道理就越透彻。如巴尔扎克的《欧也妮·葛朗台》中写葛朗台临死前,当神甫把镀金的十字架送到他唇边让他亲吻基督的圣像时,"他却作一个骇人的姿势,想把十字架抓在手里,这一下最后的努力送了他的命"。仅是这一细枝末节,就活画出了这个守财奴贪婪成性、至死不变的丑恶形象。

五、放开眼量,提升到时代高度

优秀的文章总是跃动着时代脉搏,传递时代信息,表现时代精神。小中见大,不是简单的结论或生硬的哲理,而是贵在从小事中折射出时代风貌。如作文《争》通过描写一家三口几年前争看电视、现在争用电脑两个场面,反映了科技的发展给人们生活带来的巨变。由家庭生活的"细枝末节"展示时代风貌,文章境界顿出,这正是放开眼量的结果。

【经典引路】

珍珠鸟

冯骥才

真好!朋友送我一对珍珠鸟。放在一个简易的竹条编成的笼子里,笼内还有一卷干草,那是小鸟舒适又温暖的巢。

有人说,这是一种怕人的鸟。

我把它挂在窗前。那儿还有一盆异常茂盛的法国吊兰,我便用吊兰长长的、串生着小绿叶的垂蔓蒙盖在鸟笼上,它们就像躲进深幽的丛林一样安全,从中传出的笛儿般又细又亮的叫声,也就格外轻松自在了。

阳光从窗外射入,透过这里,吊兰那些无数指甲状的小叶,一半成了黑影,一半被照透,如同碧玉,斑斑驳驳,生意葱茏。小鸟的影子就在这中间隐约闪动,看不完整,有时连笼子也看不出,却见它们可爱的鲜红小嘴儿从绿叶中伸出来。

我很少扒开叶蔓瞧它们,它们便渐渐敢伸出小脑袋瞅瞅我。我们就这样一点点熟悉了。

三个月后,那一团愈发繁茂的绿蔓里边,发出一种尖细又娇嫩的鸣叫。我猜到,是它们有了雏儿。我呢?决不掀开叶片往里看,连添食加水时也不睁大好奇的眼去惊动它们。过不多久,忽然有一个小脑袋从叶间探出来。更小哟,雏儿!正是这个小家伙!

它小,就能轻易地由疏格的笼子钻出身。瞧,多么像它的母亲。红嘴红脚、灰蓝色的毛,只是后背还没有生出珍珠似的圆圆的小白点。它好肥,整个身子好像一个蓬松的球儿。

起先,这小家伙只在笼子四周活动,随后就在屋里飞来飞去,一会儿落在柜顶上,一会儿神气十足地站在书架上,啄着书背上那些大文豪的名字;一会儿把灯绳撞得来回摇动,跟着,跳到画框上去了。只要大鸟在笼里生气地叫一声,它立即飞回笼里去。

我不管它,这样久了,打开窗了,它最多只在窗框上站一会儿,决不飞出去。

渐渐它胆子大了,就落在我书桌上。

它先是离我较远,见我不去伤害它,便一点点挨近,然后蹦到我的杯子上,俯下头来喝茶,再偏过脸瞧瞧我的反应。我只是微微一笑,依旧写东西,它就放开胆子跑到稿纸上,绕着我的笔尖蹦来蹦去,跳动的小红爪子在纸上发出嚓嚓响。

我不动声色地写,默默享受着这小家伙亲近的情意。这样,它完全放心了,索性用那涂了蜡似的、角质的小红嘴,"嗒嗒"啄我颤动的笔尖。我用手抚一抚它细腻的绒毛,它也不怕,反而友好地啄两下我的手指。

有一次,它居然跳进我的空茶杯里,隔着透明光亮的玻璃瞅我。它不怕我突然把杯口捂住。是的,我不会。

白天,它这样淘气地陪伴我;天色入暮,它就在父母的再三呼唤声中,飞向笼子,扭动滚圆的身子,挤开那些绿叶钻进去。

有一天,我伏案写作时,它居然落到我的肩上。我手中的笔不觉停了,生怕惊跑它。待一会儿,扭头看,这小家伙竟趴在我的肩头睡着了,银灰色的眼睑盖住眸子,小红脚刚好给胸脯上长长的绒毛盖住。我轻轻抬一抬肩,它没醒,睡得好熟!还呷呷嘴,难道在做梦?

我笔尖一动,流泻下一时的感受:信赖,往往创造出美好的境界。

经典解密:一对小小的珍珠鸟,与"我"之间发生的事情几乎微不足道,不可谓不"小"。文章开头说"这是一种怕人的鸟",但由于"我"的一再呵护、宠信,小鸟"渐渐敢伸出小脑袋瞅瞅我","站在书架上","跳到画框上","落在我书桌上","蹦到我的杯子上,俯下头来喝茶","跑到稿纸上,绕着我的笔尖蹦来蹦去",甚至"啄两下我的手指","跳进我的空茶杯里",竟然"趴在我的肩头睡着了"。多么温馨和谐的场景啊!文章在充分地叙事之后,卒章显志,升华主题:"信赖,往往创造出美好的境界。"事不可谓不小,情不可谓不浓,理不可谓不深。

【佳作示例1】

生命的日历

一考生

一张一张撕下来，一张一张寄托了你的希望。

——题记

我不知道已经有多久没有去看她了。只是童年还有那模糊的痕迹，她的脸上有着看起来亮闪闪的银丝，有着岁月沉淀下来的痕迹。

"丁零零"，早晨的一声电话铃将我从睡梦中吵醒。挂上电话的一刹那，我愣住了，感觉世界瞬间将我淹没——奶奶出车祸了。当我火急火燎赶到医院时，她已经躺在了重症监护室。我的泪水瞬间喷涌而出。

奶奶需要在医院住一段时间。我带着爷爷的叮嘱，回老家拿换洗的衣服。

还是那幢老屋，载满了我童年的味道和记忆。但现在看来，既熟悉又陌生。我像罪人一样，踌躇着轻轻走上了阁楼。走进卧室，记忆里的味道一涌而出，是奶奶的味道，甜甜的。一瞥眼，我看见书桌上放着好几本大大的日历，被凌乱地撕成一张一张。我很奇怪，走过去一瞧，这是一些普普通通的日历，没什么特别。不经意间翻过背面，我一下子惊呆了！这些日历的背面歪歪扭扭写满了字："2003年2月，囡囡今天和父母回家。""2003年5月，囡囡今天打电话来让我多穿点衣服。""2004年7月，囡囡今天升学考试。""2005年2月，我今天看囡囡的照片了。""2005年3月，囡囡已经三个月没回来了。""2006年2月，囡囡已经很久没打电话给我了。"……我发了疯似地翻动着所有撕下来的日历。那一张张日历上面，写满了我与她之间发生的事，时间精确到时，到分。我泪眼蒙眬，我简直不敢相信，不敢想象，在昏黄的灯光下，她是怎样戴着老花镜在桌前写下这点点滴滴的！自己多久没有回来了，自己多久没有给她打电话了？是学业繁忙，还是成长的疏远与冷漠？而她，又怎样把希望寄托在这一张张日历上，期待着我重新做回小时候那个撒娇的囡囡？

我收拾好这一张张载满了希望与期待、也载满了愧疚的日历回到了医院。望着病床前头包白纱仍在昏睡的奶奶，眼泪又一次决堤而出。我紧紧握住奶奶的手，默默祈祷：老天啊，千万不要将她从我身边带走！

床上的那张脸仍是小时候疼我、爱我的脸，银丝亮闪，眉眼沉静。我悄悄地将那张饱含着我心愿的最后一张日历塞进了奶奶的手里，喃喃道："奶奶，你快醒醒，囡囡来看你了!囡囡不会再让你数日历了,快醒醒啊……"

点评:作者以"日历"作为写作的重心和情感的载体,从自己的生活中选择了最熟悉、最深切、最动人,也是最"小"的材料,将祖孙之情抒写得既饱满充实又酣畅淋漓。小小的日历,浓浓的思念,真挚浓郁的情感赋予本文以极强的笔墨张力和感染力,实属"以小见情"的翘楚之作。

【佳作示例2】

茶 道

一考生

我一向不喜欢喝茶,尤其是浓茶,喝进嘴里,那种苦涩的味道真不好受。我也一直不明白为什么那么多人喜欢喝茶,喝果汁、饮料味道不是更好吗?直到那一天,我的想法才有了转变。

"五一"期间,小姨到我家来,还带来了自家种的龙井茶。听说,龙井茶是茶叶中的珍品,对那些爱喝茶的人可以说是求之不得呢,这可引起了我的好奇心。于是,我悄悄地来到厨房,找到了那些龙井茶,放进茶杯中用热水冲泡。茶叶在热水中一起一伏,仿佛是调皮的鱼儿在河里钻上钻下,好看极了。接着,那浓浓的茶香便溢了出来,悠悠的香味弥漫了整个屋子。我深深地吸了一口气,一股清香沁人心脾。

"嗯,百闻不如一见啊,龙井茶不愧是龙井茶。"我心里暗自赞叹着,便迫不及待地喝了一口。"哇——"我一下子全吐了出来。这哪里是茶,简直比黄连还要苦!我好像被欺骗了一样,气呼呼地刚要把茶倒掉,爸爸进来了,连忙过来阻止。"你怎么这么浪费!这可是上好的龙井啊!""什么上好的龙井?简直比药还苦,怎么喝得下去嘛!"

"别急!拿到一杯好茶,要慢慢品味,这样才能品出它的真正味道。像你这样狼吞虎咽的,当然不行。现在你再试试,我相信你一定能尝出两种不同的味道。"我将信将疑,端起茶杯轻轻地呷了一小口,细细地品尝,等到咽下去的时候,奇怪,居然还有一股甜丝丝的味道!我又连续呷了几口,跟先前一样,苦中带甜的滋味真让人回味无穷啊!

"爸爸,这茶真的很不错。""是吗?你能品尝出来就好。其实,人生也是如此。只要学会慢慢地品尝,就能感受到酸苦中的甘甜。'一杯春露暂留客,两腋清风几欲仙'即是品茶的最高境界。别忘了,茶如人生啊,孩子!"

这一天,我收获很多。品茶,本是件微乎其微的事,但龙井茶苦中带甜的味道和爸爸的那番话让我醍醐灌顶,茅塞顿开。人生如茶!是啊!人生之路就是由许多困难挫折和平安幸福所铺就。如果我们囫囵吞枣地看待我们的人生,那么我们只会看到其中的不幸与灾难。只有静下心来,慢慢地品味,慢慢地欣赏,才会有意想不到的收获——不幸的背后也许就是幸福的嫩芽。

点评:喝茶,是人们日常生活中再平常不过的一件事。但作者在品茶中悟出了人生的哲理:茶有苦甜,人有悲欢,只有细细品味,才能悟出苦中之甜,悲中之欢。文章以品茶为轴心,情感由"赞叹"到"比药还苦"再到"苦中带甜""回味无穷",水到渠成,卒章显志,给人以启迪。

童话体写作技法例谈

我们在写作记叙文时,常常发现自己无事可写,或有事写却太平常。这时,我们不妨换一种思维方式,采用童话体裁,以物的视角来观察我们这个世界,用物的思考来揭示我们对生活的感悟,这样写出来的文章,自然与无病呻吟的记叙文大不相同。

童话总是通过比喻使简单的故事蕴含着深刻的哲理和宝贵的生活经验,给人们以智慧和启发,给丑恶事物以无情的嘲讽。它的主人公可以是人,也可以是其他生物或非生物。童话体裁有超人体、拟人体、常人体以及科学童话等。超人体童话的特征是描写一些超自然的人物和他们的活动。拟人体童话,是将人类以外的各种有生命、无生命的物体,甚至某些思想和概念,加以人格化。常人体童话中的人物,只是一些普通人,但这些人物的性格和行动,极端夸张,是实际生活中不可能发生的。近几年,高考作文使用频率比较高的是拟人体童话。在拟人体童话中,猫、狗等动物在与人的交往活动中,具有人的思维、眼光及心理活动;在拟人体童话中,无字碑、青花瓷、贝壳等无生命的物以一个静观者品味人间的时尚,用好奇的眼光探究人类的生命、生活、文化等现象;甚至"三"等抽象的词语也具有某一类人的性格特点。

写童话体文章,首先想象要丰富大胆。要以现实为依据,进行丰富的、合理的想象,由此展开一个故事,然后用生动有趣的语言来描述这个故事。构思时不要被现实生活所约束,要敢于突破现实的时间和空间,精骛八极,心游万仞,大胆地创造性地编写故事,描写环境,塑造形象,表达思维。如一篇《好奇心》的高考满分作文,文章运用大胆想象,突破时间和空间的界限,以世界上第一件薄丝云缕裂纹瓷器的眼光,讲述自己诞生过程,揭示了"童稚的莽撞和义举成就绝世之美"这一生活哲理。丰富神奇的想象再配上诗一般的语言,这样的文章自然不同凡响。

其次,要让物来代替人的思想。在童话体文章中,无论描写的是何物,都必须具有人的思维和感情，否则就无法表达我们的思想。实际上，我们只不过是把自己的生活和感受转移到了其他物上，让它们来替我们说话罢了。如高考优秀作文《见证》，作者以一头"牛"的所见所闻，反映农村的巨大变化。面对日新月异的变化，连牛都感受到了，谁还能感受不到呢？文中"牛"的所思所想，反映的正是人的感受。

第三，要有积极深刻的寓意。运用"以物拟人"法构思的作文，虽然文章所写的不是现实生活中的事，但又与现实生活紧密相关。当我们进行想象时，不能毫无目的，而是要有所表达的：或向读者展示一种愿景、一种知识、一种理想；或对读者起启示、教育作用。因此，必须把揭示生活本质意义的深刻思想寓于所写的故事之中。如高考优秀作文《"十"的五天经历》，作者利用汉字的形意特征，通过对"十"的五天经历中找寻不同的位置，体验了不同人生价值的描述，告诉了读者深刻的哲理："高人一等"未必高，"居人身后"未必低，不论处于怎样的位置，只有努力进行耕耘的人，生命的绿树才能绽放出价值的红花。

第四，要有生动细腻的细节描写。写童话体文章，一般要运用心理、动作、语言等真实、细腻、传神、精炼的细节描写去感动人，启发人。如果只是一味地记叙，文章就变成了刻板抽象的说教，违背了童话体本有的趣味与意味。如高考优秀作文《怀想天空》，作者用猪的眼光来看人类社会，猪带着"人之间的差距，咋就这么大呢"这一疑问，走进农民工的生活，通过一系列细节描写，展现了农民工脏、乱、臭的生活环境，运用心理描写和对比的手法，表达了作者对社会贫富差距及社会公平的思考，读来叫人哭哭笑笑，爱之嗔之。

第五，所写之物要有一定的文化内涵。写童话体文章最关键的是选择最恰切的物，选好了物，整篇文章就能化俗常为精彩。作文要展示一定的文化内涵和作者的文化修养。描写无字碑的《好奇心》一文，作者借此向读者展示那段风风雨雨的历史；写薄丝云缕裂纹瓷器的《好奇心》一文，作者借此向读者展示中国瓷器制作的艰苦历程；写《品味时尚——北京与上海的对话》一文，作者借此向读者展示北京的传统韵味和上海的现代气息；写《"十"的五天经历》一文，作者借此向读者展示汉字那精妙的搭配和无与伦比的魅力……缺少一定的文化修养，定然写不出有文化厚度和思想厚度的作文。

童话体裁的记叙文，读起来有趣味，但写起来有一定难度，这需要我们多读、多思、多练，在日常生活中深入挖掘，于平常中见神奇，这样写出来的文章才能给老师一份惊喜，给自己一份愉悦。

【佳作示例】

留给明天

韩璘

　　3030年的一个下午,伊波懊恼地坐在窗口,呆呆地望着眼前一座座早已人去楼空的大厦。头顶灰黄灰黄的天空还下着毛毛细雨,空气中弥漫着难闻的气味。哎,又是酸雨!伊波不由深深叹了口气。

　　就在几天前,地球上的最后一批人也集体迁往建设好的火星,抛弃了这已经满目疮痍的人类故土。当时,伊波正在地下126层的公寓里休息,接到E-mail通知时,电梯已断电了。当他气喘吁吁地爬到地面时,火箭已经升空。他绝望极了,对着天空大声呼喊:"还有我呢!你们不能就这样把我丢弃呀!"可是无人回应,地面上所有机械设备都被掐断电源,伊波无法与火星上的人们联络;更何况,人们原本就没打算在火星与地球之间架设太空站——这样做成本太高了。

　　顿时,空虚、恐惧一起袭来,几乎让伊波透不过气来。突然,"咚咚咚",工作室的门被敲响了。有人还没有走?伊波忘了可以用遥控器开门,快步冲到门口,打开了门。啊!

　　"好啊,真还没走光啊!"金丝猴气急败坏地吼道:"人类真自私!自己把地球搞成这样,就开溜!"

　　伊波还没回过神来,其他动物也七嘴八舌地议论着,谩骂着。丹顶鹤清清嗓子,叫道:"安静安静,各位请安静!我来讲几句。先生,请别生气,小猴是过火了点,可它讲的一点也没错。虽然我们智商没你们高,可我们很明白是谁把我们共同的家园污染成这副模样。看眼下,树木和动物一样稀少,凑在一起连林子都算不上;气候反复无常,六月下雪,一月不是酸雨就是洪灾;土是黄的,天也是黄的,空中黄沙弥漫,到处雾霾难消。这一切的衰败,都是谁造成的?倘若以后火星也成了这个样子,那时怎么办?人们还往哪里逃?"

　　丹顶鹤还在喋喋不休地数落着。伊波心里复杂极了,人类为什么迁徙?地球为什么会这样子?伊波流泪了,为可怜的地球流泪,更为可悲的人类流泪。

　　"我要替人类赎罪,建设好今天,留下一个美好的地球给明天。"伊波下定决心,开始愚公移山般地工作。他想着,每天种下一百棵树,坚持不懈,就可以为明天创造亿分之一的美好。哪怕耗尽自己这一生,也要竭尽全力,改造满目疮痍的家园,留下一个温馨和谐的明天。

点评:这是一篇以科幻为题裁的童话作文。"留给明天"什么？考生没有直接地回答，而是通过联想和想象，虚构了一个千年后的人类逃离地球的故事，借此说明环境的严重毁坏给人类带来的巨大灾难，展现了唯一的一名地球人决心"留下一个温馨和谐的明天"的拼搏精神，揭示了"环境是人类自己亲手破坏的，那么重建也是人类义不容辞的义务"的主题。本文带给我们的启发是，童话的写作，最重要的一个特点，就是运用合理的联想和想象，而不是胡思乱想。这样，虚构出来的故事才会有现实意义，才能给人以警醒和启迪。

远近高低细描摹

——例谈多角度叙事技巧的运用

读过《西游记》的人,都不会忘记猪八戒这个缺点很多、人间烟火味很浓、很讨人喜欢的艺术形象。吴承恩塑造猪八戒这一形象时,截取多个生活片段,借唐僧、悟空、沙僧甚至妖怪等人的口吻来塑造八戒的形象,因此,我们看到了一个血肉丰满、憨态可掬的猪八戒:在高老庄,变身为壮汉的他食量大如牛,一人可抵好几个庄稼汉,你能说他不是一个勤劳的农夫吗?奉师傅之命去寻找食物,他美滋滋地吃了一顿大西瓜,然后懒洋洋地睡了一个好觉,活脱脱一个"馋猫"+"懒虫"的形象!孙悟空被唐僧赶回了老家,八戒不也是依依不舍吗?大师兄不在的日子里,师傅有难,他不也是奋不顾身与妖魔斗得天昏地暗?这样一个八戒,不也是有情有义的吗?他在三位菩萨变化而成的美女面前,丑态百出,这不又是一个活生生的好色之徒?作者正是从不同的角度,才成功地塑造了一个世俗的、有着人间男子大多数优缺点的猪八戒这一典型艺术形象。

如塑造猪八戒的形象一样。一个人物或故事由几个角色轮流来讲,各人从各自不同的视角进行叙述,全方位揭示事物的本质特征,从而使事物的形象更加丰满,或者给读者留下更为广阔的思维空间,探求事物的本源,揭示事物的真相,这就是多角度叙事。

多角度叙事不是故弄玄虚,把读者弄得晕头转向,而是为了使故事跌宕有致,曲径通幽,增强可读性,增添艺术效果。多角度叙事并没有固定的模式,在中学生写作实践中,相对比较容易驾驭的主要有三种类型,下面我们来一一感知。

一、叠加式

故事中的众多人物各抒己见,每个人物侧重从事物的某一个方面展开叙述,这些不同的叙述互相补充,互相填白,层层叠加,在众说纷纭的互补中,人物形象逐渐明晰、丰满、生动,事件逐渐完整、清晰,事理逐渐明朗起来。

　　福克纳的《喧哗和骚动》,就是叠加式的一个典型例子。小说讲述了南方没落地主康普生的家族悲剧,由四部分组成,各部分叙述者不同,分为"班吉部分""昆丁部分""杰生部分"和"迪尔西部分"。全书通过三个儿子的内心独白,围绕凯蒂的堕落多视角展开情节,最后一部分又回到传统的全能叙事视角,由黑人女佣迪尔西对前三部分的"有限视角"做进一步"扩容",补充了前三部分没有交代清楚的情节,从而使故事更加真实可信,同时也给读者留下了想象的空间。

　　中学生作文时也可以运用这种方法,下面请看一个示例:

路

陕西省商南高中　林茵

老师

　　接到电话,我急匆匆赶往事发地。

　　天很黑,远远地发现有一辆车闪着尾灯停靠在路边,走近一看,是警车。路边,两个受害的中学生蜷缩着,身上还在微微发抖。在他们身后,一个人耷拉着头,手上戴着一副手铐,那正是我班的秦磊。

　　民警告诉我,晚上9点28分,他们接到报警,称有人在滨河东路持刀抢劫。民警火速赶到现场,当场抓获嫌疑人秦磊,并从他身上搜出水果刀一把,还有抢来的20元现金。

　　看着眼前的秦磊,我怎么也无法把他跟抢劫连在一起。秦磊是这学期从邻县西峡一中转到我班的。他爸是当地著名的企业家,说是久闻我们学校大名,特地托人将孩子转到我们这所省示范高中,想给孩子创造一个好的学习环境。秦磊家境富裕,人长得帅气,穿着又很时尚;他不但学习好,又很讲义气。因此,他出入校园,常常是前呼后拥,老师和同学都很喜欢他。这样一个"优等生",怎么会干出此等傻事呢?

　　但事实无情地摆在面前,毋庸置疑。当晚,我跟随民警把秦磊送到看守所,临别时我百般叮嘱他,一定要好好反思。他泪眼蒙眬,泣不成声,只是使劲地向我点头。

同学

　　我跟秦磊是同学,又是老乡,我比他早几天转到这所学校。

身在异乡为异客,我们俩一见如故,处处形影不离。这几天没有了他,我就像失群的孤雁,空虚失落。听说秦磊今天要出来了,我好高兴啊!我请了假,早早地等候在看守所门口。

他终于出来了!我急忙迎上去:"喂,秦磊,我在这儿等你呢!"

他面无表情,一副无精打采的样子。仔细打量着他,我简直不敢相认了!这才几天工夫,他竟判若两人:衣服脏兮兮的,头发乱蓬蓬的,身上还散发出一种刺鼻的怪味。我拉着他的手说:"走,咱们先去洗个澡,我再请你吃饭,给你压惊。"

洗完澡,浑身很轻松。走出洗浴房,我说:"秦磊,走,咱哥俩喝几杯去。"话音刚落,秦磊的手机突然响了起来。他拔腿就跑,我莫名其妙在后面紧追不舍。终于气喘吁吁追上了他,我抱怨道:"你这家伙,不接电话,你跑什么跑,难道谁追来了呀!"

"我真的怕谁追来了",秦磊向四周看了看,贴着我耳朵说:"不瞒你说,这手机是我刚才在洗浴房顺手拿来的,我现在很需要它。快走!"

啊?我刚刚放松的心情又异常沉重起来!

女友

下午放学后秦磊跟我说:"明天是你的生日,今天又刚好周末,晚上给你庆祝一下吧!"

庆祝?我哪有这份心情啊!可转念一想,秦磊刚出来,老是闷闷不乐的,借机让他放松一下也好,于是就答应了。

秦磊约了几个"哥们",我们在海鑫食府一直玩到10点多。

秦磊晚上喝得有点多,走在路上,他跟跟跄跄,只好把胳膊搭在我的肩膀上,我扶着他走。没走几步,对面过来两个中学生模样的人。看到我们这副模样,他们的眼睛瞟来瞟去,还不时地窃窃私语。秦磊不知哪来那么大的劲儿,猛地冲过去,对着那两人一阵拳打脚踢,满嘴酒气地骂道:"看你们谁还敢骚轻!"等我们反应过来,那两个人早已满脸是血,趴在地上不停地喊"救命"!

好一个难忘的生日啊!

父亲

接到电话,我急忙赶到学校。学生科主任说:"秦磊最近接二连三违反校纪校规,情节特别严重,而且屡教不改。学校决定劝其退学,你有什么要说的吗?"

我掩面啜泣。这几年我只顾忙公司的事,以致铸成大错,我是个不称职的父亲啊!

"主任,我没啥可说的。其实,我的孩子我最清楚。他从小聪明伶俐,原来在西峡一中时,成绩一直遥遥领先。可慢慢地,他越来越爱打扮,比阔气,在网吧里还结识了一些狐朋狗友,甚至跟社会上一些混混纠缠不清。他就是因为这被西峡一中开除了,没办法才转到这里的呀!本来想,换个环境他会改掉恶习的,没想到他愈演愈烈,他这是咎由自取啊!"

带着儿子告别了这所学校,我眼前一片茫然。儿子啊,你究竟该走向哪里?

这篇习作运用"叠加式"展开叙述,文章通过四个片段,从不同的视角展示了人物的本性,揭示了人物一步步走向堕落的生活轨迹。四个部分相对独立,又逻辑严密,浑然一体,相互补充,共同完成了对人物形象的刻画。回顾人物的人生之"路",给读者留下的是深深的思考与启迪。

二、聚焦式

这种方式是指针对同一个事件,诸多人各执一词,公说公有理,婆说婆有理,可谓众说纷纭,莫衷一是。这样,视角多多,观点多多,事情的真相仿佛扑朔迷离,难以捉摸。之所以如此,是因为每个人都有趋利避害之心,他们在叙述事件时自然要有意识地规避,或故意夸大渲染,对原事件进行有意无意地改写。要想真正去伪存真,弄清事件真相,就需要有一双火眼金睛,拨开迷雾,探寻本源。但是,就文章的艺术构思来讲,事件真相已不重要,重要的是艺术效果,是故事当中蕴涵的哲理以及对人性、人生、道德的深刻阐释。

如黑泽明的《罗生门》:一个强盗袭击了一对年轻夫妇,并强奸了那位妻子。不久,人们发现了丈夫的尸体,强盗被抓。四个当事人——强盗、武弘(灵魂)、妻子和目击者樵夫,他们从各自的角度讲述了事情的经过:强盗说,他本不想杀死武弘,是武弘的妻子真砂要他俩决斗才把武弘砍倒的;真砂说,丈夫是被他自己手里的短刀误刺而死的;武弘的灵魂说,是妻子唆使强盗杀他,他感到羞耻而自杀的;而樵夫却说,强盗和武弘是在真砂的挑唆之下才交手的,最后武弘被刺而死。

同一个事件,竟然有如此不同的解释。武弘是怎么死的,越到最后,观众越糊涂。谁是谁非没关系,因为作者的创作意图,是向人们展现人类自私的本性。这种自私但真实的人性流露,给人们以强烈的震撼,促使人们自我反省、剖析,从而使人的灵魂得以升华。

下面我们来看一篇运用"聚焦式"叙事的学生作文示例:

意 外

陕西省商南高中 常亮

"谭副局长被逮了!"小小的县城,消息就像长了翅膀,很快传开了。

谭副局长是县财政局副局长。他刚上任还不到两个月,怎么就被逮了呢?人们大惑不解。

吃过晚饭,我坐在客厅里看电视,突然一声大叫:"快来看呀!"原来,电视里正在播放谭副局长被逮的消息。全家人迅速聚拢,话匣子全打开了。

"姓谭的犯了啥事呀?为啥要抓他?"我不解地大声嚷嚷。

"是贪污受贿,在他家搜出了200多万哪,崭新的,顺序号都没变!啧啧,真够我们花两辈子的!"妈妈的脸上现出既鄙夷憎恨又心疼惋惜的神情。

"一个小小的副局长,哪来那么多钱?何况他上任还不到两个月呀!肯定是有人陷害他。"我显得不以为然。

"对呀,一定是诬告。等到查明真相,得好好惩治一下那些'长舌根'。"姐姐和我深有同感。

"那倒也未必。这谭副局长,原来在凤凰镇当书记,一把手啊!那里又是修大型水电站,又是移民搬迁,他可捞了不少呢。人家底子厚着呢!"还是父亲见多识广,我们仿佛一下子找到了答案。

哦,原来如此。大蛀虫,活该!

"不对呀,老头子。听咱女婿说,姓谭的经济上那些事,早就有人举报了,这些年来,到底也没查出个啥名堂啊,他肯定是被冤枉的。"

父亲瞪了妈妈一眼:"孤陋寡闻!你不知道吧,县委田书记是他远房的姨夫,有人撑腰,当然没事。不过,这一次,他可是遇到大麻烦了,只怕谁也救不了他。"

"怎么啦?"我们异口同声地。

父亲神秘兮兮地说:"这次从他家里搜出了一把手枪,还有子弹呢!"

"啊!"

正当我们惊恐之时,电视里传来播音员的声音:"谭副局长称,那把手枪是他岳父生前放在他家柜顶上的,他并不知情。办案人员表示,因谭某的岳父死无对证,很难定他私藏枪支罪。"

姐姐瞪大眼睛问:"这谭副局长怎么知道枪是他岳父放的呀?这不明摆着抵赖吗?还死无对证!"

"是啊,办案人员的智商也太低了吧,连姐姐都不如。"

大家正七嘴八舌地嚷嚷着,门铃突然响了——原来是在检察院上班的姐夫来了:"爸、妈,你们在说什么呢,那么热闹?"

"还不是谭副局长那些事。法律无情啊!看来,姓谭的这次是没得救了。"父亲一脸的严肃。

"爸,不是法律无情,是田书记无情。"姐夫诡秘地一笑,压低嗓门道:"田书记本来答应姓谭的当财政局长的,结果却给了个副职。一气之下,那谭的就把田书记的那些事捅到了检察院。田书记暴跳如雷,下令:把那姓叶的给我好好查查!"

"啊!"

"小声点,我可不想丢了饭碗!"

这是一篇运用"聚焦式"叙述的典范之作。作者借不同的人从不同的角度陈述事件"真相",展现在读者面前的是众多的截然不同的答案。这些答案到底谁是谁非已经无关紧要,重要的是透过这些答案,让人们看到了一个复杂的险恶的社会,看到了一些人扭曲丑恶的灵魂,从而引发出对人性、人生以及法律的深度思考。

三、轴心式

还有一种多角度叙事,就是在同一个事件的叙说过程中,叙说视角不断变化,而故事依然按照正常的逻辑顺序围绕"轴心"循序渐进地发展。之所以不断转换视角,是为了让故事"横生枝节""四面开花",寻找一种最佳的叙事效果,从而有意打破常规,巧设波澜,增添"看点"。这种叙述手法主线与副线双管齐下,并行不悖,相得益彰。具体运用技巧,请从笔者的拙作《转世牛》中窥见一斑。

转世牛

我是一头牛,一头脚踏实地的老黄牛。

我的家境不是很好。木棍夹成的墙,茅草覆盖的屋顶,潮湿腌臜的地面,这就是我的卧室,真是名副其实的"陋室"啊!不过没关系,我家门前有一条小河,屋后几座青山,倒也算是个恬静的好去处。更重要的是,一年四季,我上班的时间很少,大多时间都是饱食终日,悠闲自乐。突然有一天,主人让我去耕地,而且一干就是两天。哎呀我的妈呀,我这老胳膊老腿的,好久没有出这么大的力。晚上躺在床上,浑身像散了架,辗转反侧,难以入眠。回想起以前走过的路,忍辱负重,默默无闻,吃的是草,挤的是奶,最终不还是"众生足食皆得饱,亏我羸病卧残阳"!前几天二黑从坡上滚下,被扒了皮,吃了肉,真让人心寒啊!罢罢罢,下辈子做只狗也比牛强!

不久,我成了一只"看家狗"。听说主人是位什么"长",家有三层小洋楼,出门不是宝马就是奔驰。我委身豪门,狗仗人势,好不威风!我又善于察言观色,摇尾乞怜,深得主子的欢心,不但餐餐有肉,我还有了自己的"安乐窝":红毯铺地,白粉抹墙,竟然还通上了暖气,并且随时还可以在自己的浴池里洗个澡,真是天堂啊!记得那个冬夜,月黑风高,主人酩酊大醉回到家里,就呼呼入睡了。我躺在"温床"上,那叫舒适啊,不知不觉就进入了梦乡。第二天早上一觉醒来,大祸临头了——主人家昨晚被盗,光现金就丢了上百万呀!我严重失职,主人翻脸无情,痛下杀手。我的后腿被打折,落荒而逃。从此,我成了一只丧家的残疾的落魄的靠吃屎度日的"流浪狗"。

人心叵测,世事难料啊!我下辈子一定做回人,做一个颐指气使、呼风唤雨的人,也让别人尝尝我的厉害!

多谢上天眷顾,我真的被打入了"人道"。经过多年打拼,我终于荣登书记的宝座,成为一个"人上人",四方来贺,八面威风:吃的是熊掌天鹅肉,喝的是威士忌、人头马,坐的是保时捷、劳斯莱斯。灯红酒绿美人相伴,醉生梦死金钱如山。仅是我分管的摩登大厦一项工程的承建,我腰包里就装进了200万——银子啊,白花花的银子,财源滚滚似流水,得来全不费工夫!没料到,好景不长,那个早已垂涎我这第一把交椅的家伙,一纸举报信将我推进了检察院。多亏"盟友"全力相救,我虽然丢了乌纱帽,却免受牢狱之苦,也算万幸了。我得感谢"盟友",虽然我十分清楚他们不全是为了我!从此,我成了滚滚红尘中的一粒沙子,颠沛流离,随风飘落,饥寒交迫,苦度残年。

做人为什么这么难啊?我苦苦思索着。一个风雪之夜,我蜷缩在街头,不知何时,已经魂归西天。

"你下一世准备如何投胎?"阎王厉声发问,我不寒而栗。

"做狗太低贱,做人太辛苦,我想过不出力不流汗、衣来伸手饭来张口的生活。"

"那你就做猪去吧!"

感谢阎君,我真的做上了猪!一日三餐,主人殷勤伺候。吃饱了,晒晒太阳;晒暖了,呼呼大睡。心宽体胖,还真不假。眼看着我一天天发福了,挺着将军肚,迈着八字步,何等的悠闲自在!不料,厄运突降,我突然被拉进屠宰场。被按在案板上,我的眼泪扑簌簌落下来,嘴里歇斯底里地哀号——

"来世还让我做一头牛吧,一头脚踏实地的牛!"

本文以老黄牛的三次"转世"为主线,以"牛""狗""人""猪"不同的视觉和官感为副线,多角度地含蓄地描摹人生万象,揭示出复杂深刻的生活哲理。文章立意高远,意蕴厚重,读者在感叹之余,更多的是对人生的思考。虽然叙事角度多变,但主线一脉贯之,逻辑清晰,有条不紊。

多角度叙事的功能十分强大,可以化腐朽为神奇,把一个普通的人、一件普通的事写得多姿多彩,带给人一种全新的视觉美感和心灵启迪,为文章增添亮点,提高得分指数。但具体运用时,笔者提醒同学们,叠加式、聚焦式叙事的核心在于表现不同角色主观视角的差异性,以此使故事摇曳多姿、扑朔迷离,事件蕴涵哲理,促使人们思考人生、净化灵魂;如果写不出差异,无异于无病呻吟,纯属多此一举。运用第三种叙事方法时一定要保证条理清晰,因为如果运用不得当,极易使作文杂乱无章,反而会弄巧成拙。

从"咏竹"看材料作文的多角度切入

材料作文一个最大的特点就是"多面性"。无论材料以何种形式出现,也不管命题怎样要求,如何限制,材料本身总是多侧面、多棱角的,真可谓"横看成岭侧成峰,远近高低各不同"。也正是这一"多面性",给考生带来了无限契机。考生站在不同的角度,可以全方位地剖析材料,充分挖掘材料包含的不同意蕴,寻找不同的答案,进而选择最佳切入点,巧妙构思行文。现以历代诗词大家"咏竹"诗为例,谈谈多角度审题立意的技巧。

一、从不同的视角入手,寻求不同的切入点,进而多角度立意。

1."未出土时先有节,及凌云处尚虚心。"——郑板桥

这是清代郑板桥题竹画中的诗句。这两句诗描写竹子的高洁品行:"节"既指竹子分节的特点,这里也指代风节、骨气、节操。"虚心"既言明竹子空心的特点,又语意双关描写竹子从不高傲、虚心向上的美好品质,既写竹品,又写人品。这两句诗从竹子本身的特点切入,侧重表现竹子(暗喻人)的高风亮节。

2."宁可食无肉,不可居无竹。无肉使人瘦,无竹使人俗。人瘦尚可肥,士俗不可医。"——苏轼

这是宋代大词人苏东坡《于潜僧绿筠轩》中的名句。苏轼很喜欢竹子,宁肯食不吃肉也要有竹子做伴,在居住环境上有相当高雅的品位。自古以来就有梅、兰、竹、菊"岁寒四友"之美称,"无竹使人俗",正是对竹子的高度评价。"竹"代表着超凡脱俗,清新高雅。在这里,诗人把竹子人格化了,侧重从"高雅脱俗"的角度大加咏颂。

3."咬定青山不放松,扎根原在破岩中。千磨万击还坚韧,任尔东西南北风。"——郑板桥

这是一首题画诗,也是一首咏物诗,诗句着力表现出岩竹坚韧不屈的特点,突现了竹子顽强而又执着的品质。开头用"咬定"二字,把岩竹拟人化,传达出它的倔强风韵;后两句进一步写岩竹的品格——她经过了无数次的磨难,铸就了一身特别挺拔的丰姿,决不惧怕来自东西南北的狂风。这首诗表面上写竹,其实是写人,极力表现作者自己那种正直倔强的性格,决不向任何邪恶势力低头的高傲风骨,是托物言志的杰作。同时,这首诗也能给我们以生命的启迪,在困苦恶劣的环境中,我们要面对现实,勇于战胜困难,像岩竹一样刚强勇敢。

4."新竹高于老竹枝,全凭老杆为扶持。明年更有新生者,十丈龙孙绕凤池。"——郑板桥

郑燮的这首《新竹》诗,采用比喻、象征的手法,形象地说明人类在进步,社会在发展,新人在茁壮成长。然而,新生事物的成长壮大,后辈的进步与成熟,又都离不开老前辈的悉心扶持与教导。新竹之所以比老竹高,是因为新竹在成长过程中,有老枝干为它遮风挡雨。正是有了老一辈的扶持,新生力量才会更加强大。诗人极写新竹旺盛的生命力,阐释新老之间的关系,蕴含着耐人寻味的人生哲理。

5."雪压竹头低,低下欲沾泥。一轮红日起,依旧与天齐。"——方志敏

厚厚的积雪把竹子压得很低,它们的枝梢快要碰到地面了,可见雪下得非常大,压得竹子快要承受不住了。然而"一朝红日起,依旧与天齐",一旦雪霁天晴,竹子又将挺直腰杆,丢掉负担,昂首挺胸,展现其刚毅不屈、昂扬傲岸的性格。竹子的天性,历来受到文人墨客的褒扬,也一直激励人们要不屈不挠,要顶天立地。竹子这种不屈不挠的斗志,使作者感触很深。诗人以竹喻人,抒发革命者的坚强不屈与乐观豪迈的情怀。

二、如何针对不同材料进行多角度分析?

材料不同,分析问题的方法自然也不尽相同,没有一成不变的模式。但万事皆有规律,细心比对归纳,我们还是可以探求出几种行之有效的方法的。

1. 从人物入手——有多少个人物就有多少个角度。

现以《滥竽充数》为例具体分析如下:

齐宣王让人吹竽,一定要三百人一起吹。南郭处士请求为齐宣王吹竽,宣王

很高兴。官仓供养的乐手有好几百人。齐宣王死后,他的儿子齐湣王继位。齐湣王也喜欢听吹竽,但他喜欢让他们一个一个地吹,南郭处士只好逃走了。

人物(角度)一:南郭先生——善于弄虚作假,冒充内行,不懂装懂,结果狼狈逃走。

观点:不管做什么事情,都要有一个老老实实的态度。不懂就是不懂,不能打肿脸充胖子。

人物(角度)二:齐宣王——喜欢摆阔气,造声势,对乐手的情况知之甚少,只顾表象的热闹。

观点:贪大求全、大手大脚的官僚主义作风必然要催生出人浮于事、浑水摸鱼、良莠不分的不良现象。

人物(角度)三:齐湣王——喜欢听乐手单个演奏,消除了"滥竽充数"的局面。

观点:只有改革机构,落实责任,才能打破"大锅饭",使碌碌无为者无立锥之地。

人物(角度)四:299人("三百人"减去南郭先生)——南郭处士之所以能以次充好,以假乱真,得益于同行们的保护。

观点:必须打破无形的保护伞,只有这样,才能做到优胜劣汰,激发创优意识。

2. 从事物自身的特点入手——有多少特点,就有多少个角度。

现以"手的五个指头"为例加以分析:

角度一:五个手指长短不一般齐。

观点:万事万物都存在着差异,做事要灵活多变,不可一刀切。

角度二:每个指头都有各自不同的用途。

观点:人的能力有大有小,但缺一不可,为人不能狂妄自大,也不能自暴自弃。

角度三:五个指头互相配合,才能协调高效地发挥作用。

观点:凡事互相配合,同心协力,才能搞好工作。

又如,有这样一则寓言故事:

有人要卖掉一匹骏马,他在集市上站了三天,无人问津。后来他找到了伯乐,要求伯乐到集市上绕着马看一看,离开马时再回来瞧一瞧。伯乐这么做了,马的身价一下子提高了十倍。

根据这一材料,可以提炼出许多观点:

(详见下表)

角度	人或物	事件	观点
1	卖马者	好久卖不出骏马,只有找伯乐帮忙。	宣传的神奇作用不可低估。
2	买马者	原本不想买,看到伯乐来了,马价倍增。	盲目迷信名人,没有独到见解是个不良习气。
3	伯乐	因为是名人,仅仅看一眼、瞧一瞧,马价倍增。	权威的力量是巨大的。
4	骏马	先无人问津,经伯乐相马,才身价倍增。	识人才才能出人才,世有伯乐然后有千里马。

三、如何变换角度审题立意呢?

剖析材料的方法虽然很多,但运用联想,横向开拓,不失为一种简便高效的好方法。例如:分析个人问题时,要联系到集体、国家和社会;分析经济问题时,要联系到政治制度、文化状况;分析民主问题时,要联系到法制和社会风气;分析个人行为时,要联系到国情、法律和道德;分析学校教育问题时,要联系到家庭教育、社会风气等。总之,以材料要旨(或话题)为中心点,由点到面,层层生发开去,一石激起千层浪,每一层"浪花"都是一个角度,一种立意。如一则有关"水"的材料作文,可以这样多维度层层联想:

由水的形态展开联想:

1. 水有晶莹的水滴,有汩汩的清泉,有潺潺的小溪,也有辽阔的海洋。联想到人有各种各样的性格,不同性格的人组成了人类社会。

2. 由滴水穿石,联想到学贵有恒,学贵能专。

3. 由海纳百川,有容乃大,联想到善于接纳别人,虚怀若谷才能壮大自己。

4. 由水流不断向前,奔腾不息,联想到人生应积极进取,不断追求。

5. 由波涛动荡、起伏不定联想到人生有起有落,要正确对待成败得失。

6. 由海浪拍打岩石联想到为人不可太刚,刚则易折,要以柔克刚,刚柔相济。

7. 由湖泊、沼泽、池塘安于平静而逐渐干涸联想到人生不能养尊处优,只贪图安逸。

8. 由瀑布从峭壁上飞泻直下联想到人生不应在平坦中徜徉,越是遭受挫折,越要放声高歌。纵然碰上一百次崖壁,拐上一千道弯,跌上一万个跟头,目标不变,信念永恒。

9. 由水往低处流,想到人类不能违背自然规律,否则会自食恶果。

10. 流水不腐,户枢不蠹。由此联想到人要不断吸取新鲜血液,注入活水,更新知识,否则就要落后。

由水的作用联想:

11. 水能滋润万物,那么人也要像水一样,要实现自己的人生价值,奉献自己微薄的力量。

12. 一滴水可以折射太阳的光辉,明智的人要善于以小见大,以所见知所不见。

13. 水晶莹清澈,爽气怡人。心灵纯洁、晶莹剔透的人,最终能有七彩的人生。

14. 水可载舟,也可覆舟。作为领导者,要取信于民,依靠民众。

15. 水不加疏导就会冲破堤岸,泛滥成灾;人如果不加约束,只想得到彻底的自由,一定会害人害己害社会。

由水的性质联想:

16. 水装进什么容器就呈现什么形状,为人处事应随和,富于变化。从反面看,也可以看作是见风使舵,这种为人处事的态度是令人唾弃的。

17. 水能溶解多种物质,做人要有博大宽容的胸怀,这样才能正确对待生活中的种种不公、不平,化解怨愤。

18. 一滴水只有放进大海才能永不干涸,一个人只有投身于社会才能拥有自我。

由水的经历联想:

19. 高山的雪水,穿越悬崖峭壁,经历层沙积土,有巉岩阻挡,有暴风雷霆,但也有芳草斜阳,夹岸桃花。人生旅途不可能永远一帆风顺,快乐和痛苦是相生相成的。快乐中要感谢生命,痛苦时也要感谢生命。快乐固然让人兴奋,痛苦又何尝不是一笔财富?

从水的形成过程看:

20. 由高山上的雪融化成水,蒸腾成水汽,变幻成不同形态的云,最后又变成雨落到地面。一滴水的形成要经过多方面的酝酿,一个人的一生也必须经历种种艰难曲折才会成熟。

格律诗排序一技谈

"语言连贯"是高考的一个重要考点,几乎是历届高考的必考题。这一考点在试题设计上形式多种多样。一般情况下,试题给出若干个语句,要求考生给这些句子正确排序。考试题型有时以选择题形式出现,有时要求考生自己排列顺序。在同类试题中,给格律诗排序又是难度最大的。面对这类考题,众多考生感到老虎吃天,无法下爪,失分现象十分严重。其实,解答这类试题也是有规律可循的,掌握了规律和技巧,任何难题都可以迎刃而解。

解答格律诗排序题的前提是要了解格律诗的特点:①每首限定八句,五律共四十字,七律共五十六字。②格律诗的偶数句一定押平声韵,有时首句也押韵(平仄不限)。③格律诗的颔联和颈联对仗工整。④格律诗的平仄(现代汉语第一、二声为平声,三、四声为仄声)有严格规定,且奇数句仄声收尾(首句也可以是平声),偶数句平声收尾。通常以每句诗的二、四、六字平仄为准,即所谓"一三五不论,二四六分明"。以五言律诗为例,分仄起和平起两种形式(标有"△"的末字为韵脚):

仄起式:　　仄仄平平仄,平平仄仄平(△)。
　　　　　　平平平仄仄,仄仄仄平平(△)。
　　　　　　仄仄平平仄,平平仄仄平(△)。
　　　　　　平平平仄仄,仄仄仄平平(△)。
平起式:　　平平平仄仄,仄仄仄平平(△)。
　　　　　　仄仄平平仄,平平仄仄平(△)。
　　　　　　平平平仄仄,仄仄仄平平(△)。
　　　　　　仄仄平平仄,平平仄仄平(△)。

七律是五律的扩展,只需在五律的前面加上两字头,仄前加平,平前加仄,即

仄起式:　　仄仄平平平仄仄,平平仄仄仄平平(△)。

      平平仄仄平平仄,仄仄平平仄仄平(△)。
      仄仄平平平仄仄,平平仄仄仄平平(△)。
      平平仄仄平平仄,仄仄平平仄仄平(△)。
  平起式: 平平仄仄平平仄,仄仄平平仄仄平(△)。
      仄仄平平平仄仄,平平仄仄仄平平(△)。
      平平仄仄平平仄,仄仄平平仄仄平(△)。
      仄仄平平平仄仄,平平仄仄仄平平(△)。

  掌握了格律诗的这些特点和规律,解题时就可以从押韵、对仗、平仄等特点入手,由易到难,逐句敲定。一般的解题步骤是:①由律诗押韵的特点确定奇数句和偶数句;②由对仗的特点确定颔联和颈联;③由平仄的特点确定首联和尾联;④整体排序,最终确定答案。

  例1. 下面是北宋黄庭坚的一首七律诗《寄黄几复》,请根据诗句平仄及押韵等特点,选择恰当的诗句填入诗中空白处。

(1)我居北海君南海,＿＿＿＿＿＿＿＿＿＿＿＿＿。
(2)桃李春风一杯酒,＿＿＿＿＿＿＿＿＿＿＿＿＿。
(3)持家但有四立壁,＿＿＿＿＿＿＿＿＿＿＿＿＿。
(4)想得读书头已白,＿＿＿＿＿＿＿＿＿＿＿＿＿。

①江湖夜雨十年灯   ②隔溪猿哭瘴溪藤
③寄雁传书谢不能   ④治病不蕲三折肱
A、②④①③ B、②①④③ C、③①④② D、③④①②

  解析:根据格律诗颔联、颈联对仗工整的特点,可知(2)处应填①,"桃李"对"江湖"(名词相对),"春风"对"夜雨"(偏正名词相对),"一杯"对"十年"(数量词相对),"酒"对"灯"(名词相对);(3)处应填④,"持家"对"治病"(动宾短语相对),"但"对"不"(副词相对),"有"对"蕲"(动词相对),"四"对"三"(数词相对),"壁"对"肱"(名词相对),答案锁定B、C。其中"一杯酒"不能对"三折肱",①、④顺序极易搞错。再根据平仄特点确定二、八句:首句"我居北海君南海"的平仄为"平平仄仄平平仄",那么第二句的平仄应为"仄仄平平仄仄平",符合这一平仄要求的是③,所以(1)处应填③,(4)处自然就应该填②了,这样就可以最终确定答案,应选C。值得注意的是,由于古代的入声字现在已分派到平、上、去三声中了,少数字的平仄不能严格按现代汉语的读音去判定,再加上有"一三五不论,二四六分明"的平仄要求,所以,一句之中只要绝大多数读音符合平仄要求就可以

256

确定,不要过于教条死板。

例2. 下面是王维《山居秋暝》的诗句,八句诗现已全部打乱,请你根据格律诗的特点重新排列顺序。

①莲动下渔舟　　②随意春芳歇
③空山新雨后　　④清泉石上流
⑤竹喧归浣女　　⑥天气晚来秋
⑦王孙自可留　　⑧明月松间照

解析:这是一首五言律诗,共有五句押韵,说明这首诗首句押韵,由此可以推知,①③④⑥⑦句分别对应原诗的一、二、四、六、八句之中的某一句。又由偶数句以平声收尾可知,第③句(仄声收尾)必为原诗的首句。从平仄上分析,首句"空山新雨后"属平起式,即"平平平仄仄",由此可知第二句的平仄是"仄仄仄平平",对应的诗句是"天气晚来秋"。这样,首联即可确定为③⑥。由中间两联对仗可知,颔联和颈联应分别是"明月松间照,清泉石上流"或"竹喧归浣女,莲动下渔舟"。再由平仄规律可知,颔联是"明月松间照,清泉石上流",颈联是"竹喧归浣女,莲动下渔舟"。剩余两句"随意春芳歇,王孙自可留"自然就是尾联了。这样,八句诗的正确顺序就是:③⑥⑧④⑤①②⑦。

七律诗以首句入韵为正格,给首句入韵的律诗排序相对比较容易。但也有不少格律首句不入韵,这就给排序带来了极大的困难,是同类试题中难度最大的。解答这类试题,可以按以下步骤进行:

第一步:先找出两组对偶句,然后根据平仄给剩下的两个押韵句配上平仄相对的句子,即把余下的四句按韵脚、平仄排成两联,留待下一步使用。

第二步:确定首联和尾联。因为大多数诗歌写景叙事议论抒情相结合,按照常规,叙事写景在先,议论抒情在后,据此可以推知非对偶两联中,以描写叙事为主的一联为首联,重在抒情议论的一联为尾联。

第三步:确定首联尾联后,再由首联仄起式或平起式两种形式,轻松地确定其他三联的顺序。

例3. 下面是唐代诗人崔颢的七律诗《黄鹤楼》的诗句,整首诗的顺序已打乱,请重新排序。

①此地空余黄鹤楼　　②黄鹤一去不复返
③昔人已乘黄鹤去　　④白云千载空悠悠
⑤日暮乡关何处是　　⑥芳草萋萋鹦鹉洲

⑦晴川历历汉阳树　⑧烟波江上使人愁

解析:第一步:确定颔联、颈联。由格律诗中间两联对仗的特点可以推知,颔联和颈联是②④句或⑦⑥句。第二步:确定首联和尾联。由第①句"此地空余黄鹤楼"的平仄"仄仄平平仄仄平"可以推知它的上句平仄应为"平平仄仄平平仄",与之相对应的只有"昔人已乘黄鹤去",可知③①为一联,⑤⑧为一联,且必为首联或尾联。第三步:确定首、尾联。由叙事写景在先可知③①为首联,由议论抒情在后可知⑤⑧为尾联。第四步:整体排序。由首联平仄规律"平平仄仄平平仄,仄仄平平仄仄平"可知,这首七律属于"平起式",由此可知整首诗的正确顺序是:③①②④⑦⑥⑤⑧。

在实际应试中,格律诗排序类试题的题干往往会给出一定的条件,解答起来比本文论述的方法要相对简单一些。因此,面对这类试题,考生大可不必望而生畏,望题兴叹。无论试题是难是易,方法是解题的金钥匙。掌握了方法,解答任何问题就如囊中取物,易如反掌。

四、04

升格示例篇

叙例惜墨如金　议论恣意纵横

——议论文"叙议失当"升格示例

【失误提醒】

写作议论文,不少同学在举例论证时,往往用大量篇幅引例,因而挤占了议论空间,其结果造成"叙议失当",像是给文章做了"变性手术",文体特征不明显。或者选用的素材与论点脱节,或者素材陈旧,缺乏典型性,致使论证没有力度。

【文题展示】

阅读下面的材料,根据要求作文。

趴在鱼缸里晒太阳的乌龟对刚被捕捞起来的鲫鱼说:"哎,你马上就要成为盘中佳肴,再也不能像我一样呼吸自由的空气了。"鲫鱼奄奄一息:"虽然我的生命短暂,但我至少领略过江海的辽远;你的生命再长,却从未欣赏过鱼缸外的山色湖光。"乌龟悠闲地踱了几步,笑着:"连生命都没有了,还拿什么去见识外面的世界?"

这个寓言引发了你怎样的思考?请全面理解材料,自选角度,自定立意,自拟标题,自选文体(诗歌除外)作文;不少于800字;不得套作、抄袭。

【思路点拨】

这则故事运用对话的形式,展示乌龟和鲫鱼对生命意义的不同感悟。乌龟长寿,因此对即将成为盘中佳肴的鲫鱼充满惋惜甚至嘲讽。然而乌龟从未欣赏过鱼缸外的山色湖光,其生命单调乏味,无波无澜,毫无价值。鲫鱼虽然生命短暂,但领略过江海的辽远,生活经历丰富,生命多姿多彩。这则寓言告诉人们,人活于世是否有意义,关键在于是否有价值,而不在于生命的长短。

这道试题可以从乌龟和鲫鱼等多个角度立意行文。从鲫鱼的角度可有如下立意:短暂的生命,多彩的人生;生命因价值而永恒;追求充实而有意义的人生。从乌龟的角度可立意为:生命的价值与长度无关;珍爱生命。还可以从整体分析立意:"长"与"短"的辩证法;要理智、正确地认识自己。

【原作展现】

让生命如烈火般燃烧

陕西商南高中高三(27)班　陈锟

放眼浩渺的历史长河,人的一生不过如白驹过隙,转瞬即逝。浪淘尽,唯有千古风流人物,如一颗颗光彩夺目的明珠熠熠闪耀。那么,生命的意义究竟是什么?鲫鱼的一句话提醒了我:生命的意义不在于长度,而在于宽度——我要让生命如烈火般燃烧。

无论人生是长是短,都要让生命绽放光彩。我十分赞同王羲之在《兰亭集序》中的那句话:"固知一死生为虚诞,齐彭殇为妄作。"(引用名言看似很有文化底蕴,很有力度,其实论点与论据油水分离,论证不严密。)我们与其追求虚无缥缈的长生不老,不如活在当下,绽放出生命别样的光彩,如夸父逐日一般,像飞蛾扑火一样,为了心中的光明不惜献出生命。

我们直到现在都不会忘记"最美司机"吴斌,他虽然早早地结束了自己年轻的生命,但他精神长存,虽死犹生。吴斌驾驶客车从无锡返杭途中,突然有一块铁块像炮弹一样,从空中飞落击碎车辆前挡风玻璃砸向他的腹部和手臂。面对肝脏破裂及肋骨多处骨折,肺、肠挫伤,吴斌强忍剧痛,换挡,刹车,将车缓缓停好,拉上手刹,开启双跳灯,以一名职业驾驶员的高度敬业精神,完成一系列完整的安全停车动作,确保了24名旅客安然无恙,而他自己却因伤势过重不幸去世,年仅48岁。(用大量文字交代事情经过,叙述成分太多,而没有充分展开议论,显得叙多议少,使得文体特征不明显。另外,素材过于陈旧,容易使人产生视觉疲劳。)吴斌的每一个动作,都饱含了对责任的坚守,对生命的尊重。那么我们呢?当国家或人民生命财产遭受危险时,我们是否还在畏首畏尾,偏安一隅,如同高尔基《海燕》中的海鸭一般,蜷缩在礁石底下,伸长脖子,用惊恐的眼睛窥视着暴风雨中的天空,发出一阵阵的哀鸣?无论生命多么短暂,只要勇敢执着地追求梦想,就一定能体现出生命的价值。(此段与下一段之间衔接过渡不自然,不连贯。)

爱拼才会赢。人生何以有价，唯有奋力一搏。走在通往成功之巅的道路上，倘若我们顾虑重重，只图一晌贪欢，那就只能永远在半山腰间徘徊，无缘领略峰顶的无限风光。在《挑战不可能》第一期节目中，有位年过花甲的老人夏伯渝，当年26岁的他是国家登山队的一员。那一年，他们的队伍向珠峰进发，不料遭遇雪崩。为了救队友，他拿出自己的睡袋给别人，自己却因冻伤双小腿被截肢。在《挑战不可能》的舞台上，夏伯渝老人用假肢挑战攀岩，而且宣告自己将继续挑战珠峰，到达8848米高的地方，实现自己的梦想。（此例交代故事经过太烦琐，大量的叙述冲淡了议论，不合文体。）

实践证明，拼搏的力量带给人以无限的可能，也使生命之火熊熊燃烧，大放异彩。英雄昭示我们，像戴尔·卡耐基勇敢递上辞呈投身成人教育一般，像保罗·高尔文以锐利的眼光发现商机一样，勇敢地去闯荡，去拼搏，去拓展人生的宽度。（此段之后因缺少"联"这一环节，致使上下行文出现"断层"，文章结构不够完整。）

用冲天的斗志摧毁平庸的温床，让生命如凤凰涅槃般绚烂，同烈火般燃烧。

【病因简析】

本文按照议论文"引议联结"的结构模式构思谋篇，材料丰富，首尾呼应，逐层推进展开论证，体现出一定的深度，但文章也存在明显的瑕疵：一是叙议失当，就是举例论证时用大量文字讲故事或记叙经过，叙多议少。二是素材陈旧，所引吴斌一例缺乏创新，没有亮点，不能做到人无我有，人有我新，不能激起视觉兴奋。三是油水分离，所引王羲之的名言脱离中心，无法支撑论点。四是不会分析论证，基本停留在就例论例、以叙代议的水平，论述不够深刻。

【升格展示】

让生命如烈火般燃烧

陕西商南高中高三(27)班　陈锟

放眼浩渺的历史长河，人生恰如白驹过隙，转瞬即逝。唯有千古风流人物，如一颗颗光彩夺目的明珠熠熠闪耀。人究竟应该怎样地活着？鲥鱼的一句话警醒了我：生命的意义不在于长度，而在于宽度——我要让生命如烈火般燃烧。

人生苦短，然而有的人流芳百世，有的却遗臭万年。何也？本质区别，就在于人生的价值不同。所以，无论人生长短，都要让生命绽放出炫丽的光彩。我们与其追求虚无缥缈的长生不老，不如活在当下，如夸父逐日一般，像飞蛾扑火一样，为了光明不懈地追求，死而无憾。（紧承论点适当展开，加大了论证的分量，又与下文巧妙连接。）

　　8月12日，天津滨海新区发生爆炸，消防官兵紧急抢险，不幸的是，截至目前，共有33名消防官兵在抢险中英勇牺牲，其中年纪最小的还未满18周岁。（更换时新焦点素材，体现时鲜性、新颖性、可读性。）这些年轻的官兵正值青春年华，家有妻儿老小，前途不可限量，为什么在危险面前勇往直前，置个人生命于不顾？因为他们胸中有梦想，有追求，有担当，有信仰，在个人生命和百姓生命、小家和国家之间，他们毅然选择了后者，表现出超人的胆识、赤诚的忠心和高度的使命感。他们的生命是短暂的，但他们的精神与日月同辉，万古流芳！（运用因果论证法展开剖析，加大论述成分，增强了论证力度。）

　　然而，有朝一日当国家或人民生命财产遭受危险时，我们是否还在畏首畏尾，偏安一隅，如同高尔基《海燕》中的海鸭一般，蜷缩在礁石底下，伸长脖子，用惊恐的眼睛窥视着暴风雨中的天空，发出一阵阵的哀鸣？如若这样，我们还有何脸面立于天地之间？无论生命多么短暂，都要勇敢地为理想而战，为信仰而战，让生命因价值而流光溢彩。（运用对比论证，一正一反，一褒一贬，是非分明，催人警醒。）

　　人生何以有价，唯有奋力一搏。常言道，爱拼才会赢。（调整原文语序，巧妙过渡，做到"无缝链接"。）在通往成功的道路上，倘若顾虑重重，只图一晌贪欢，那就只能永远在半山腰间徘徊，无缘领略峰顶的无限风光。当年26岁的夏伯渝是国家登山队的一员。那一年，他们攀登珠峰时遭遇雪崩。为了救队友，他把自己的睡袋让给别人，自己却因冻伤双小腿被截肢。如今这位年过花甲的老人，用假肢攀岩，并宣告将继续挑战珠峰，到达8848米高的圣地。试想，倘若夏伯渝面对厄运一蹶不振，怨天尤人，别说挑战极限，只怕连活下去的勇气都没有，何以直面人生骤变、世事沧桑？何来"勇于攀登的斗士"美称？（压缩叙述篇幅，引例之后运用假设论证法作深层阐释，论证深刻。）

　　拼搏的力量带给人以无限的可能，也使生命之火熊熊燃烧，大放异彩。英雄的壮举昭示我们，像戴尔·卡耐基勇敢递上辞呈投身成人教育一般，像保罗·高尔文以锐利的眼光洞察商机一样，勇敢地去拼搏，在有限的时间里尽情拓展生命的宽度。

　　然而，反观当下，总有那么一些人，逆历史潮流而动，苟活于世，千夫所指。安倍拒不认罪，连日本天皇都表示不满，提出应"深刻反省"；中国反腐大潮中大"老虎"贪赃枉法,一个个纷纷落马,锒铛入狱……这些人纵然长生不老,也只不过是行尸走肉,毫无价值。(增添此一段,联系实际,正反对比,进一步论证人生因价值而流芳百世,强化论点,也使文章结构更加完整。)

无论官职多大,生命多长,只有用冲天的斗志摧毁平庸的温床,让生命如凤凰涅槃般绚烂,同烈火般燃烧,才不枉此一生。(重申论点,首尾呼应。)

【特色点评】

与原文相比,升格后的文章可谓脱胎换骨,面目全新,成功跻身一类文之列。首先,压缩了引例的叙述成分,使叙例更加简洁、精炼,符合议论文对叙述的要求。同时,引例之后因事说理,运用因果论证、假设论证、对比论证等多种方法充分展开,深入剖析,有例、有理,符合议论文的文体要求,同时增强了论证力度。其次,调换了原文中吴斌一例,代之以最新发生的天津滨海新区爆炸事件,用鲜活的、新颖的、能引起人情感共鸣的活生生的事例,强有力地阐释了"生命因价值而精彩"的观点,时新的素材紧紧调动读者的阅读兴趣和思维神经,赢得好评。再次,增添文章倒数第二段,联系现实生活,增添时新素材,从中、外不同角度,反面论述没有价值的生命无论多长都只不过是行尸走肉的观点,与上文的正面论证遥相呼应,形成对比,是非分明,相得益彰,论证更加严密,也使文章的结构更加完整,完美地体现了"引议联结"的行文模式。最后,删掉油水分离的理论论据,增加和充实议论文段,调整修改"爱拼才会赢。人生何以有价,唯有奋力一搏"为"人生何以有价,唯有奋力一搏。常言道,爱拼才会赢",论证更加紧凑,上下衔接严密,浑然一体,无懈可击。

【升格启示】

这篇文章的升格,主要解决了"叙"和"议"两个问题,即浓缩材料和强化议论,从而解决叙例多而庞杂、议论少而乏力的弊端。一篇成功的议论文,不仅要运用举例论证,更要学会用简洁、概括的语言叙例,继而综合运用多种论证方法恣意纵横,全方位、多层次展开剖析,不能让叙述占用大量篇幅,否则就会犯"叙议失当"的错误,严重影响论证力度。同时,选例要独到,追求新、奇、异、美,不能老在古人堆里寻救兵。只有这样,才能写出符合文体要求的精品佳作。

福祸多变幻　坦然向天歌

——材料作文演练与升格示例

【模拟试题】

阅读下面的材料,按要求作文。(60分)

世上没有一片荆棘单是为你铺设的,也没有一朵花单是为你开放的。

这句话引发了你哪些思考?请选好角度,确定立意,明确文体,自拟标题,写一篇不少于800字的文章。不要套作,不得抄袭。

【思路点拨】

这是一个比喻型作文材料。比喻型作文材料的题审题立意要注意三条原则:一是准确把握喻体的特点,弄清喻体的含义;二是要善于从所提供的材料中找到理解的突破口,即关键词句;三是既要有整体意识,不能抓住一点不放,又要选择最佳立意。

这则材料有两个喻体,分别是"荆棘"和"花朵",这是生活中司空见惯的两个物象。根据物象各自的特点,我们不难想象,"荆棘"象征生活中常常遇到的逆境,譬如挫折、磨难、打击、困境等;"花朵"则象征人生中的顺境,例如成功、喜悦、幸福、美满等,要透过表象,弄清它们的寓意。弄清喻体的含义之后,进而抓住材料中与喻体相关的关键性词句,借以准确把握命题材料的情感倾向,确定立意方向。

分析前一句,"没有……单是为你铺设的"告诉我们,挫折与磨难不会只对自己过不去,任何人遭遇的概率都是同等的,所以,面对不幸,我们不必为苦难而悲伤绝望,意志消沉,怨天尤人,而要乐观面对,相信风雨之后一定会有彩虹;要想到世界上还有比你更加不幸的人,要看到光明和希望,用信心和毅力走出困境,不向命运低头。分析后一句,"没有……单是为你开放的"告诉我们,顺意不是专利品,人生不可能一帆风顺,掌声和鲜花不会永远宠幸你,因此,不要为一时的成功而沾沾自喜,让胜利冲昏了头脑而忘乎所以,要以一颗平常心对待自己的成功,做到胜不骄,败不馁;同时我们也应该明白,花朵也应该为别人开放,每个人都不能自私自利,独自享受美好的事物。材料中的两句话之间是并列关系,我们可以选择其中的一个侧面立意,也可以将二者结合起来辩证分析,漫漫人生路,福祸时刻相伴左右,且随时都可能互相转化,没有永远的晴天,也没有永远的雨天,我们既不要因暂时的困境而悲观失望,一蹶不振,也不要因一时的成功而得意忘形,止步不前。要宠辱不惊,看庭前花开花落;去留无意,望窗外云卷云舒,保持一颗平常心,淡定地走好自己的人生之路。

【病文呈现】

顺境逆境 泰然处之(题目平淡,过于大众化,缺乏新意。)

陕西商南高中高三(18)班 程垒

人生一世,顺境逆境是常有的事,泰然处之是最明智的选择。(貌似扣题,实则语言贫乏、笨拙,没能以"凤头"夺人眼球。)

当我们赢得掌声和鲜花时,不要忘记"人无千日好,花无百日红"的古训,成功不是你的专利,得意之后切莫忘形。

科学家汉弗莱·戴维发现了具有麻醉性、刺激性的"笑气"氧化亚氮,引起人们的关注,又发明了煤矿安全灯,解决了瓦斯爆炸问题,一时声名鹊起……而当"最有成就的科学家""皇家科学院士"等头衔加于一身时,他却被名誉冲昏了头脑,以致后半生碌碌无为。戴维不懂得成功的花儿不会只向他一个人绽放的道理,有了成就踌躇满志,对待名利缺乏淡泊之心,崇敬之余也给人们留下永远的遗憾。(这一段之后缺过渡,影响基础等级"表达"一项的得分。)

王安石笔下的方仲永是众所周知的神童,不曾认识笔、墨、纸、砚却会作诗,因而"邑人奇之"。而他的父亲不让他学习以成大器,而是每天携仲永四处拜访名门贵族,最终才华尽失,"泯然众人矣"。方仲永正是沉湎于"神童"的盲目喜悦之中,最终导致他人生之花过早凋谢,令人惋惜不已。(方仲永一例素材陈旧,没有时代特色,影响基础等级"内容"一项的得分。此段之后缺乏过渡,前后不够连贯。)

沈从文是中国的文学大家,然而有一段时间他却被"冷藏",他的所有作品不再出版,关于他的一切消息不再宣传,他仿佛与这个世界隔离了,但沈从文没有心灰意冷,没有放弃对人生的追求,他在另一个领域——中国古代服装史研究方面取得了巨大成就。失意之后,沈从文重整旗鼓,另辟蹊径,永不言败,终于让生命之花愈加绚丽多彩。(段之后应增加一例,使论证更全面,更深刻。)

花开时不要得意忘形,想想花落时的荒凉沉寂。花落时不要灰心丧气,想想花开时的缤纷绚丽。坦然以对之,淡泊而处之,你必会收获一片芬芳。

保留一份"宠辱不惊,看庭前花开花落;去留无意,看天上云卷云舒"的淡泊,保留一份不怕"狂风落尽深红色"、只知"绿树成荫子满枝"的豁达,我们的人生之路一定会驱散阴云见丽日,踏平坎坷成大道。

当蛛网尘封了我的炉台,当灰烬叹息着绝望的悲哀,我在心中默念:生命的栅栏还会有新绿重来;当我的紫丁香芬芳不再,当我的红玫瑰跌落尘埃,我在心中默念:生命的栅栏还会有鲜花盛开。(此段语言优美,但只谈面对失意的态度一个侧面,不能很好呼应上文,影响基础等级"表达"一项的得分。)

拥有一颗沉静的心,用微笑面对生活。明天,生活还要继续;未来,漫漫长路,还要一步一步去跋涉。(结尾扣题不紧,表述有些混乱、赘余,缺乏文采和力度,影响发展等级"有文采"一项的得分。)

病因分析:文章立意准确,但在表达上存在较多瑕疵,最突出的表现是素材堆砌,上下文之间缺乏必要的过渡,明显犯了"观点+材料"式的幼稚病,乍看好像内容很充实,细看内容松散,逻辑不够严密,论证自然就没有力度。从选材看,大多都是人们熟知的老面孔,不能以新颖鲜活赢人,影响内容得分。还有些语句的表达凌乱赘余,不能很好归纳照应上文,是一篇比较典型的二类文。

要使其升格为一类作文,可以做如下修改:第一,修改语言表达,特别是开头和结尾,要做到扣题严密,文采飞扬,获得发展等级得分;第二,在例证各段之间添加过渡段,使上下文衔接自然连贯;第三,适当增加例证,使论证更加严密、深刻;第四,调换伤仲永一例,选用更具时代特色的素材,增添文章的看点。

【升格展示】

我自坦然向天歌(重新拟题,扣题严谨,富有文采和气势。)

陕西商南高中高三(18)班 程垒

四季更替,没有永远的暖春,也没有永远的寒冬;人生无常,悲喜常常伴随我们左右,难以自控。是非成败转头空,坦然处之方为至高境界。(由四季更替到人生悲喜,生动形象,观点鲜明。)

当我们赢得掌声和鲜花时,不要忘记"人无千日好,花无百日红"的古训,成功不是你的专利,得意之后切莫忘形。

科学家汉弗莱·戴维发现了具有麻醉性的"笑气"氧化亚氮,发明了煤矿安全灯,解决了瓦斯爆炸问题,一时声名鹊起……而当"最有成就的科学家""皇家科学院士"等头衔加于一身时,他被名誉冲昏了头脑,以致后半生碌碌无为。戴维不懂得成功的花儿不会只向他一个人绽放的道理,成就面前踌躇满志,缺乏淡泊之心,给世人留下永远的遗憾。

戴维的悲剧绝非个例,得意忘形千古恨,古今中外概莫能外。(巧妙过渡,言简意赅。)

央视著名主持人毕福剑大红大紫,深受观众爱戴。正是这个颇得"地气"的"毕姥爷",自以为功成名就不知自爱,言论"不雅视频"曝光,最终被封杀。倘若他能正视掌声,危言危行,何至于落得个千夫所指的结局?(更换时新素材,体现时效性、新颖性,增强文章的可读性。)

反之,花谢也有花开时。当我们处于人生低谷时,要做到失意不失志,失宠不失节。天无绝人之路,正如陆游所言:"山重水复疑无路,柳暗花明又一村。"(增添此一段,承上启下,行文连贯,做到"无缝链接"。)

沈从文是中国的文学大家,然而有一段时间他却被"冷藏",仿佛与这个世界隔离了,但他没有心灰意冷,没有放弃对人生的追求,在中国古代服装史研究方面取得了巨大成就。失意之后,沈从文另辟蹊径,永不言败,生命之花愈加绚丽多彩。

人生之路苦乐相生,悲喜轮转,智者自会"不以物喜,不以己悲"。

好莱坞巨星哈莉·贝瑞以一部《怪物午餐》荣获奥斯卡最佳女演员奖,又因"金酸梅奖"获最差演员奖,人生浮沉恐怕莫过于此。然而,她心平气和地说:"我珍惜荣誉,也接受批评。"终以影片《X战警》轰动影坛,再次走上奥斯卡金奖颁奖台。花开时不要得意忘形,想想花落时的荒凉沉寂;花落时不要灰心丧气,想想花开时的缤纷绚丽,这样才能收获一片芬芳。(增加哈莉·贝瑞一例,从正反两方面纵向展开,内容更充实,行文更严谨,论述更深刻。)

保留一份"宠辱不惊,看庭前花开花落;去留无意,看天上云卷云舒"的淡泊,保留一份不怕"狂风落尽深红色"、只知"绿树成荫子满枝"的豁达,我们的人生之路一定会驱散阴云见丽日,踏平坎坷成大道。

当蛛网尘封了我的炉台,当灰烬叹息着绝望的悲哀,我在心中默念:生命的栅栏还会有新绿重来;当红日升上了头顶,当天空褪尽了雾霾,我在心中默念:风云多变,忧患常在!(删改之后与上文论述的两个侧面遥相呼应,逻辑严密,语言极富韵律之美。)

好花不常开,胜景不常有,身处花团锦簇中,谨防狂风来袭,落红满地;身临绝境,须知车到山前必有路,荆棘尽处是坦途。福兮祸所伏,祸兮福所倚,任凭风云多变幻,我自坦然向天歌!(用优美的语言圆满收束全文,凸显主旨。)

【升格指津】

升格文基本保留了原文的框架,着重从以下几方面进行精细化打磨:其一,调换或增添了相关素材,努力体现材料的鲜活性、概括性和典型性,使论证更加深刻有力,提高发展等级得分。其二,添加了过渡语段,在表达上使上下文连贯自然,浑然一体,思维缜密。其三,重新拟定标题,着力锤炼语言,句式整齐,音韵和谐,表达更加精炼,更富有文采。修改后,文章可得 57 分(内容 19 + 表达 20 + 发展 18 = 57 分),成功升格为一类作文。

是非"大数据" 喜忧两相倚

——材料作文"大数据时代的喜与忧"升格示例

【原创试题】

阅读下面的文字,根据要求作文。

进入大数据时代,一部小小的智能手机能买股票,看新闻,知天气,购商品,可以维系好友圈子,可以免费视频聊天……同时,你到过的场所、买过的东西,甚至你的每一次搜索、每一次信息发送、下载过的应用程序都会被整理成数据,对你的活动规律甚至思想动态做出明晰的判断,使人们随时都可能失去对个人隐私的保护,成为赤裸裸的"透明人",手机俨然充当了"出卖者"的角色。

要求:选好角度,确定立意,明确文体(诗歌除外),自拟标题,写一篇不少于800字的作文。不要脱离材料内容及含意的范围作文,不要套作,不得抄袭。

【思路点拨】

这则材料以小见大,影射高考作文"科技与生活"这一主题。材料可以划分为两个层次:第一层次讲述进入大数据时代,一部小小的智能手机给人们带来的极大便利,第二层次讲述手机给人们生活带来的隐患。材料从正反两个方面客观、全面、真实地揭示了高科技的利与弊,具有明显的思辨色彩。

任何事物都具有两面性,然而,生活在高科技时代,人们往往只顾享受便利,感悟其中的乐趣,而常常忽视了物极必反,在不知不觉中,人们做了高科技的奴隶,甚至成为受害者。

解读这则材料,要以科学审慎、客观公正的态度进行审视,不可顾此失彼,厚此薄彼。可以从三个维度进行分析:第一,高科技给人带来的"利"。如有了手机,人们可以聊天、购物,甚至视频对话,视通万里,无所阻隔;有了机器人,就可以给航天飞机贴防热瓦,完成危险位置的长时间焊接;有了火箭,人们就能更多地了解了地球,使中国5000年来的飞天梦变成了现实。真可谓:科技成就梦想;科技推动了人类进步;高科技为现代生活插上腾飞的翅膀。第二,高科技给人带来的"弊"。无论是环境污染造成物种灭绝还是人身安全失去保障,无论是淫秽消极言论的传播还是网络诈骗,都对人类造成极大的威胁。可以说:高科技威胁着人类安全;网络使人们的隐私暴露无遗;高科技,要说爱你不容易;都是网络惹的祸;注意网络安全。第三,科技是把双刃剑。单纯地肯定或否定都是不严密的,面对高科技,关键看人们如何应对和运用,要学会变弊为利,做自己命运的主宰者。从这个角度,我们要懂得:不做数据的奴隶(不做简单低头族);趋利避害,让高科技更好造福于人类;便利亦可带来不便;任何事物都具有两面性;世界是辩证的。

【素材及化用】

强力素材1:

在古代,许多人得了重病,大夫也无能为力,只能眼睁睁地看着病人痛苦地死去。可现在,因为科技的发展,大部分疑难杂症已能成功治愈,人们不用为生病而烦恼。

化用例段:

科技是强国之路,科技是中华民族进步的第一动力。没有科学,我们哪来今天的幸福生活?没有科技,我们哪来舒适的物质生活与精神享受?没有科技的进步,我们哪能吃到杂交二号水稻?哪能穿上全棉衣服?哪能住进高楼大厦?在古代,人们得了重病只能等死;而现代,因为科技的发展,大部分疑难杂症已能成功治愈。人们延年益寿、无忧无虑,靠的都是科技的神威。

强力素材2:

20世纪国际社会为禁止生物武器进行了不懈的努力,取得了一些进展。然而,进入21世纪,生物武器的潜在威胁却已大大增加,以美国"炭疽事件"为标志的生物恐怖对国际安全已经构成了现实威胁。

化用例段:

高科技带来了互联网,致使人类渐渐不会讲话,不会写字,不会交友。高科技带来人口膨胀,资源短缺,而资源消耗越来越快,必将爆发资源抢夺大战。不仅如此,高科技诞生的生物武器的潜在威胁逐渐增大,以美国"炭疽事件"为标志的生物恐怖对国际安全已经构成了现实威胁。科技造就人类,最终毁灭人类,并非耸人听闻。

强力素材3：

据报道,全球每年废弃的手机约有4亿部,其中中国有近1亿部,这些手机总重达1万吨。废旧手机中含有铅、镉等有害物质,直接丢弃将造成严重污染。一块废旧手机电池的污染强度是普通干电池的100倍,可污染6万升水。如果将废旧手机运到垃圾场焚化,塑料外壳还会产生含氯的有毒物质,甚至是一级致癌物"二噁英"。

化用例段：

任何事物都具有两面性。作为高科技产物的手机,确实给人们的生活带来极大便利,功不可没。然而,大量的废旧手机中含有铅、镉等有害物质,直接丢弃造成严重污染。焚化销毁废旧手机,会产生有毒物质甚至是一级致癌物"二噁英"。君不见空调的发明舒适了生活,却造成空调病频发;X光可以透视身体,检查病患,有人却用它鉴别胎儿性别,草菅人命;转基因技术提高了农作物产量,却不断让害虫"进化"。凡此种种,利弊互见。如何趋利避害,应当引起人们的深思。

【原文呈现】

莫让"低头"成为一种习惯

陕西商南高中高三(27)班　屈玥

阳光可以使人感到温暖,亦可晒得人昏厥;佳肴可以让人一饱口福,亦可携病毒进入体内;手机可以让人玩世界于股掌,亦可让人沉迷网络不能自拔。由此可见:有利之物必有有弊之处。【开头刻意讲求句式的整齐优美,没能联系材料引入主题,显得扣题不严。】

当今社会,"低头族"随处可见:公交车上,乘客步调一致低头玩手机;朋友聚会,铃铃的提示音声声着迷,不绝于耳;甚至在与父母难得一聚时,儿孙们也只顾刷屏、发微信,不肯抬头……那小小的屏幕磁铁般牢牢地吸引着人们的眼球,"低头"已经成为一种习惯。

固然,因为手机,我们得以便捷地与远方亲友联系,可谓视通万里,山水无阻;因为手机,我们可以尽情欣赏世界异域的旖旎风情,即使千山阻隔亦如身临其境;因为手机,我们能与天各一方的陌生人畅所欲言,倾吐心声。但是你可知道,大多数的低头族又在干些什么呢?感受武林称霸的激情,寻求网络犯罪的刺激,陶醉多金生活的安逸……试想一下,如果一个人整天空想自己有朝一日武林称雄,天下无敌,而不努力拼搏,那一切美梦终将化作泡影;如果一个民族只想凌驾于其他民族之上,而不与人和平共处,那它必将成为众矢之的;如果全人类只想着移居太空,而对地球污染熟视无睹,谁能保证能拥有第二个美丽的家园呢?所以,我们不能一味沉溺于网络的虚拟世界中,与世隔绝。外面的世界如此美妙,何不从手机上移开目光,看满园鲜花摇曳生姿,听娇小画眉悠扬歌唱,闻阵阵清香沁人心脾……【"试想……拥有第二个美丽的家园呢"一组句子,偏离题意,没有承接上文,展开论述网络的"弊端",衔接不够连贯,影响基础等级"表达"一项的得分。】

没有人愿意遭遇"子欲养而亲不待"的遗憾,可是又有多少人能够静静地陪伴父母吃一顿饭,安心地与他们拉一会儿家常?实际情况是,大多人都抱着手机,看似与父母相聚,心却早已开始了"网游"。也许,当你浏览手机时,你与朋友的距离近了,与世界的距离近了,但是却与这世界上最亲近的人的距离远了,他们的心凉了!黎戈说:"教我们学会爱的,恰恰是痛苦。"难道我们非要因为迷恋网络而将父母隔得很远很远,直到消失才意识到被自己埋葬的亲情吗?朋友,请你抬起头来,看看父亲鬓角那根根白发,摸摸母亲那额头深深的皱纹,让心灵与心灵交汇,去感受那世间最温馨的真情,不要让手机变成埋葬亲情的坟墓。【黎戈的名言不能证明论点,游离于中心之外,影响基础等级"内容"一项的得分。】

做人,就要做一个有孝道的人,做一个理性的人,不要让自己成为手机的奴隶。畅游网络,读精品,看经典,听阳春白雪,而不能像有些人那样,利用网络损人利己,甚至违法乱纪,误入歧途,落入万劫不复的深渊。【本段起句"做一个有孝道的人"看似与上文衔接比较自然,实际上偏离主题,影响中心的表达,纯属多余。】

莫再低头,莫让"低头"成为一种习惯!抬起头,仰望天空,感受白云的飘逸,蓝天的安宁。【结尾没有能紧扣材料,照应开头,以突出中心,指明解决问题的办法。】

【病文诊断】

这篇议论文能准确理解材料寓意,立意准确,观点鲜明,语言流畅,条理清晰,但也存在一些比较明显的瑕疵,主要表现在语言表达、内容衔接和结构安排等方面。具体表现在:第一,文章开头过分追求语言表达和句式形式的优美,而忽略了引用材料引出论点的常规技法,因此,显得与材料脱节,扣题不严。第二,有些内容前后不够连贯,如"试想……第二个美丽的家园呢"一组句子和所引黎戈的名言等,这些内容有悖前后逻辑,阐述混乱,有偏离题意、中心不明之嫌。第三,文章结尾显得比较急促，没有回归试题材料，做到首尾呼应，强化主题。因此，原文属于一篇典型的二类文。

【升格策略】

原文存在的问题主要表现在语言、内容和结构三个方面，要使原文成功升格为一类文，就必须针对问题，有的放矢作好如下修改：一是修改第一段内容，可以压缩试题材料或引用材料中的关键词句引出中心论点，开篇扣题。二是删改"试想……第二个美丽的家园呢"一组句子，紧承前文，选用社会生活中那些典型事例，特别是新近发生的焦点、热点新闻案例，论述网络给社会和人们生活带来的极大危害，在内容上保持与上文的高度一致性，做到协调、连贯，契合中心。第三，在结尾处有意识地靠近材料，引用材料中的关键词句回扣材料，照应开头，这样就显得结构完整，首尾圆合。

【优化升级】

莫让"低头"成为一种习惯

陕西商南高中高三(27)班　屈玥

进入大数据时代，人们享受到极大便利，同时亦遭遇诸多忧患，就像美味佳肴可以让人大快朵颐，亦可病从口入令人痛苦不堪。由此可见：有利之物必有有弊之处。

当今社会，"低头族"随处可见：公交车上，乘客步调一致低头玩手机；朋友聚会，铃铃的提示音声声着迷，不绝于耳；甚至在与父母难得一聚时，儿孙们也只顾刷屏、发微信……小小的屏幕磁铁般牢牢吸引着人们的眼球，"低头"已经成为一种习惯。

固然，因为手机，我们得以便捷地与远方亲友联系，可以视通万里，山水无阻；因为手机，我们可以尽情欣赏世界异域风情，即使千山阻隔亦如身临其境；因为手机，我们能与天各一方的陌生人畅所欲言，倾吐心声……但是，大多数低头族又在干什么呢？感受武林称霸的激情，寻求网络犯罪的刺激，陶醉多金生活的安逸……君不见，被害女孩通过QQ聊天和微信"摇一摇"认识了男网友，被绑架、强暴，最终杀害；君不见，20岁男子沉迷网络游戏，长年累月日夜不息，终致肌肉萎缩，连走路都要父母搀扶，但痴心不改，终因过度疲劳猝死网吧；君不见，济南航空旅客信息泄露，犯罪团伙盗取旅客个人信息，诈骗旅客，涉案金额70余万元；君不见，徐州"神马"网络盗窃团伙，向多个网店店主的手机植入木马，拦截网银短信进行网络盗窃，涉案金额高达 2000 余万元……一桩桩，一件件，触目惊心，令人发指！我们不能一味沉溺于网络的虚拟世界中，与世隔绝。外面的世界如此美妙，何不从手机上移开目光，看满园鲜花摇曳生姿，听娇巧画眉悠扬歌唱，闻阵阵清香沁人心脾！

没有人愿意遭遇"子欲养而亲不待"的遗憾，可是又有多少人能安心地陪父母吃一顿饭，拉一会儿家常？大多时候，人们都抱着手机，看似与父母相聚，心却早已开始了"网游"。也许，当你浏览网页时，你与朋友的距离近了，与世界的距离近了，但却与这世上最亲近的人的距离远了。难道我们非要因迷恋网络而忘却父母，直到他们离去才意识到被自己埋葬的亲情吗？朋友，请你抬起头来，看看父亲鬓角那根根白发，摸摸母亲额头那道道皱纹，让心与心交汇，去感受世间最温馨的真情，不要让手机变成埋葬亲情的坟墓。

做人，就要做一个睿智的人，别让自己沦为手机的奴隶。畅游网络，读精品，弃糟粕；赏阳春白雪，斥下里巴人。不能利用网络损人利己，甚至违法乱纪，误入歧途，只落得千夫所指，万人唾骂。

大数据时代，喜忧参半。勿忘物极必反，谨防乐极生悲，莫让"低头"成为一种习惯。抬起头，仰望天空，尽享白云的飘逸，蓝天的安宁。

【升格点评】

本文在保持立意不变、观点不变的前提下，在语言和内容上对原文作了合理的修改。首先引用材料引出观点，扣题严密，旗帜鲜明。其次，删除原文第三段不连贯、不协调的句子，调换"君不见……"一组排比句，既凸显了中心，又使表达酣畅淋漓，文采四溢，催人警醒，增添了深度和力度。再次，引用材料中的关键词收束全文，结构紧凑，首尾呼应，无懈可击。经过修改，本文成功晋升为一类文。

巧裁云锦做霓裳

——议论文素材运用升格示例

【作文题目】

阅读下面的材料,根据要求作文。

新版《十万个为什么》的编辑在整理从全国各地征集来的 3 万多个问题时发现一个怪现象——年龄跟孩子们提问的质量成反比。一些有价值的问题,如"为什么我妈妈晒的被子比较香""为什么做运算时都是先乘除后加减"都是小学低年级的孩子提出的,这些问题天真烂漫、充满童趣,甚至让人忍俊不禁。而中学生提出的多是一些诸如"怎么杀毒""怎么发电子邮件"等程式化问题,这些问题简单化、概念化,既没有新意,又不需要独立思考、鉴别和论证。

综合上述材料,你有什么所思所感?写一篇不少于 800 字的文章。

要求:①选好角度,确定立意,自拟题目;②明确文体,但不得写成诗歌;③不得脱离材料内容及含意的范围作文,不得抄袭、套作。

【原文呈现】

童真童趣不可丢

陕西省商南高中高三(27)班　杨乐

童真童趣不可丢!【虽然观点鲜明,但没有能引用材料引出论点,给人以"横空出世"之感,让人觉得莫名其妙。】

最近一档热播亲子节目《爸爸去哪儿》中有一幕情景令我感慨万分:王岳伦父女因误了航班而比大家延迟几个小时到达小岛。面对破旧不堪的"茅草房",坐在电视机前的"我"不禁吐槽:"这样的房子,他女儿一定会拒绝的!"可当王岳伦问他的女儿时,女儿丝毫没有不悦之色,反而高兴地拉着爸爸的手说:"爸爸,我们就住这里,这里好极了。"我心中一沉,为什么我眼中的破房子,在她眼中竟成了公主的洋房?【援引《爸爸去哪儿》这则材料充当引子,旨在于对比中引出"我"思维的僵化守旧,但叙述成分有些烦琐,不合问题要求。】

小时候,老师曾在黑板上画了一个圆,问我们那是什么,我大声喊着"是太阳,太阳",而其他的小朋友有说苹果的,也有说橘子的,还有人说是气球。为了比别的小朋友更加出色,受到更多的表扬,我又一连说了好几个,什么"妈妈的笑脸""大西瓜""大烙饼"……而现在,谁若在黑板上画一个圆,问我那是什么,我只会说"那是一个圆,只是一个圆而已",没有任何新意。父母总是劝我要多读书,读好书,可是现在想想,这些年我都学了什么,我只学会了每次做题后都渴望知道标准答案。但是,这世上又有哪件事情是有标准答案的呢?【这则"圆是什么"的材料很典型性,但多少缺了些新意。要把这则材料运用好,就必须在议例上下功夫。而本文引例后议论成分太少,缺乏剖析论证,显得没有说服力。】

童真童趣不可丢!【紧扣论点,独自成段,起到强化作用。】

中国的高才生去美国就读高校,可他们之中仅有7%的人达到了美国的及格分数线。这是为什么呢?有专家分析指出,在美国的阅读中存在批判、审读、自我校正等步骤,而我国的阅读基本上都依据文本而来。像我这样的学生,肯定只会跟着老师给的模式答题,因为我们缺少了批判性思维。我们误认为,万事万物都有规律可循,作家、名人、老师说的话一定是对的,而自己的则肯定错误。【中国高才生及格率低的材料很典型,很新颖,耐人寻味,剖析也很到位,但末尾句太过于绝对,缺乏严密性。】

有同学说我爱钻牛角尖,对一个问题非研究得死透死透不可,其实记住答案就够了。可是,这样真的够吗?对于自己所不懂的东西,掩盖它,它就不存在了吗?我厌恶这样的模式。【联系实际,纵深论证,引人深思,催人警醒。】

童真童趣不可丢!……【留下余地,言有尽而意无穷。】

还我的童真童趣,还我的想象力,不要再让固定模式禁锢我们的思想。我不愿做那禁锢在樊笼中的小鸟,要做那有思想、有魄力、勇敢无畏翱翔于蓝天的自由的雄鹰!【发出强烈呼吁,运用比喻,形象说理,收束全文,具有震撼力。】

【失误点击】

作者以"童真童趣不可丢"统领全文,思路清晰,脉络分明。但是失误也较为明显,主要表现在材料的运用上。一是开头没有铺垫就直接提出观点,有些突兀,让人不明就里。二是《爸爸去哪儿》这则材料充当引子,本宜简短明了,但文中叙述成分显得有些烦琐赘余。三是引用材料之后缺乏足够的议论与阐述,只有论据,没有论证,以叙代议,文章缺乏力度。另外,根据标题,文章应重点论述为什么"童真童趣不可丢",原文却对此挖掘不够。

【升格策略】

　　首先,可在开头适当引入试题材料,适时引出观点,显得从容自然。其次,浓缩材料和增加议论,解决论据失当、议论乏力的弊端。选取材料要慎重思考,合理引用,妥善安排,做到叙例言简意赅,议例恣意驰骋。对于常见材料和新颖材料给予不同的呈现安排,常见材料侧重在论述中求"新",新颖材料则重在本身的呈现。再次,材料的选择使用要紧紧围绕中心论点,善于从材料中寻找精准角度进行议论,不偏不倚,切合题意。

【优化升级】

童真童趣不可丢

陕西省商南高中高三(27)班　　杨乐

　　《十万个为什么》的编辑偶然间发现,年龄跟孩子们提问的质量成反比:年龄越大,所提的问题越程式化、概念性。面对孩子的"烂漫"被扼杀,我要大声呼吁:童真童趣不可丢!

　　最近热播的一档亲子节目《爸爸去哪儿》里有一幕情景令我感慨万分:王岳伦父女到达小岛后,面对破旧不堪的"茅草房",他的女儿不但没有拒绝,反而很高兴地拉着爸爸的手说:"爸爸,我们就住这里,这里好极了。"闻听此言我心中一沉,为什么在我眼中的"破房子",在她眼中竟成了公主式的"洋房"?难道我的价值观发生了扭曲,变得势利且庸俗不堪?还是我的思维发生了偏差,变得单调乏味?

　　小时候,老师曾在黑板上画了一个圆,问我们那是什么,我大声喊着"是太阳,太阳",而其他的小朋友有说苹果的,也有说橘子的,还有人说是气球。为了比别的小朋友更加出色,受到更多的表扬,我一连串说了好几个,什么"妈妈的笑脸""大西瓜""大烙饼"……班上热闹非凡,大家纷纷举起了小手。但是现在,谁若在黑板上画一个圆,再问我那是什么,我只会说"那是一个圆,只是一个圆而已"。为什么会出现这种状况?因为从小到大,我们的父母迫于社会压力,总是劝我们要多读书,读好书,以优异的成绩回报父母;老师总是要求我们勤学苦学,以优异的成绩回报社会。于是,我们只学会了每次做题后渴望知道那所谓的标准答案。但是,这世上又有哪件事情是有统一标准答案的呢?

童真童趣不可丢!

近年来,不少中国的高才生去美国就读高校,可他们之中仅有7%的人达到了美国的及格分数线。这是为什么呢?有专家分析指出,在美国的阅读中存在批判、审读、自我校正等步骤,而我国的阅读基本上都依据文本而来。像我这样的学生,肯定只会跟着老师给的模式答题,因为我们缺少了批判性思维。我们误认为,万事万物都有规律可循,作家、名人、老师说的话一定对,而自己的则不一定正确。

有同学说我爱钻牛角尖,对一个问题非从多角度考虑不可,其实记住答案就够了。可是,这样真的够了吗?对于自己不懂的东西,掩盖它,它就不存在了吗?我厌恶这样扼杀童心的模式。

童真童趣不可丢!……

还我的童真童趣,还我的想象力,不要再让固定模式来禁锢我们的思想。我不愿做那禁锢在樊笼中的小鸟;我要做那有思想、有魄力、勇敢无畏翱翔于蓝天的自由的雄鹰!

【升格点评】

升格后的文章,在开头引入试题材料,使论点的提出顺理成章,从容有致。以王岳伦父女的事例作为引子,简明扼要,更加符合引子的功能性要求,压缩叙例,适当展开议论,凸显了文体特征。引用"圆的意义"的材料,重点剖析原因,凸显了主题,更增加了论证的深度。运用"中国高才生去美国就读高校"的对比性材料,突出中美两国学生在不同教育模式下的不同表现,强化论点,突出中心,增强了说服力。

新材料作文"诈捐"升格示例

【原创文题】

阅读下面的材料,根据要求写一篇不少于800字的文章。

日前,安徽亳州市利辛县发生一起"恶狗咬人"事件。据张宏宇称,其女友李娟在回家路上看到两条狼狗追赶一小女孩,李娟上前撵狗,自己却被狼狗疯狂撕咬,四肢的肉几乎被啃完,惨不忍睹。

面对百万元的巨额医疗费,张宏宇绝望之中求助于媒体,请求捐助。此事被某媒体报道后,短短一周内,社会爱心人士捐款80多万元。然而经调查得知,伤者李娟并非救人被咬,而是被自家养的狗咬伤。真相曝光后,不少爱心人士很受伤,很愤慨,有人向警方报了案,要求退还善款。张宏宇因涉嫌诈骗被警方刑事拘留。

要求:选好角度,确定立意,明确文体,自拟标题;不要脱离材料内容及含意的范围作文,不要套作,不得抄袭。

【思路导引】

这则试题材料来自今年10月发生在安徽亳州市利辛县的一起"恶狗咬人"事件,属于典型的时评类材料。这则新闻事件的前期报道是,李娟在回家途中看到两条狼狗追赶一小女孩,就上前想要把狗撵走,结果自己却被狼狗疯狂撕咬,四肢肌肉几乎被啃完,属于典型的"见义勇为"行为,因此收到广大社会爱心人士的巨额捐款。但时隔不久,经多家报社记者调查后,"见义勇为"的"英雄壮举"发生惊天逆转——李娟并非在回家路上救人受伤,而是在自家养狗场被咬伤,救人一事只是编造的谎言。其男友承认,自己为筹集捐款而编造了救人情节,并通过媒体发布消息。得知事情真相后,有些爱心人士向警方报案,并要求退还善款,张宏宇因此被刑事拘留。

这则材料涉及的人物较多,除了备受人们关注的焦点人物张宏宇之外,还有爱心人士、李娟以及媒体人等。解读本题,可以从不同的人物身上寻求不同的立意角度。因此,这是一个角度多变、立意多维、写作自由空间很大的材料,便于考生灵活发挥。

1. 从张宏宇的角度:张宏宇为了得到捐款而编造谎言,骗取爱心,使爱心人士很受伤,同时自己也丢掉了做人的美德——诚信,最终触犯了法律,必将受到道德的谴责甚至法律的惩处。他的处境固然令人同情,但他的行为却令人愤慨,遭人唾弃。由此可以立意为"诚信不可丢""爱心不可亵渎""多行不义必自毙"等。

2. 从爱心人士的角度:得知李娟身受重伤,他们义重如山,慷慨解囊,纷纷献出人间大爱,令人敬佩。得知"诈捐"后,及时向警方报案,通过法律途径讨要被骗的捐款,无可厚非。但同时,李娟急需医疗费,爱心人士应将爱心进行到底,捐出的善款不要也罢。由此可以立意为"向爱心致敬""爱心无价""法律维权是明智之举""助人也需要智慧""爱心没有休止符"等。

3. 从媒体的角度:媒体作为舆论导向的主阵地,具有喉舌作用。因此,在关注新闻事件的同时,必须时刻牢记"责任"意识,报道事件做到客观、真实,不能捕风捉影,信口开河;更不能见利忘义,忘记职业操守,冲破道德底线,充当"邪恶"的代言人。由此可以立意为"有责任有担当""慎言慎行,正确发挥舆论导向作用""严守职业道德"等。

4. 从李娟的角度:李娟被狗咬成重伤,生命垂危,急需巨额医疗费用。而已经筹集到的80多万元爱心捐款因为男友的"诈捐"可能被爱心人士追回,如此李娟极有可能性命不保。其实,男友的欺诈行为她也是不知情的,在整个事件中她是无辜的。由此可以立意为"弱者无罪""关心弱势群体,构建和谐社会"等。

【素材链接】

1. 信用像一面镜子,一有裂痕,就难以复原。 ——亚美路
2. 爱之花开放的地方,生命便能欣欣向荣。 ——梵高
3. 凡属我应该做的事,而且力量能够做到的,我对于这件事便有了责任。

——梁启超

4. 我国当代著名国画大师李苦禅,为人重诺守信。他曾允诺一位老友索画的要求。后因生病和另一些事情牵扯,耽误了及时作画,后来他的那位老友突然病故。他闻讯后,后悔不已,立即挥毫作"百莲图"郑重题款铃印。随后携画至后院,肃立焚烧,祭奠亡灵。事后,他对儿子说:"今后若再有老友索画,要及时提醒我,做人可不能失信啊!"

5. 河北省的李利娟从1996年起至2015年,19年间陆续收养了75名孤儿。她收养的孩子,年龄最大的26岁,已经结婚,最小的还在襁褓中。这些孩子大多身患残疾,每月医疗费等各项费用平均都在6万元。为了抚养和教育这些孩子,李利娟种着几十亩地,养着上百只羊和猪。如今,46岁的她已经满头白发。

6. 陈金水出生于钱塘江畔,从气象学院毕业后,只身来到青藏高原,单枪匹马建起了世界上最高的气象观察站。这里的环境十分恶劣,终年积雪,空旷无人;由于低压,他吃不到煮熟的饭;由于寸草难生,他吃不到新鲜的蔬菜;由于缺氧,他患上了心血管疾病。然而,陈金水丝毫没有动摇献身气象事业的决心,在这里一蹲就是30年,这正是责任的坚守。

【病文展示】

关注脚下

陕西省商南高中高三(27)班　程梦瑶

对于日前报道的张宏宇编造谎言骗取爱心捐款一事,人们议论纷纷。有人为爱心人士慷慨解囊点赞,有人向媒体不负责任的报道猛烈抨击,更有人对张宏宇的欺诈行为进行无情地谴责。我深深地陷入了迷惘之中,感慨良多。(没有能围绕文章主题对试题材料进行合理地取舍,与下文衔接不够连贯。)

我们天天高喊"人人平等",可是事实并非完全如此。在现实生活中,上帝把芸芸众生安排在一座金字塔中,每个人都竭尽全力向上攀爬。一部分人爬上了塔顶,但仍有不少人只能滞留在底层苦苦挣扎。我们往往只关注塔顶那耀眼的光芒,却忽视了塔底层那些急需我们拉一把的弱者。(对两种人进行对比之后,应当指明应该采取怎样正确的态度,也借以点题。)

张宏宇面对病重的女友,没有放弃治疗,任女友自生自灭,而是倾其所有,全力抢救,这是因为他性本善良。可是,他又昧着良心骗取大家的善款,除了愤怒,我内心更多的是同情和反思。李娟被咬后,如果我们能及时关注她并给予最大的帮助,如果社会的相关机构能及时给予救助,张宏宇还会玩弄骗术吗?正是我们的漠视,才将他"逼上梁山",做出错误的抉择。(分析"诈捐"的根源,有一定的深度。)

其实被我们忽视的,不只是张宏宇和李娟,还有很多人,他们叫"弱势群体"。他们长年累月风里来雨里去,为了生计四处劳碌奔波,流血流汗,只为解决温饱问题,给孩子挣点可怜的学费,给家里挣点可怜的补贴。然而,人们对他们熟视无睹,漠不关心,甚至贬低嘲弄。这是何等的冷漠,何等的残忍!一则评论说,"农民工进城,犯罪率上升"。难道这都是农民工"惹的祸"吗?他们生活在农村时也不见得犯罪率有多高啊!那些闹厂矿、砍老板的农民工就真的想闹事吗?不,他们想要的,不过就是一点应该得到的工钱罢了。(农民工的生活状况缺少细节,显得有些空洞,难以深深打动读者的心。)

每年学雷锋活动月,学校都要组织学生到敬老院看望慰问孤寡老人。我们帮老人打扫卫生,为他们唱歌跳舞。活动很快结束,我甚至还没来得及和老人说说话帮他们揉揉肩。多么可笑!我们"声势浩大"的活动到底给老人带去了什么?不过是一时热闹罢了。(从结构上看,本段是纵深论述怎样关爱弱势群体,但因为缺少过渡,显得上下脱节。)

人之初,性本善。生活中的不少悲剧都是"逼"出来的。而被"逼"的背后,暴露出人性的冷漠、道德的缺失和社会保障机制的不健全。关注底层,"只要人人都献出一点爱,世界将变成美好的人间"!(总结全文,主题更深刻。)

【得失点评】

文章避开常规立意,不谈爱心救助,也不谈"诈捐"应受到怎样道德的谴责,而是选择了独特的"关注弱势群体"的角度,既避免了立意的雷同撞车,又显得新颖别致,论述也有一定的深度,但同时也存在不少的瑕疵。其一,开头没有能够围绕中心选准材料取舍的角度,话题过于宽泛,论题也不太明显。其二,有些段落之间缺少过渡,致使前后衔接不够紧密,显得上下脱节,行文不够严密。其三,从内容上看,个别段落显得有些空洞,削弱了论证的力度和感染力。其四,论证方法比较单一,行文少有变化。

【升格攻略】

一、合理取舍材料。在确立论题之后,要围绕文章中心"定点钻探"。因为本文的论题是"关注弱势群体",所以,对爱心人士慷慨解囊、媒体不负责任的报道以及人们对张宏宇欺诈行为的谴责可以少谈甚至不谈,而应选择材料中的某一点当作引子来使用,即由人们对张宏宇的强烈谴责,引出核心问题——他为什么会这样做?而不必面面俱到。

二、适当增补内容。如文章第三段中,为了显示张宏宇的善良与值得同情,可以增添少许反面事例,与张宏宇的行为形成鲜明的对比,以此告诉读者,张宏宇的"诈捐"实在是出于无奈,而非本心。在此基础上剖析根源,顺理成章,也使读者放下怨恨,认清事件的本质。再如第四段写农民工的艰辛生活,显得比较空洞,可以适当增添一些具体化的生活场景,借以引起读者的共鸣,增强文章的可信度和说服力。

三、注意过渡衔接。要增强议论文的说服力,必须做到逻辑严密,而确保行文之间的衔接连贯是逻辑严密的基本保证。对此,修改原文时,可以在第一段段末增加一句,使之与下文剖析根源"无缝连接"。再如,倒数第二段前重在论述要关心弱势群体,此段纵深论证怎样关心弱势群体,但上下之间没有过渡,出现了逻辑纽带"断层"。此段之前必须添加承上启下的衔接性文字,做到连贯自如。

【升格作文】

关注脚下

陕西省商南高中高三(27)班　程梦瑶

看到因"拯救女童"而被狗咬得伤痕累累的李娟,我们动容,纷纷献出自己的爱心;得知用"伪英雄"来"诈捐"的张宏宇,我们愤怒,并将其绳之以法。然而,当我们像机关枪一样向张宏宇猛烈开火时,有没有问问自己:他为什么会这样做?(紧扣主题,准确合理地引用试题材料引出论题:"他为什么会这样做?")

我们天天高喊"人人平等",可是事实并非完全如此。在现实生活中,上帝把芸芸众生安排在一座金字塔中,每个人都竭尽全力向上攀爬。一部分人爬上了塔顶,但仍有不少人只能滞留在底层苦苦挣扎。我们往往只关注塔顶那耀眼的光芒,却忽视了塔底层那些急需我们拉一把的弱者。请关注脚下吧,你会明白很多,感触很多。(添加末尾一句,亮明对两种人的态度,并点明题旨。)

张宏宇面对病重的女友,没有像四川眉山那位亲手拔掉母亲呼吸管的不孝子那样,放弃治疗,任女友自生自灭,这是因为他性本善良。可是,他又昧着良心骗取大家的善款,除了愤怒,我内心更多的是同情和反思。李娟被咬后,如果我们能及时关注她并给予最大的帮助,如果社会的相关机构能及时给予救助,张宏宇还会玩弄骗术吗?正是我们的漠视,才将他"逼上梁山",做出错误的抉择。(引用四川不孝子拔掉母亲呼吸管一例,构成强烈对比,彰显张宏宇的善良,表明"诈捐"并非其本性使然。同时,也使论证手法多样化。)

其实被我们忽视的,不只是张宏宇和李娟,还有很多人,他们叫"弱势群体"。天寒地冻时,他们只能蜷缩在帐篷中;铄石流金时,他们正接受阳光的"洗礼"。终于熬到年尾,他们却因讨要工资不得而一次次爬上高高的塔吊。面对此景,有人熟视无睹漠不关心,更有甚者为了寻刺激,看"好戏",狂喊"跳啊,我已经等得很久了!"何等的冷漠,何等的残忍!一则评论说,"农民工进城,犯罪率上升"。难道这都是农民工"惹的祸"吗?他们生活在农村时也不见得犯罪率有多高啊!那些闹厂矿、砍老板的农民工就真的想闹事吗?不,他们想要的,不过就是一点应该得到的工钱罢了。(将农民工艰辛的生活情景具体化,细节化,用接地气的生活素材感染读者,也充实了文章的内容。)

弱势群体需要社会的关爱,需要实实在在的关爱,而不是不痛不痒的爱心作秀。每年学雷锋活动月,学校都要组织学生到敬老院看望慰问孤寡老人。我们帮老人打扫卫生,为他们唱歌跳舞。活动很快结束,我甚至还没来得及和老人说说话帮他们揉揉肩。多么可笑!我们"声势浩大"的活动到底给老人带去了什么?不过是一时热闹罢了。(段首增加一句,由上文的"应该关心弱势群体"过渡到"怎样关心弱势群体",连贯严密,论证更进一层。)

人之初,性本善。生活中的不少悲剧都是"逼"出来的。而被"逼"的背后,暴露出人性的冷漠、道德的缺失和社会保障机制的不健全。关注底层,"只要人人都献出一点爱,世界将变成美好的人间"!

【升格点评】

升格后的文章,视觉独特,立意新颖,论证深刻。开头引述新闻事件,准确合理,简明概括。继而话题一转:"有没有问问自己:他为什么会这样做?"提出问题,引起读者高度注意。文章重在挖掘"新闻背后的新闻",剖析"诈捐"事件的深层社会根源。冷峻的思考,独到的见解,切中肯綮,使文章具有非同一般的深度和高度。添加的"四川眉山不孝子亲手拔掉母亲呼吸管"和"农民工艰辛生活情景"等素材很有生活味儿,避免了板着面孔一脸严肃空洞说教的弊端,有情有理,使读者受到启迪和感染。段落之间恰当增添过渡句,使上下文浑然一体,无懈可击,充分凸显了议论文说理的严密性。

缘事析理　深刻犀利

——材料作文"'囊萤映雪'新编"升格示例

【金题再现】

阅读下面明代《笑林》中的一则笑话，写一篇不少于800字的文章。

车胤囊萤读书，孙康映雪读书。一日，康往拜胤，不遇。问何往？门者曰：出外捉萤火虫去了。已而胤答拜康，见康闲立庭中，问：何不读书？康曰：我看今日这天不像个下雪天。

请根据上述文字，自选角度，自定立意，自拟题目，写一篇文章。要求：文体特征鲜明；不要脱离材料内容及含意的范围作文；不要套作，不得抄袭。

【写作指导】

现代汉语成语"囊萤映雪"常用来比喻家境贫苦，刻苦读书。"囊萤"出自《晋书·车胤传》："车胤恭勤不倦，博学多通，家贫不常得油，夏月则练囊盛数十萤火以照书，以夜继日焉。""映雪"出自《孙氏世录》："孙康家贫，常映雪读书。""囊萤映雪"记载的是古人勤奋苦学的故事，因此，向来被当作克服物质条件的艰苦，发奋苦读的代名词。而《笑林》中的这则笑话，在传统典故中添加了新的元素，从而焕发出新意，属于"故事新编"。

夜晚苦读，没有油灯，只好借萤火以照书，实属无奈，然而车胤放弃大白天的美好时光于不顾，去野外苦苦捕捉萤火虫，如此本末倒置，实在令人啼笑皆非；而孙康竟然于青天白日之下悠闲立于庭中，等待下雪，以便映雪读书，如此荒唐之举，实在令人质疑：到底是为了读书，还是为了哗众取宠，做个样子给别人看？倘若像车胤、孙康这样，那么匡衡也可以白天睡到自然醒，专等到夜幕降临来个凿壁偷光了。实在荒唐可笑！细读材料我们可以发现，与往往揭示蕴含意义的寓言故事不同，这则"笑话"纯为叙述性文字，通过言外之意、文外之趣，十分传神地讽刺了那种一味追求外在形式、忽视本质意义的可笑行为，情感倾向由传统故事的肯定赞许转变为讽刺与批判。自古到今，类似"白日捉荧"、"庭院等雪"之类的现象何其多矣！这则"笑话"具有极强的现实性、讽喻性、开放性和思辨性的特点，实在可笑。而二人的"可笑之处"便成为审题立意的突破口，据此，可以从"内容与形式"、"拘执与变通"、"求实与失真"等几个侧面入手选择论题，例如：不能一味追求形式的"唯美""新潮"，而忽视了本质的意义；假使拘泥于既定的成法习惯，固守教条不知道灵活变通，最终必将走进死胡同；刻意作秀，失去了本真，只能贻笑大方。

叙事性材料一般有两种展现形式，一种是叙述加议论，一种是纯叙述，这道试题属于后者。解读诸如此类纯叙述性材料的难点，在于透过现象挖掘故事背后的"内涵"，准确领会包含其中的旨趣，以便又稳又准地切中要害，命中"十环"。

【素材链接】

1. 形式是一只金瓶，思想之花插入其内，便可流芳百世。——法朗士

2. 凡事都要脚踏实地去做，不驰于空想，不骛于虚声，而惟求实的态度，做踏实的工作，以此态度求学，则真理可明；以此态度做事，则功业可就。——李大钊

3. 治国无法则乱，守法而弗变则悖，悖乱不可以持国。——《吕氏春秋》

4. 在西方，大多数人相信雷电是"上帝的火"，是"毒气炸弹"。一个雷电交加的日子，一阵震耳欲聋的雷声随着刺眼的闪光在低空云层中炸响，似乎要把宇宙撕裂。冒着狂风暴雨，富兰克林把一只绸做的风筝放上天空。又一个闷雷炸响，云中的雷电通过风筝上尖细的铁丝使风筝和绳索带电，只见绳索上散松的纤维都向四周直立起来。这时富兰克林立即把风筝绳上的钥匙和莱顿瓶连接起来，使莱顿瓶充电，终于证实了他的推断——闪光就是闪电。

5. 十九世纪中叶，美国加利福尼亚州涌来了大量的淘金者，淘金的人越来越多，金子就越来越难淘。当地的气候十分炎热干燥，水源极缺，不少人因为缺水而被渴死。一位十七岁的男孩亚默尔灵机一动，断然放弃淘金的念头，改为卖水。他的这一行动引起了不少人的不解与讪笑。然而，当许多淘金者空手而归时，亚默尔已成为一个小富翁了。

6. 不久前,辽宁抚顺市委书记王桂芬成了网友热议的对象。她先是乘公交了解民情,继而又体验环卫工人的工作清扫大街,这两件事儿被"拍"了照片和录像,上了网络和电视。在网上发布的照片中,很容易发现当时有相关负责人陪同,还有摄像师在一旁拍摄。于是网友吐槽说:书记扫大街为何"偶遇"专业摄影师,并且照片中和书记一起扫街的环卫工人都是戴口罩的,唯独王书记没戴,使人一眼就能认出她。

【待琢璞玉】

作秀者戒

商南高中高三(17)班 文焱

①放眼世界,媒体上各种选秀娱乐节目层出不穷;甚至在新闻报道中,种种作秀现象也屡见不鲜。"作秀"已成为当下社会一种不可忽视的文化现象,也成为各方热议的一个新话题。

②"作秀"这一概念来自港台,即显示、被看见、展示、展销、陈列、演出、炫耀的意思。名人出席商业活动是向消费者作秀;明星摆pose(造型)是向观众作秀;基层干部为迎接上级检查整治民风,摆出一副太平盛世、国富民安的样子,是向上级作秀。电视和网络的普及促使了"作秀时代"的来临。君不见,从"超级女声"到"莱卡我型我秀"、"好男儿";从大摆各种S型造型、自我怜惜的"芙蓉姐姐"到"走音歌王"孔庆翔,作秀铺天盖地,大有不可阻挡之势。

③"作秀"将慈善变成闹剧。慈善本是一件严肃、神圣的事,可如今不少人把它当作一种炒作自己的游戏,甚而演变成一场场闹剧。近日,一种名为"冰桶挑战"的游戏风靡全球。挑战者要么在24小时内为"渐冻人症"患者捐出100美元,要么往自己头上浇一桶冰水,并录下视频上传至网络,同时向自己的三个朋友发起挑战。奥巴马、普京、刘德华、章子怡……从总统到明星,从国外到国内,一桶极富"热闹"的慈善接力之水越浇越热。"冰桶挑战"的初衷是奉献一片爱心,可最终引来诸多质疑。

④"作秀"让人失了本真,丢了尊严。大家都知道,曹操本是一方霸主,可他却因为"作秀"而使自己颜面尽失。一次,外邦使者前来拜访曹操。曹操看着镜子里自己丑陋矮小的模样,怕使者看低自己,也看低朝廷,于是就找了位英俊潇洒的侍卫当替身,自己当侍卫。使者拜访归去,曹操派人打探消息,才知使者觉得"曹操"旁边的那个"侍卫"更有气魄。从此以后,曹操再也不干

那样的蠢事了,因为他深深地明白,做好"真我"才是最好的,作秀只能弄巧成拙。

⑤不作秀,勿卖弄,自然顺民心,合民意,赢口碑。前不久,安徽宿州市的《拂晓报》刊登了一份由书记和市长带头签订的"杜绝红包现象,纯洁人际关系"的承诺书。承诺书的内容是坚决反对"四风",即反对形式主义、官僚主义、享乐主义和奢靡之风。乍一看,此举似有作秀之嫌,因而招致大多市民的怀疑。对此,市长的回应是:我会信守承诺,拿出行动证明给大家看。最终,这个承诺实现了,作秀的嫌疑自然就排除了。

⑥毋庸讳言,"作秀"在我们的生活中不乏其例,明星作秀、商场作秀、政府作秀……"作秀"者大都戴有一副假面具,不知他们累否?反正观众已经看得很累了!让我们拒绝作秀,活出真实的自己。

【病文诊断】

文章开篇直入"作秀",缺少引子,显得突兀,不符合"缘事"析理的一般写作程式。第②段解释概念、列举现象,行文过于烦琐,挤占了较大篇幅,削弱了论证力度。第③段举例之后没有充分展开,深入剖析,论证不够深刻。第③④两段论述"作秀"的危害,先论"慈善事业",后论"个人颜面",有悖于由浅入深的逻辑顺序,不符合层进式论证由小到大、由表及里的思维模式,影响了论证的深度。

【升格建议】

引用题目中的材料,置换原文第一段,体现"缘事"析理的入题方式。强力压缩或更换第②段内容,减少叙述成分,增大论证篇幅,以此凸显议论文的文体特征。适当扩充第③段内容,在举例之后因事说理,展开论证,纵向向深度挖掘。同时,调整原文第③④两段的先后顺序,先论证"作秀"让人失去本真,丢掉尊严,再论证"作秀"将慈善事业变成闹剧,由浅入深,层层递进,体现论证的逻辑性和深刻性。另外,在例证之后,应顺势找根源,析危害,"例""理"结合,增强论证的深刻性。

【升格佳作】

作秀者戒

商南高中高三(17)班　文焱

一日,孙康拜访车胤,门人告诉他主人外出捉萤火虫去了;之后车胤回访孙康,见孙康悠闲立于庭院之中,问道:何不读书? 孙康答曰:我看今日不像个下雪天。多么可笑啊! 难道没有萤火虫就不能读书吗? 不是下雪天就不能读书吗? 可见,所谓的"囊萤映雪",只不过是作秀而已。

作秀,就是装样子骗人。当今社会,作秀者不乏其人,害人误国。对此,必须当头断喝:作秀者戒!

"作秀"让人失了本真,丢了尊严。曹操本是一方霸主,可他却因为"作秀"而使自己颜面尽失。一次,外邦使者前来拜访曹操。曹操看着镜子里自己丑陋矮小的模样,怕使者看低自己,于是就找了位英俊潇洒的侍卫当替身,自己当侍卫。使者归去,曹操派人打探消息,才知使者觉得"曹操"旁边的那个"侍卫"更有气魄。从此以后,曹操再也不干那样的蠢事了,因为他深深地明白,做好"真我"才是最好的,作秀只能弄巧成拙。

"作秀"将慈善变成闹剧。慈善本是严肃、神圣的事,可如今不少人把它当作炒作自己的游戏,甚而演变成一场场闹剧。近日,一种名为"冰桶挑战"的游戏风靡全球。挑战者要么在24小时内为"渐冻人症"患者捐出100美元,要么往自己头上浇一桶冰水,并录下视频上传至网络,同时向自己的三个朋友发起挑战。奥巴马、普京、刘德华、章子怡……从总统到明星,从国外到国内,一桶极富"热闹"的慈善接力之水越浇越热。"冰桶挑战"的初衷是奉献一片爱心,可最终引来诸多质疑。这个游戏不仅浪费大量的水资源,而且多数挑战者加入作秀卖萌的成分,把慈善活动当作自我炒作的平台,把"爱心接力"演变为庸俗的全民狂欢,甚至是"泼水节"。如此作秀,使慈善变了味,招致众多非议。

那么,公众对"作秀"的狂热追捧原因何在? 是在强大社会压力下的一种心理宣泄,同讨巧卖乖、粉饰太平的不良风气盛行有关,也同这个社会无度宽容有关。它严重损害党和政府的形象,败坏淳朴的社会风气,破坏人们之间的信任关系,使青少年失去"做人"的标准,成人失去真实"做人"的意愿,加剧了社会的浮躁和喧嚣。

因此,不作秀,勿卖弄,才能顺民心,合民意,赢口碑。前不久,安徽宿州市的

《拂晓报》刊登了一份由书记和市长带头签订的"杜绝红包现象,纯洁人际关系"的承诺书。承诺书的内容是坚决反对形式主义、官僚主义、享乐主义和奢靡之风。乍一看,此举似有作秀之嫌,招致不少市民的怀疑。对此,市长回应:我会信守承诺,拿出行动证明给大家看。最终,这个承诺实现了,作秀的嫌疑自然就排除了。

毋庸讳言,"作秀"在我们的生活中数见不鲜,明星作秀、商场作秀、政府作秀……"作秀"者大都戴着面具,不知他们累否?反正观众已经看得很累了!让我们拒绝作秀,活出真实的自己。

【升格点评】

升格文由故事材料入手,引出自己的观点,体现了"缘事"析理的行文笔法。作者对"作秀"做出简单解释并亮明观点,接着用例证法论证"作秀"带来的恶果,进而挖掘根源,剖析危害,最后指明拒绝"作秀"的方法途径和应对策略,行文缜密,结构完整,论述深刻。调整原文③④两段的先后顺序,由个人到事业,逐层递进,由浅入深。增添"探析根源"一段,纵向挖掘,更有深度。本文另一个亮点,在于选用新颖素材入题,无论是"冰桶挑战"还是《拂晓报》刊登的反对"四风"的承诺书,都紧扣当代社会的热点和焦点,体现出鲜明的时代特色,凸显出"文章合为时而著"的为文之道,令人耳目一新。文章结尾由点到面,点明"作秀"的广泛性,并提出问题,发人深省。

素材巧"包装"　美文任品尝

——素材升格之"素材包装"例说

引 言

　　精品美文总是文质兼美的,因此,"有文采"就成了高考作文发展等级的重要标准之一。由于文体的不同,散文、记叙文出彩相对较为容易,而议论文就难免枯燥乏味了。如何让议论文文采斐然,紧紧吸引读者的眼球?一个行之有效的方法,就是精心"包装"素材,对原有素材进行艺术地再加工,巧施粉脂,浓妆淡抹,使之清新妩媚,亮丽登场,使文章有理有趣,让读者在优美的文字享受中明道理,辨是非,长智慧。这样的议论文熠熠生辉,鹤立鸡群,一定会在激烈的竞争中脱颖而出,独占鳌头。

【原文呈现】

笑对人生

陕西省商南高级中学　汤悦

　　对生活笑吧,这样,你就能察觉乌云后面依然是灿烂的晴天。

——美·朗弗罗

　　人生在世,不如意事常十之八九。倘若一味地沉湎于失意的忧愁中,只能放大痛苦,自毁前程。"去留无意,闲看庭前花开花落;宠辱不惊,漫随天际云卷云舒。"既然悲观于事无补,我们何不守住乐观的心境呢?

　　苏轼学富五车却历尽坎坷,怀才不遇,后经学士院的考试,才被任命为直史馆官员。可惜的是,他27岁的爱妻王弗不幸病逝,他悲痛欲绝。不幸的事接踵而至,次年四月,父亲苏洵又在京病逝。面对一连串的打击,苏轼不灰心,不消沉,乐观面对,给后人留下了一道道精神大餐。(在运用苏轼这则素材时只是客观叙述,字里行间流露最多的是苏轼的不幸遭遇,素材缺乏文采,缺乏感染力。要想使文章增强论证力度,引起读者共鸣,就必须对这则素材进行加工润色,可以综合运用描写、渲染等表达技巧,为文章生色。)

乐观面对人生,可以看到"青草池边处处花","百鸟枝头唱春山";乐观面对人生,犹如打开窗户看夜空,可以享受到茫茫夜色中星光璀璨,浪漫神奇,从而忘却烦恼,成就梦想。

晋代田园诗人陶渊明也曾热衷于官场,想在仕途上一展抱负。但当他看到官场的钩心斗角、黑暗腐败以后,便毅然辞官归隐。虽然家境清贫,生活拮据,常常水开了没米下,但他毫不颓废,在"采菊东篱下,悠然见南山"的悠闲快乐中,找到了自己的位置,实现了他的人生价值。(这则素材的运用平铺直叙,显得语言贫乏,暴露出作者文学素养积淀不深,明显表现出不善于驾驭文字这一软肋。在使用素材时被动"拿来",力不从心,难以一言中的。不经打磨的素材,显得粗糙而没有磁性和视觉张力。)

用乐观的态度对待人生就要微笑着对待生活。无论生命中遭遇多少坎坷磨难,微笑着,厄运就会向你低头——史铁生就是一个明证。

史铁生插队时不幸双腿瘫痪,后来又患肾病并发展到尿毒症,只能靠透析维持生命。他自称"职业是生病,业余在写作"。史铁生从一连串的痛苦中走出来,微笑着直面不幸,与疾病顽强抗争,在病榻上创作出了大量优秀的文学作品。他"生"得不幸,"活"得精彩!(这则素材对史铁生如何与命运抗争概括很粗浅,很不全面,过于匆忙,过于单薄,没有把史铁生内在的顽强、乐观直面挫折的品质充分展示出来,人物形象不够丰满,事例缺乏渲染,难以打动人心。)

然而,守住乐观的心境实在不易,悲观随时随地都会来骚扰。此时,你走进自然,嗅花香四溢,听鸟鸣啾啾。仰望夜空,看到的是群星闪烁,月圆天蓝;俯视大地,看到的是赤橙黄绿青蓝紫的美景。

是啊,人生何处无风景。守住你乐观的心境吧,"不以物喜,不以己悲",我们就一定能赏遍天上胜景,览尽人间春色!

【升格指导】

这是一篇中规中矩的议论文,论点是乐观地面对挫折与不幸,活出人生的精彩。作者主要运用了举例论证的方法,重点选取苏轼、陶渊明、史铁生三个名人事例,用夹叙夹议的方式层层推进,具有较强的说服力。美中不足的是,三则素材,都基本是按照事实的原貌作客观陈述,缺乏必要的加工润色,缺乏文采,缺乏激情,给人以干巴、乏味的感觉,素材的干瘪与其他文段的生动表述形成极大的反差,显得极不协调。

文以情动人,议论文也不例外。要想使论证感染人,就必须对论据进行精心"包装",给她披上精美的外衣,使其以亮丽的外表打动人心,从而赢得人们的青睐。可以综合运用排比、比喻、夸张、对偶、反复等修辞手法,渲染铺排,增强气势;也可以骈散结合,形成一种张弛之美。让读者在事实论据中看到"人事",更体悟到"情理"!唯有如此,才能笔下生辉,成就美文。

【文章升格】

笑对人生

陕西省商南高级中学　汤悦

对生活笑吧,这样,你就能察觉乌云后面依然是灿烂的晴天。

——美·朗弗罗

人生在世,不如意事常十之八九。倘若一味地沉湎于失意的忧愁中,只能放大痛苦,自毁前程。"去留无意,闲看庭前花开花落;宠辱不惊,漫随天际云卷云舒。"既然悲观于事无补,我们何不守住乐观的心境呢?

雨滴渐落,薄衣已湿;路途遥远,草鞋易破。面对生活的艰辛,仕途的失意,苏轼苦中作乐:在他眼里,静听雨声,缓步慢行,是一种安谧的享受;竹杖芒鞋,削落官职,是一种卸下负担的轻松;阴晴圆缺,悲欢离合是一笔特殊的财富。他坚信,虽然脚下多泥泞,但只要乐观面对,前方一定是醉人的黎明!于是,他"一蓑烟雨任平生",尽管经常身处"萧瑟",眼前却总能"也无风雨也无晴"。

乐观面对人生,可以看到"青草池边处处花","百鸟枝头唱春山";乐观面对人生,犹如打开窗户看夜空,可以享受茫茫夜色中的星光灿烂,浪漫神奇,从而忘却烦恼,成就梦想。

一簇簇香菊在院子里绽放,一只只蝴蝶在花丛中起舞,一道道清泉从门前流过。陶渊明幽居于此,"晨兴理荒秽,戴月荷锄归"。他远离尘世,隐归田园,看花开花落,任云聚云散。他活得很清逸,像蓝天里的白云,像大海中的游鱼。他真的了无人间烦恼吗?不。官场的黑暗,"樊笼"的压抑,生活的窘迫,一一向他袭来,只不过他能够坦然面对,笑傲苍穹!

用乐观的态度对待人生就要微笑着对待生活。无论生命中遭遇多少坎坷磨难,微笑着,厄运就会向你低头——史铁生就是一个明证。

古树参天,轮椅轻摇。地坛里,那微笑着遥望天空的,正是轮椅上的作家史铁生。生活无情地夺走了他的双腿,母亲病逝的噩耗又传入耳中,但他坚信:"但是太阳,每时每刻是夕阳也是旭日,当它一面熄灭地走下山去收尽苍凉残照之际,正是它一面燃烧着爬上山巅布满朝晖之时。"不幸剥夺了他健全的身体,却怎能磨灭他乐观向上的意志!

然而,守住乐观的心境实在不易,悲观随时随地都会来骚扰。此时,你走进自然,嗅花香四溢,听鸟鸣啾啾。仰望夜空,看到的是群星闪烁,月圆天蓝;俯视大地,看到的是赤橙黄绿青蓝紫的美景。

是啊,人生何处无风景。守住你乐观的心境吧,"不以物喜,不以己悲",我们就一定能赏遍天上胜景,览尽人间春色!

技法小结:

原素材经过一番精心装扮,文采灼灼,激情四溢,人,血肉丰满;事,情理并容。文章深深地打动了读者的心弦,让人在明白事理的同时,又有一种美的享受。升格后的文章一扫原文干瘪枯燥的气氛,摇曳多姿,入理入情,既是一篇文采飞扬的议论文,又显示出抒情散文的灵动美。它启示人们:只要肯在素材上下功夫,就能够化平淡为神奇,出奇制胜,写出锦绣华章。

五、05

杂论碎语篇

中国诗人别称知多少

我国古代诗歌浩如烟海,其间不知有多少位诗人像一颗颗璀璨的明珠,熠熠闪光。他们各自在诗歌的王国里恣意驰骋,各领风骚,因此获得了后人的一致赞誉。他们的别称,就是人们对他们的品德和艺术最好的肯定。

1. "诗仙""谪仙"李白

李白是人们公认的古代最伟大的天才诗人之一,有人认为他同时又是一位伟大的词人。他少年客居蜀地,壮年漫游天下。学道学剑,好酒任侠,笑傲王侯,颇有仙骨。北宋初年,人们发现《菩萨蛮》"平林漠漠烟如织"和《忆秦娥》"秦娥梦断秦楼月"两首词,又尊他为词的始祖。他"欲上青天揽明月",诗歌想象大胆奇特,气势雄浑奔放,犹如"黄河之水天上来"。读他的诗,仿佛梦游天国,"飘飘乎如遗世独立,羽化而登仙",被誉为"诗仙",亦称"谪仙"。

2. "诗圣"杜甫

杜甫是一位集大成者和承前启后的诗人,他忧心社稷,关注苍生,诗作思想深邃,堪称"诗史"。他将汉魏的浑朴古雅,六朝的藻丽纤秾、淡远韶秀集于一身。元稹、白居易将杜甫的人生态度理论化,导引了"新乐府"运动。两宋诗之冠冕的江西派代表人物黄庭坚、陈师道、陈与义都以杜甫为祖,金、元、明诗坛巨擘都师从杜工部。秦观在《韩愈论》中,将杜甫与孔子相提并论。到了明代,杜甫已正式被称为"诗圣"了。

3. "诗魔"白居易

据传,白居易写作非常刻苦,正如他自己所说:"酒狂又引诗魔发,日午悲吟到日西。"过度的诵读和写作,竟到了口舌成疮、手指成胝的地步。他吟诗作赋,入得佳境,犹同着魔,忘却日月交替,四季轮回,人称"诗魔"。

4. "诗佛"王维

王摩诘工书画,有俊才。因其诗名盛于开元、天宝间,豪贵之门无不拂席迎之。得宋之问辋川别墅,山水绝胜,与道友裴迪泛舟往来,弹琴赋诗,啸咏终日。他笃于奉佛,晚年长斋禅诵。因其诗多有佛教意味和宗教倾向,更因他在唐代诗坛上崇高的地位,被人们尊为"诗佛"。

5."诗囚"孟郊

孟郊"春风得意"的日子非常短暂,一生几乎贫困潦倒,连死后的丧事都是韩愈等友人集资操办的。然而,正是这样的困境,铸就了他阴郁、冷峭、朴重的诗风,成为唐代著名的苦吟诗人。苏轼赞其"诗从肺腑出,出辄愁肺腑",读后令人悲戚无欢。孟郊作诗苦心孤诣,惨淡经营,几欲闭门谢客,称之为"诗囚"。

6."诗豪"刘禹锡

刘禹锡和柳宗元一同参加"永贞革新"集团,反对宦官专权和藩镇割据势力,革新失败被贬为朗州司马。他晚年回到洛阳,仍有"马思边草拳毛动"的豪气。刘禹锡的诗沉稳凝重,词浅意深,格律精切,因而被白居易推崇备至,誉为"诗豪"。

7."诗鬼"李贺

因避家讳,李贺不得应进士举,终生落魄不得志,二十六岁英年早逝。他作诗冥索苦搜,自称"长歌破衣襟,短歌断白发"。他的诗作立意新奇,构思精巧,用词瑰丽,驰骋想象,充满神话般的幻觉世界,塑造出许多璀璨鲜明的形象,故称其为"诗鬼"。

8."诗杰"王勃

王勃与杨炯、卢照邻、骆宾王齐名,号称"初唐四杰"。他们力求摆脱齐梁艳风,扩大诗歌题材,表达积极进取精神和抑郁不平的愤慨。"四杰"中王勃的诗尤为流利婉畅,宏放浑厚,独具一格,人称"诗杰"。

9."诗狂"贺知章

贺知章为人旷达无羁,晚年尤为放诞。他的诗豪放粗犷,自号"四明狂客",人称"诗狂"。

10."诗神"苏轼、陆游

苏轼为诗挥洒自如,清新刚健,一帜独树。他的词"一洗绮罗香泽之态,摆脱绸缪宛转之度",扩大了题材,增强了艺术表现力,成为豪放派的开创者。

陆游的诗各体兼备,无论是古诗、律诗还是绝句都有神来之笔,无与伦比。尤其是七律诗,名句迭出,为人传诵,如"江声不尽英雄恨,天意无私草木秋"(《黄州》);"万里关河孤枕梦,五更风雨四山秋"(《枕上作》)。他的词或清丽缠绵,或苍达深刻,或慷慨雄浑,荡涤着爱国激情(如《汉宫春》)。他在散文方面也著作甚丰,且颇有造诣。(如《铜壶阁记》等)

苏、陆两大家并称"诗神"。

另外,贾岛一生以作诗为命,"推敲"字句,刻意苦吟,人称"诗奴";陈子昂的诗苍凉激越,风格高峻,大有"汉魏风骨",被誉为"诗骨";王昌龄的七绝奇句格俊,声情并茂,被举为"诗家天子"、"七绝圣手";刘长卿的五言诗作占了他全部诗作的十分之七八,自诩为"五言长城";杜牧以《紫薇花》咏物抒情,借花自誉,人称"杜紫薇";温庭筠才思敏捷,每次应试,八叉手而成八韵,时称"温八叉"。

"中国谜语大会"质疑

为了弘扬中国传统文化,丰富群众文化生活,近日,中央电视台科教频道联合中国民间文艺家协会中华灯谜学术委员会举办首届集文化、益智、娱乐为一体的大型电视竞猜节目《中国谜语大会》。该节目于2014年2月11日、12日、13日每晚20:05—22:00在CCTV—1综合频道直播。《中国谜语大会》全民智慧比拼分享文化,体会中国传统文化的乐趣,也为即将到来的元宵佳节增添了一份乐趣。然而,静心思之,"中国谜语大会"这一说法确实令人不敢苟同。

让我们首先重新认识一下"谜语"。

谜语主要指暗射事物或文字等供人猜测的隐语,也可引申为蕴含奥秘的事物。谜语源自中国古代民间,历经数千年的演变和发展,是古代人集体智慧创造的文化产物。谜语具有较强的知识性、艺术性和趣味性。猜射谜语,可以启发人们的想象力,锻炼智力,从中学到知识,同时还能给人以娱乐享受,自古至今深受国人的青睐,成为人们生活中一道丰富的文化大餐。

谜语最早称为"隐"。《韩非子》载:"右司马御座而与王隐。"而后又有"瘦辞""瘦语"之称。最终形成"谜语"一词,见于南朝刘勰的《文心雕龙·谐隐第十五》:"自魏代以来,颇非俳优,而君子嘲隐,化为谜语。"

谜语最初起源于民间口头文学,是我们的祖先在长期的生产劳动和生活实践中创造出来的,是劳动人民聪明智慧的表现。后经文人的加工、创新有了文义谜。一般称民间谜为谜语,文义谜为灯谜,也统称为谜语。史料表明,大约在奴隶社会时期,先民们已经开始用隐晦曲折的歌谣来表达思想感情。《书经》"汤誓篇"中有这样的记载:"时日曷丧?予以汝偕亡。"意思是说:太阳呵,你什么时候才丧亡呢?让我和你一同去死吧!相传夏代帝王夏桀暴虐无道,民怨冲天,老百姓不敢明言,私下里用隐语发泄怨怒之情,于是就流传着这样的歌谣。这首歌谣采用隐喻的手法,诅咒暴君夏桀。夏桀曾说过:"我有天下,如同天之有日,日亡我就亡。"

这首歌谣,可以说是我国谜语的最早萌芽。再如见于《周易·归妹·上六》篇的商代短谣"女承筐",也可算是我国谜语的最早记录之一:"女承筐,无实;士刲羊,无血。"它运用传统谜语常见的"矛盾法",巧妙地表现了牧场上一对青年牧羊人夫妇剪羊毛的情景,又"回互其辞",使人不易猜着,近似一则谜语。这只是谜语的"胚胎",在当时,并没有专门的名称。

最早的谜语,先由民间集体创作,口传心授,当初并未引起文人的注意,所以在文字上没有反映出来,这样就形成了长期流传在不识字的劳动人民口头上的民间谜语;另外主要是在上层社会和文人中流传的文字谜,由书面传播。

中华谜语历经数千年的演变、发展、完善,才终于形成现今的体系格局。

远古时代,人们在进行语言交流时,偶尔会由于某种特殊的原因,不便直截了当表达思想感情,而要通过拐弯抹角、迂回曲折的语言来暗示另一层内容,这就有了"谜语"的萌芽。

有文字记载的所谓"曲折隐喻"的语言现象,最早出自黄帝时代《弹歌》诗里的"断竹,续竹,飞土,逐肉",即隐示人们制作弹弓、猎杀野兽的情形。

到了春秋战国时期,这种谜语雏形已十分流行,并有了名称,叫"廋辞"或"隐语"。有的君主喜欢隐语,而不愿意听直截了当的忠言。刘勰的《文心雕龙》中有"楚庄齐威,性好隐语"的记载。

战国后期出现了赋体隐语,其中以荀子的《附论篇》最具代表性。此赋体已基本具备了民间谜语中赋体谜的特征,大约产生于两千三百年前。

到了汉代,出现了射覆活动——就是把东西放在器物下面让人猜。我们有时候还把猜谜语叫作射覆或射,应该就是来源于此。

谜语在魏晋南北朝时期有了重大发展。北朝刘勰《文心雕龙》中写道:"谜也者,回互其辞,使昏迷也。"这一定义一直沿用至今。

宋代谜语的迅速发展,造就了一批专业谜语和谜社组织,同时诞生了"灯谜"。中华谜语从此开创了民间谜语和灯谜两条腿走路的新格局。此时距今大约八百年。

元明两朝,谜语继宋之后仍盛行不衰,蒙古族人照样爱玩谜语。明朝出现了一些研究谜语的论著和收录谜语的专集,其中有冯梦龙的《黄山谜》,黄周星的《廋词四十笺》及贺从善的《千文虎》等。

到了清朝中期以后,中华谜语进入成熟期,文义谜更是大行其道。人们追求谜语扣合的严谨,逐渐摒弃冗长拖沓的面句,崇尚以大众熟悉的成语或通俗语句为面,谜材由原先的文字、事物、人名扩展到诸子百家、四书五经,甚至俗语、中药、地名、书名等,极大地扩宽了谜路,促进了谜语的提供和普及。

到了历史的今天,谜语这一古老的传统文化又获得了新的生命。全国各地的猜谜活动蓬勃发展,各地的文化馆、俱乐部都成立了群众性的灯谜组织,不少地区还成立了灯谜爱好者协会。灯谜的内容和形式也有了很大的创新,灯谜真正成了扎根群众的艳丽奇葩。

澄清了谜语的起源与历史演变过程,我们对谜语就应该有了明晰、深刻的认识:谜语是中国大地上土生土长的,是中华灿烂文化的有机组成部分,不带任何"洋"味,不具有任何异域色彩。谜语是国货,跟"中国""中华"密不可分,是"具有中国特色"的文化现象,所以,提到谜语,就不必要在它的前面冠以"中国"的字样,这样显得多此一举,仿佛这个世界上还有"美国谜语""日本谜语""韩国谜语"似的。

"守株待兔"再辨证

《咬文嚼字》2013年第6期所刊《"守株待兔"有新义》一文中,笔者以为有两点不妥:

其一,作者认为"守株待兔"不仅指"妄想等待意外的收获而不主动努力"和"死守狭隘的经验而不知变通"(本义),还比喻"蹲坑、设伏、守候",并列举大量用例加以佐证。作者立论的理由是:这样的用例"铺天盖地、俯拾皆是"。如此说来,凡是大家都习惯这样用的,都是正确的——这显然是站不住脚的。原因有二:一是当前汉语言运用泛滥成灾的现象日趋严重,特别是在网络用语大行其道的今天,人们对汉语的"颠覆""窜改"更是数见不鲜。不能因为"人们大都这样用"就误以为是正确的,这是毫无科学依据的盲从心理。二是汉语的表意是非常规范的,这也正是它的魅力所在。对某词作何解释,怎么使用,必须得到国家语言文字部门或权威辞书的认可,不能凭空想象,也不能人云亦云。"国家语言文字工作委员会"定期对《现代汉语词典》等辞书进行修订完善,就是为了达到"规范"的目的。所以,对成语的用法绝不能任意曲解。至于作者所言"词义的发展演变是常见现象",那也必须是演变到一定程度并最终固定下来,得到权威部门的认可并被推广使用。如"空穴来风""原比喻出现的传言大都有一定原因或根据;现指传言没有根据"。(《现代汉语成语规范大词典》,李行健主编,长春出版社出版)"美轮美奂",原形容房屋高大华丽;"现在也形容装饰、布置等美好漂亮。"(《现代汉语词典》第5版,商务印书馆)

其实,就目前而言,"守株待兔"的"新义"还不能成立,这在《"守株待兔"有新义》一文中也有表露,如标题是《"守株待兔"有新义》,而作者在末段说"我们的词典应该认可它的新用法了"。"有新义"和"应该认可"前后相悖,也足以说明这一"新义"只是作者的一己之见,是没有"合法性"的。

其二,为了说明"词义的发展"这一现象,作者列举了"七月流火"这一成语。

文中写道:"'七月流火'最初表示天气渐凉,现在则大多用来形容天气酷热。"这种说法也只是作者的一厢情愿,难以立足。

"七月流火"语出《诗经·国风·豳风》:"七月流火,九月授衣。"大意是说:七月火星移向西,九月妇女制寒衣。中国古典文学专家余冠英《诗经选译》对此说得更为简洁明了:"秋季黄昏后大火星向西而下,就叫作'流火'。""七月流火"是说农历七月天气转凉的时节,天刚擦黑的时候,可以看见大火星从西方坠落下去,是天气"将寒"的标志。然而很多人望文生义,常用"七月流火"来形容天气暑热,这种误用频频见诸各种媒体,一错再错,带来很大的不良影响。甚至有人创造性地用"八月流火"这一令人啼笑皆非的词语来形容暑热!

实际上,类似于"七月流火"误用的成语还有不少,如"曾几何时",本指时间过去没多久;而大多人误解为"曾经",如"曾几何时,美国对华政策犯过'意识形态综合征',即言必尊人权、自由、民主、价值观,几近走火入魔。"(2012年7月27日《人民日报》海外版)"感同身受"本指内心很感激,就像自己亲身受到(恩惠)一样,多用于代人向对方表示感谢;而大多人误解为"感受相同"或"亲身经历",如"在这次灾难中,中国人民表现出很多'先人后己'的人性光辉,相信外国人也会感同身受。"(2013年8月2日《北京周报》)"首当其冲"比喻最先受到攻击或承受灾难;而大多人误解为"冲在第一"或"首要的",如"足球比赛正紧张地进行,在场的观众不时为首当其冲的运动员喝彩,为落后者加油鼓劲。"(2013年6月12日央视"风云足球");"有关人士分析,海峡两岸进一步开放,文化交流首当其冲成为主项。"(《北京日报》2010年7月13日)这些误用像"七月流火"一样,都是因为"望文生义"造成的。如果我们认为这些用法都是正确的,那就贻笑大方了。

"烟霞满纸"是敬辞

"烟霞满纸"是一个使用频率较低的成语,因此,不少人在使用时往往不求甚解,极容易望文生义,造成误用,纵使媒体、"大家"也不例外。

余秋雨曾经为南京钟山景区写了一篇碑文,最后一句是:"主事者命余作文,方落数语,已烟霞满纸,心旷神怡。"把这半文半白的话翻译成口语就是:"负责人请我写碑文,我刚写了几句,满纸就全是精彩的文字,感觉真是爽极了。"

这篇自己夸自己文章"烟霞满纸"的奇文,竟被刻在钟山的一块巨石之上,令千万人跌碎眼镜,立即引来无数砖头。一位评论家写道:"'满纸烟霞'之类,本属别人的夸赞之词,但赞叹从别人嘴里出来是甜美的,从自己嘴里出来,就令人莫名惊诧了。"还有一位网友评论说:"将自己的文章称之为'烟霞满纸',还真是别开生面,足以入得《世说新语》之'言语第二'或者'赏誉第八'。"

那么,"烟霞满纸"的正确用法到底该是什么样的呢?

"烟霞满纸"也写作"云霞满纸",如明代袁宏道在《与董思白书》中说:"《金瓶梅》从何得来?伏枕略观,云霞满纸,胜于枚生《七发》多矣!"

袁宏道是明代文学家,"公安派"主帅,与其兄袁宗道、弟袁中道合称为"公安三袁"。董思白,就是明代著名书画家董其昌。这篇文字是考证《金瓶梅》成书年代的重要资料。这两句话是说袁宏道非常欣赏《金瓶梅》的精彩文笔,所以用"云霞满纸"来加以赞美。

其实,"烟霞满纸"是说在写文章时烟霞洒满了宣纸,这是一种艺术想象和"造境",常常用来赞美别人的文章写得好,是个敬辞。

最早用"烟霞满纸"来赞誉别人佳作的是元代的刘敏中。他写过一首《清平乐·西野内翰奉使寄示佳篇累幅,三韩山》的词,咏赞朋友寄来的"佳篇":"吟之乐,屾忘其涉之勞,固耕于之所同也。拔賁之余,輒取用清平乐韵少咨雅貺,且以奉旋旆一笑云云窗月户。水秀山奇处。画里二三千里路。一步哦诗一住。诗中却也思家。寄来满纸烟霞。办了皇华事业,做成冷淡生涯。"明代女诗人朱中楣作有《春日熊雪堂少宰以和黄山谷梅花韵见投同梅君作》,其中有一句:"时吟佳句响琳琅,满纸烟霞真骇愕。"这显然也是吟诵别人"佳句"时的赞誉之词。

请看以下数例:

1. 著名作家黄彦教授在《读霍松林〈香港回归赋〉》中写道:"处处透脱出国魂族神之瑰玮,事事闪烁着民心人本之璀璨,令人感到满纸烟霞,满怀绮思,满目灵动,满襟豪情!"黄彦教授是新华社编审,《中华辞赋》杂志总编。他称赞的霍松林也是大家。这是一位著名学者评价另一位著名诗人的作品,用"满纸烟霞"来称颂当然是非常得当的。

2. 著名书评人杨小洲在2009年2月20日《中华读书报》发表的《〈旧墨记〉琐谈》一文中,以后辈学者的身份称颂前辈大家的作品:"黄裳先生二十多年前出版《珠还记幸》,谈自己搜求名人信札诗笺,满纸烟霞,很使人羡慕。"

3. 新浪网曾举办过"奇幻武侠文学奖"评选活动,对一部获奖作品的评语是:"满纸烟霞,一派古韵之中跳出青春气息十足的少年,棱角分明又亲切近人。故事所图甚大,牵涉也广,可见作者用心。……"

4.《怕是风流负佳期》这本书写得极具才情,妙语佳句随处可见,满纸烟霞,活色生香,对爱情、生活、世情也都有很独到的感悟。(腾讯网《一对唐代大龄青年的爱情传奇》2008.8.18)

5. 在这里,能读到老师与学生的同题作文,先生学子,锦心绣口,满纸烟霞,令人叹为观止。(羊城晚报《不见旧文章,但睹新少年》2012年03月23日)

众所周知,词义是随着时代的发展而不断发展变化的。随着词义的扩大,"烟霞满纸"也用来赞美别人的画技、书法的高超。例如:

1. 一篇题为《著名画家王重兴书画精品》中有:"看他的画,便觉一股古风扑面,烟霞满纸,笔力挺健,细致之间传精神的感觉。"

2. 南京师范大学新闻与传播学院于德山教授在《诗画关系中的"文人形象"塑造及其传播意义》中也写道:"抒情主体游历山水,尽情地体味畅神;回归亭斋,研磨展素,凝神默想,山水精神与自己的喜悦之情洋溢在心胸,心手相接,烟霞满纸,精神自在……"这是在赞美山水画家作画时表现出的精湛技艺。

3. 他对国画、版画、画瓷、书法、篆刻、诗词均有涉猎;他于花鸟、山水、人物题材的中国画都游刃有余;他长袖善舞的大写意花鸟国画,借古开今,风格殊异,皆满纸烟霞。(青岛新闻网)

古往今来,用"烟霞满纸"来赞赏别人文章、画作和书法的例子数不胜数,但如果不加辨析,信手拿来,用以夸奖自己的作品,就未免太大言不惭,犯了敬谦不当的错误。若用以赞美文章和画作以外的事物,就属于对象误用了。如以下误用数例:

1. 若说有一处地方,轻舟竹筏,马嘶猿啼,水墨诗情,满纸烟霞,令千古文人叹之赞之的话,便只有三峡了。(中央电视台《朝闻天下》)

2. 流年里,有几缕炊烟,回荡在记忆的长空,悠悠而来,悠悠而去。几许情缘,随着笔端沙沙细响,流淌成诗,满纸烟霞。(《青年文摘》2013年第3期)

3.《满纸烟霞随"我"生——创设发展学生个性的作文教学环境》(《中学语文·大语文论坛》2013年第1期)

例1用"满纸烟霞"描绘三峡美景,属于对象误用;例2是自己书写对流年生活的依恋,几许情缘诉诸笔端,明显属于敬谦不当;例3在标题中使用"满纸烟霞",意思是引导学生发展个性,使"我"写出精彩的文章,属于敬辞谦用。

"曾几何时"：误用频率之最

请看以下数例：

例1. 曾几何时，他是一个多么富有爱心和正义感的青年，如今却因为一件琐事顿起杀人恶念，最终锒铛入狱，令人扼腕叹息！（2012年8月30日央视"社会与法"频道）

例2. 曾几何时，我们的飞豹战机出击钓鱼岛 全体船员哭成一片！（2012年8月3日"新浪网"）

例3. 钓鱼岛对着祖国母亲说：妈妈 我是钓鱼岛！曾几何时，我躺在妈妈温柔的臂弯里，和鱼虾嬉戏，亲吻着海涛。（《誓死保卫钓鱼岛》歌词）

例4. 曾几何时，美国对华政策犯过"意识形态综合征"，即言必人权、自由、民主、价值观，几近走火入魔。（2012年7月27日《人民日报》海外版）

"曾几何时"是一个似乎人人耳熟能详的成语。人们在语言交际中对这一成语的运用常常是信手拈来，脱口而出；"曾几何时"也时时见诸各种媒体。然而，就是这样一个使用频率极高的成语，无论是哪个知识层次（包括新闻媒体）的人，在使用时都频频出错，以至于以讹传讹，贻误后学，令人不胜忧虑。以上四例中，"曾几何时"的使用都是错误的。

再看以下两例：

例5. 此刻的天安门广场，八万余名青少年用明黄与鲜红的花束组成了巨大的国庆字样。曾几何时，为了这个值得纪念的庆祝，多少志士仁人奔走呼号、殚精竭虑。曾几何时，为了这个值得庆祝的纪念，多少革命先烈前赴后继、浴血奋战。（国庆60华诞阅兵式开场白）

例6. 曾几何时，五星红旗在天安门前汇成海浪，

曾几何时，五星红旗在联合国上迎风飘扬；

曾几何时,五星红旗载着自豪矗珠峰之巅,

曾几何时,五星红旗伴着卫星在太空翱翔;

曾几何时,五星红旗在神舟飞船傲天展望,

曾几何时,五星红旗在奥运赛场见证辉煌。

(喜迎国庆60华诞之《五星红旗》第一节)

很显然,在以上六个例句中,作者都把"曾几何时"理解成了"曾经"、"以前"、"在那个时候"或"不知什么时候",都是典型的望文生义。

其实,"曾几何时"中的"曾"是文言副词,有"乃"的意味。"几何",若干、多少。"时",时间。这一成语是指才过了没多少时间,即没过多久。成语出自宋·赵彦端《介庵词·新荷叶》词:"回首分携,光风冉冉菲菲。曾几何时,故山疑梦还非。"又见唐代韩愈的《东都遇春》,诗中有两句为"尔来曾几时,白发忽满镜。"意思是说,从盛气狂放的少年到现在,好像没过多久似的,可是,忽然间却发现自己已经满头银发。"曾几时"即"不几时""没多久"之义。《现代汉语词典》(第五版)对这一成语的解释是:"时间过去没有多久:~,这里竟发生了那么大的变化。"李行健先生主编的现行较权威辞书《现代汉语规范词典》(外语教学与研究出版社、语文出版社,2004年版)对"曾几何时"的注解是:"表示时间没有多久(几何:多少)",并举例说明:"曾几何时,阴谋就被揭穿了。"

清代周亮工《书冯幼将画竹卷后》写道:"曾几何时,诸君子皆化为异物,而予与幼将亦皆颓然老矣。"正确运用这一成语的例子还有很多:

(1)室燃曰:"善哉善哉!吾计决矣。"曾几何时,密授秦桧以江南称藩纳岁币之说,而息兵养民矣。(《谢叠山集》卷一,商务印书馆)

(2)自收割以来,生吞活剥,曾几何时,屈指计之才六十日耳!(王有光《吴下谚联》)

(3)补官扬州,公得谢归。曾几何时,讣者来门。(宋·王安石《祭盛侍郎文》)

(4)讲到这件事,可算文学史上一段伤心事,当时何等轰轰烈烈,想把旁行斜出抬举出来,化为康庄大道,曾几何时,遭逢古典派与普罗阶级的夹击,以致壁垒沉没,队伍哗散,岂不可叹可羞!(俞平伯《人生不过如此》)

(5)80年代后期,90年代初期,台湾的不少报纸都有文史版……但曾几何时,这些文史版都统统砍掉了。(王春瑜《风雨故人来》2000年7月13日《光明日报》)

(6)人生的事真是难以想象,舅舅本来东躲西藏似地十分神秘,曾几何时,现在却公开以大商人的面貌出现了。(王火《战争与人》)

既然"曾几何时"是指"没过多久"的意思,那么,使用这一成语时,在它的前边,一般要交代、说明有关的时间问题,不能凭空、突然地在没有"没过多久"之意的地方滥用"曾几何时";或者,在"曾几何时"之后,一般要交代"没过多久"之后事情的发展趋势或结果,它绝不能用来表示对往事的回忆。像上文例6一样,以下几例开头就用"曾几何时",其误用之嫌更是显而易见。若把"曾几何时"换成"当初"、"曾经"、"有一段时间"表意就准确了:

(1)曾几何时,人类向大自然挑战,已把竞技比勇的场地转到了高山峡谷、急流险滩……(1994年5月2日《文汇报》)

(2)曾几何时,当阿旦、福尔曼、佛雷泽、约翰松、杜兰这五名美国昔日的拳坛霸王纵横江湖之时,他们的乖乖小女梳着小辫撒娇。如今,老拳王纷纷淡出江湖……(2000年8月11日《参考消息》)

(3)曾几何时,小羊因山羊绒而贵,身价倍增……这两年沙尘暴渐多,人们又开始以另样眼光看山羊。(2000年10月10日《光明日报》)

(4)曾几何时,十几年寒窗磨剑,到头来看到成堆的稿纸难以变成铅字,他内心无比痛苦。(2012年7月20日《陕西日报》)

(5)曾几何时,中国的外汇储备只有微乎其微的一亿多美元,而如今……(中央电视台"新闻联播"2012年6月17日)

由以上分析可知,"曾几何时"这一表示时间的词语,在使用过程中,应充分考虑特定的语言环境,切不可信口开河。在使用这一成语时,它的前边一般应交代相关的时间、场合;后边要交代历经较短时间后事情的发展趋势或结果,切不可在毫无铺垫的前提下,提笔便用"曾几何时",否则,就很有可能是误用、滥用了。

"上行下效"不可滥用

2013年1月17日《人民日报》发表一篇题为《"一把手"要带头》的评论,文中写道:"'己身不正,焉能正人',朴素的道理告诉我们,转变作风要善于释放上行下效的正能量,发挥'一把手'的表率作用。"这里的成语"上行下效"无疑属于误用。

"上行下效"出自汉·班固《白虎通·三教》:"教者,效也,上为之,下效之。"《旧唐书·贾曾传》记载:"上行下效,淫俗将成。败国乱人,实由兹起。"意思是说,上面的人怎么干,下面的人就效仿着也怎么干,于是不正的风俗就形成了。国家破败,百姓离乱,实在都是因此引起的。

有这么一个故事,讲的是春秋时期,齐景公自从宰相晏婴死了之后,一直没有人当面指摘他的过失,因此心中感到很苦闷。有一天,齐景公欢宴文武百官。散席之后,齐景公跟文武百官一起到广场上射箭取乐。每当齐景公射出一支箭,即使没有射中箭鹄的中心,文武百官都是高声喝彩:"好呀!妙呀!""真是箭法如神,举世无双。"事后,齐景公把这件事情对他的臣子弦章说了一番。弦章对齐景公说:"这件事情不能全怪那些臣子,古人有话说:'上行而后下效。'国王喜欢吃什么,群臣也就喜欢吃什么;国王喜欢穿什么,群臣也就喜欢穿什么;国王喜欢人家奉承,自然,群臣也就常向大王奉承了。"齐景公听了弦章的话,认为很有道理,就派侍从赏给弦章许多珍贵的东西。弦章看了摇摇头,说:"那些奉承大王的人,正是为了要多得一点赏赐,如果我受了这些赏赐,岂不是也成了卑鄙的小人了!"他说什么也不接受这些珍贵的东西。

后来,人们便用"上行下效"来形容上面的人怎么做,下面的人便也跟着怎么做,它形容的一定是不好的事情。请看辞书对"上行下效"这一成语的解释:①《现代汉语词典》(商务印书馆第5版)P1198:"上面或上辈的人怎样做,下面或下辈的人就学着怎样做(多指不好的事)"。②现代权威辞书《现代汉语规范词典》(李行健主编,外语教学与研究出版社、语文出版社)P1146:"上级或长辈怎么做,下级或晚辈就跟着学(多含贬义)。"③《现代汉语成语规范大词典》(长春出版社)P520:"行:做。效:模仿。上面的人怎么做,下面的人就学者怎么做(多含贬义)。"很明显,从感情色彩上辨析,"上行下效"属于贬义词。

由此看来,《人民日报》所用"上行下效"一例,错将贬义词用在褒义的语境中,属于贬义词褒用,是成语误用的常见类型之一,这种误用在成语使用中频率很高,不可小视。请看以下误用数例:

(1)"不谋全局者,不足谋一域;不谋万世者,不足谋一时。"此番八项规定的公布,反映了执政者立足长远利益,重视顶层设计,希望从"正人先正己"出发,达到"上行下效"的结果。(2012年12月6日"人民网·海外网"《八项规定为清明政治"保驾护航"》)

(2)中央发文制定新规,高层领导率先垂范,各级部门上行下效。一时之间,改文风、会风的"新风"吹遍各个角落。(2012年12月24日"中国新闻网")

(3)有媒体报道,我国每年在餐桌上浪费的粮食数量巨大,"舌尖上的剩宴"触目惊心……遏制"舌尖上的浪费"还需"上行下效"。(2013年1月23日"民主与法制网")

综上可知,"上行下效"与"上梁不正下梁歪"是同义词,只能用在贬义的语境中,否则就是误用。在此赘引正确使用"上行下效"数例,以期帮助大家进一步明确并正确使用这一成语。

(1)"饱暖思淫欲"是千古不变的铁律。我认为现在不仅仅是官员腐败,百姓也在腐败。总有人说上行下效,我认为不对。腐败是人的本性,不管是官员还是百姓。富裕就必然产生腐败。(《党风与廉政》2012年第12期)

(2)正所谓"上梁不正下梁歪","上行下效",没有"楚王好细腰",又哪来的"楚女多饿死"?可见,解决问题的根本不在于"四不准",而在于票务透明,在于铁道部某些"大人"们的"高抬贵手"。(网易论坛《从"一票难求"联想到的》)

(3)古时候的皇帝,特别是明代以后的,就是棺木也多采用金丝楠木的,在当时皇家还专门设立了专门置办金丝楠木的部门,各地官员也上行下效,将进贡金丝楠木当成头等大事。(《莫言重生》第二百八十章)

(4)各级党政军群机关、强势部门,透过各种关系,不用排队不用守候,"一电(话)票到",是购票上显失公平的最为突出者。公共资源配置成为权势部门互相交换的筹码,社会公平正义就无从谈起。上行下效,此手是下属"灰手"、"黑手"得已衍生和存在的风向标。(新浪博客)

"无独有偶"误用多

"无独有偶"是人们耳熟能详且乐于使用的一个成语,然而,这一成语误用范围之广、频率之高,着实令人吃惊。请看以下数例:

例1. 日本在钓鱼岛挑衅动作已经激起全球华人的愤怒,中国大陆在维护国家主权上寸步不让,已从多个渠道以及政治、经济、行政还有军事上对日本展开强势反击和报复。近期大陆千艘渔船开赴钓鱼岛,以实际行动动摇日本对钓鱼岛的控制。无独有偶,台湾方面也派出渔船到钓鱼岛支援大陆,而台湾海巡署也派出护卫舰为渔船护航。(新浪论坛)

例2. 中国作家莫言获2012年诺贝尔文学奖,使他的家乡山东高密成为炙手可热(注:"炙手可热"比喻权势大,气焰盛,使人不敢接近,此处错用)的地方,据说当地政府已经把打造红高粱景区列入计划。无独有偶,莫言的最大竞争对手日本作家村上春树的老家早已经因为春树而成为"文学之旅"胜地。(人民网)

例3. 2000年从北京出国后定居法国的高行健成为首位获得诺贝尔文学奖的中国人,但遭到了媒体猛烈抨击。高行健获奖后,WAIJIAOBU发表声明说,给高行健发奖,是"有不可告人的政治图谋"……无独有偶,莫言的作品长篇小说《丰乳肥臀》也曾经遭受《中流》(1996年第5期到第12期)接连发表十多篇文章的批判。(《青年文摘》2012年第12期)

例4. 武汉市民张啸坤接受新快报记者采访时说:"早上九点多一出门,感觉到空气很难闻,说不出来的感觉。"徐先生告诉记者:"10点多的时候,你还以为是傍晚了呢,天气很黄,有点像北方春天时沙尘暴。"无独有偶,前日南京市同样出现了严重的"雾霾"天气,导致整个南京城笼罩在浓重的黄色大雾中,南京市民杨慧描述了当日的景象:"灰黄色的天空,就如同受到沙尘暴的袭击,空气中弥漫这刺鼻呛人的焦烟味。"杨慧用"灰黄城池"形容当日的南京。(2013年1月15日央视《朝闻天下》)

以上四例中，因为作者望文生义，例1．例2．例4对"无独有偶"的使用都是错误的。请看辞书对这一成语的解释：《辞海》（上海辞书出版社）："谓本不应有的事，偏有类似的出现，作为它的配对，多用于贬。"《汉语成语词典》是这样说的："不只一个，竟然还有配对的（多指坏人坏事）。"《新华词典》的解释说："形容罕见的事物不只一件，居然还有和它同时出现的（多含贬义）"。从这些辞书的众多解释中，我们可以清楚地知道，正确运用这一成语，必须符合这样三个条件：一是"情况"仅限于两个；二是两个"情况"之间有相似点；三是必须用在贬义的语境中，否则便是误用。如例3中，有两种情况：高行健成为首位获诺贝尔文学奖的中国人，遭到了媒体猛烈抨击；莫言的作品长篇小说《丰乳肥臀》遭受批判，而且这种"抨击"和"批判"都是错误行为，属非义之举，成语的使用是正确的。

综合分析比较，"无独有偶"的误用，通常有以下三个雷区：

1．"情况"不只两种。请看下例：

例5. 曾陪十岁的女儿看张纪中版《西游记》……只听悟空劈头骂道："你这夯（hāng）货！"……《现代汉语词典》（第5版）第66页，更是说得分明：夯bèn，同"笨"……

无独有偶，新版《三国演义》第五十六集，陆毅扮演的诸葛亮对马谡说："如果黄忠知道关羽张飞兵谏，一定会和他（们）的人发生龌龊（wòchuò）。"……此处诸葛亮要说的理当是"龃龉"（jǔyǔ）……

新版《水浒传》的文字也"不遑多让"，比如第5集，鲁达称史进、李忠二人为"纹龙兄弟""打虎兄弟"，已经足够不伦不类；而开口闭口问二人"可否"带有银两的说法，简直是要贻笑初中生了。（《咬文嚼字》2012年第4期）

此例中列举了十岁的女儿对"夯"的误读、诸葛亮扮演者陆毅对"龃龉"的误读以及鲁达不伦不类的称呼等三种情况，三种情况不能成"对"，无"偶"可言，此种情况下使用"无独有偶"，属于误用。

2．感情色彩不当

"无独有偶"带有贬义色彩，不能用在褒义和中性的语境中。如上述例1中"中国大陆在维护国家主权"和"台湾方面也派出渔船到钓鱼岛支援大陆"都属于正义行为；例2中"当地政府已经把打造红高粱景区列入计划"和"日本作家村上春树的老家早已经因为春树而成为'文学之旅'胜地"都是正当积极的行为；而例4意在说明武汉市与南京市同样出现了"雾霾"天气，属于客观陈述，无所谓褒贬，这三例中对"无独有偶"的使用都不合语境，属于误用。

3. "情况"之间无相似点

再如例 5 中,《西游记》《三国演义》说的都是语音的误读,而《水浒传》涉及的却是称谓等问题,其性质与前两者明显不属于同类,没有相似点,是无法相"配"的。

为了帮助大家学会正确使用"无独有偶"这一成语,我们在此再列出两个使用正确的范例,以正视听,以防以讹传讹,一错再错:

①复旦大学校长杨玉良曾就当今社会现象表示,"一个国家精神的衰败和一个国家文化的衰弱,体现在人的身上,就是脸皮变厚,没有羞耻感,甚至把羞耻都当成一种套话来说。"杨校长说,一个买官者的话曾让他大吃一惊:"我无非是想买一个为人民服务的机会。"

无独有偶,2009 年 11 月,重庆大足县卫生局原副局长宋文奇因受贿罪被判刑三年,缓刑三年。宋文奇提出上诉,庭审中,他作陈述时求法院再给自己一次机会,声称:"我还想为人民群众服务!"(2012 年 6 月 4 日《中国青年报》)

②2012 年 9 月 7 日,在四川航空塞班飞行上海的航班上,多位乘客互殴。9 月 10 日,四川航空回应称,事发后,空保人员立即制止闹事乘客,控制住了航班上的局势。无独有偶,就在前几天,由苏黎世飞往北京的瑞士 LX196 班机上,两名中国乘客"因前排乘客向后调整座椅时产生纠纷",大打出手。机长出于安全考虑,无奈决定返航。(凤凰卫视《网罗天下》)

古诗文曲解辨证

在我国的文化宝库中,古诗文就像璀璨的明珠熠熠闪光,众多脍炙人口的诗词、名句,早已成为人们耳熟能详的名言警句。但是,随着斗转星移,由古至今,人们的生活环境、生活习惯、文化习俗都发生了很大的变化,文化内涵也古今有别,甚至大相径庭。就汉语言文字而言,不仅有古代和现代之分,文言与白话之别,而且许多词语的音、形、意也都发生了巨大的变化。正因为如此,汉语言文字在发展、变化过程中,就会衍生出一些新意。现代人如果不做深入研究考证,浅尝辄止,望文生义,古诗文的误读、曲解现象就会屡屡发生。现列举曲解频率最高的数例加以辨证,以正视听。

(一)"床前明月光,疑是地上霜。"对李白这两句诗,一般认为描绘的景象是:睡床前的地面上洒满明亮的月光,让人怀疑是地面上铺满了一层秋霜。其实不然。这里的"床",不是卧榻的意思,而作"井栏"解。

《辞海》里明确注释,床是"井上围栏"。此"床"非今日的睡觉之床,而是水井上的围栏。另外,古人有把有"水井处"称为故乡一说,现今也用,如"背井离乡"。李白此诗作于唐开元十五年(公元727年),他当时客居现在的湖北安陆。诗人置身于秋夜明月下,望着水井围栏及其周边地面上的月光,疑惑这月光是一片秋霜。睹"井"生情,举头望月,顿生思乡之情。李白在另一首《长干行》中也有四句,以兹佐证:"妾发初覆额,折花门前剧。郎骑竹马来,绕床弄青梅。""绕床弄青梅"是谓绕着"井床"嬉戏,否则睡榻旁边何来"青梅"?

(二)"天子呼来不上船,自称臣是酒中仙。"语出唐朝诗人杜甫的《饮中八仙歌》。诗句中"不上船"的"船"不是船只,而是指"衣襟"。

杜甫在《饮中八仙歌》中写了当时八位著名的诗人,其中一段专门写李白的醉态。据说,唐玄宗想亲自召见李白,李白却仍然保持一副牛哄哄的高人派头儿。所谓"不上船",并非不登龙舟,而是敞开衣襟,连扣子都不系。《康熙字典》里明确记载:"衣领曰舡","或言衣襟为舡"。这两句诗是说李白醉酒后不系扣子,敞开衣襟,衣帽不整放荡不羁的样子,表现了李白的醉态可掬,狂傲之致。

(三)"床头屋漏无干处,雨脚如麻未断绝。"诗句出自杜甫诗《茅屋为秋风所破歌》,其中"屋漏"二字历来被解释为屋子漏雨。其实,"屋漏"并非屋子漏雨,而是一个方位名词——房屋西北角。

《尔雅·释宫》曰:"西南隅谓之粤,西北隅谓之屋漏,东北隅谓之宧……"《辞源》修订本"屋漏"词条的第一个义项是:"房子的西北角。古人设床在屋的北窗旁,因西北角上开有天窗,日光由此照射入室,故称屋漏。"这句诗以借代的修辞方式,列举室内的两个具体地方"床头"和"屋漏",借以代指整个屋子,是部分代整体。这两句诗的意思是说:整个屋子都没有干地方了,但还是雨脚如麻下个不停。如果按主谓结构"屋子漏雨了"去理解,虽然整体意思不错,但是,诗人遣词造句的技巧被淹没了,诗的韵味被削弱了。更重要的是,它曲解了诗作的原意。

(四)"红酥手,黄縢酒,满城春色宫墙柳。"句出南宋爱国诗人陆游著名词作《钗头凤》。周密《齐东野语》说:"(唐琬改嫁赵士程后)尝以春日出游,(与陆)相遇于禹踪寺沈园。唐以语赵,遣致酒肴。翁怅然久之,为赋《钗头凤》。""红酥手"一说是以"红酥"——红梅蓓蕾之色形容唐琬的双手;一说是有一种时令糕点名为"红酥手"。若按前一种理解,陆游用一特写镜头来形容唐琬送来酒肴的红润双手,寓爱怜惋惜之意。此一说也未必不可,然而终归有些勉强。从周密《齐东野语》所描述"唐以语赵,遣致酒肴"的情况来看,也囿于当时的封建礼仪,应当是唐婉与丈夫商量后,派遣丫鬟给陆游送去酒肴,而不会是唐婉亲自送去的。若按后一种理解,即"红酥手"是一种时令糕点,唐婉所遣送的美味佳肴有"红酥手"与"黄縢酒",寓含着自己对陆游的眷恋、思念与无奈。陆游面对酒肴,更面对往昔的爱妻、而今已是他人妇的唐婉,欲爱不能,悔恨不已,百感交集,怅然而赋《钗头凤》。因此,按后一种理解,即"红酥手"是一种时令糕点,是合情合理的。

(五)"朱门酒肉臭,路有冻死骨。"杜甫诗"朱门酒肉臭"的"臭"历来都被理解为酒肉太多来不及享用,以至于"腐烂发臭"。其实,这个"臭"字音读 xiù。"臭"在古代是指气味,有时专指发出香味的意思。这两句的正确含义是:达官贵族的家中酒和肉发出诱人的香气,而路边却有冻饿而死的尸骨。

(六)"月落乌啼霜满天,江枫渔火对愁眠。"这两句诗出自张继的《枫桥夜泊》,人们历来把诗句理解为:月亮落下去了,乌鸦不时地啼叫,茫茫夜色中弥漫着满天的霜华;面对岩上隐约的枫树和江中闪烁的渔火,愁绪使我难以入眠。其实,这是对诗句的误解。这里的"乌啼"和"愁眠"都是山名。据查证,寒山寺以西有

"乌啼山"（地处现安庆太湖县），非指"乌鸦啼叫"；寒山寺以南有"愁眠山"，又名孤山，非指"忧愁难眠"。

（七）"落霞与孤鹜齐飞，秋水共长天一色。"语出王勃的《滕王阁序》。一般人认为，这两句描绘出一幅绚丽壮美的景色：红日西坠，映衬出片片彩霞，在遥远湛蓝的天际，沉落的晚霞与孤独的野鸭一起飞翔，秋天的江水和辽阔的天空浑然一色。然而，要准确了解名句的意义，不可不明晓当时当地的风物。对此，宋代吴曾在其《能改斋漫录·辨霞鹜》中说："落霞非云霞之霞，盖南昌秋间有一种飞蛾，若今所在麦蛾是也。当七八月间，皆纷纷堕于江中，不究自所来，江鱼每食之，土人谓之霞，故勃取以配鹜耳。"宋代俞元德也在其《莹雪丛说下》中说："王勃《滕王阁序》'落霞与孤鹜齐飞，秋水共长天一色'，世率以为警联。然落霞者，飞蛾也，即非云霞之霞，土人呼为霞蛾。至若鹜者，野鸭也。野鸭飞逐蛾虫而欲食之故也，所以齐飞。"由此看来，"霞"不是云霞，而是一种飞蛾。另外，"落霞"之"落"并不是"飘落"的意思，"落"在句中与"孤"相对，是"散落、零散"之义。"落霞"不是云霞，而是指"零散的飞蛾"。零散的飞蛾被孤单的野鸭在水面上追捕，就形成"落霞与孤鹜齐飞"的画面。

（八）"风马牛不相及。"此语出自《左传》。齐国国君率军队讨伐楚国。楚国国君派使者对齐国国君说："君处北海，寡人处南海，唯是风马牛不相及也，不虞君之涉吾地也，何故？"意思是说：您住在北海，我住在南海，彼此相距遥远，即使马牛走失了也不会跑到对方的国境里去，不料你率领军队来攻打我，这是为什么呢？

"风马牛不相及"的关键词是"风"。现代人多把它理解为名词，认为"风马牛"是三种互无关联的事物。古汉语书籍里一般把"风"解释为"走逸"，也有的解释为"放"。《史记》有曰："马牛其风，臣妾（男女奴隶）逋逃，勿敢越逐。"但为何"马牛其风"就等于"走逸"呢？这里的"风"应是动词，作"风吹"解。"风马牛"者，即"风吹马牛使之走逸"之意。的确，马牛走逸，莫不因风：马牛在旷野，无处背风蔽日，冬季为取暖只好顺风而走，夏季为凉爽只得逆风而走，一走可走出几十里。"风马牛"和"马牛其风"特指"风把马牛刮出了国境"。所以，《左传》里那句话正确的解释应该是："两国相距很远，即使是风把马牛刮出了国境，也不会跑到彼此的国家去。"后用"风马牛不相及"表示互不相干。

（九）"学而优则仕。"这句话常被误解为"学习优秀的就去当官"。语句出自《论语·子张》，原文是："子夏曰：'仕而优则学，学而优则仕'"。子夏即卜商，是孔子的学生。

"优"，在许慎的《说文解字》里有两种解释："饶也"、"倡也"。用现代语言来说，前者意即"有余"，后者意即"优伶"（演员）。显然，子夏语中的两个"优"用的都是前义。"优"确实也可解为"优秀、好"，而且这是现代最常用的意义，但在《说文解字》没有列出，表明此义在东汉以前尚未存在，或者说不常见。《康熙字典》的"优"字条，有"余力"一解，并举"仕而优则学"为例。《论语》研究权威学者杨伯峻的《论语译注》同样将"优"解为"有余力"，还作了句译："做官了，有余力便去学习；学习了，有余力便去做官。"

"七月流火"你用对了吗?

时值初夏,天气渐热。再过不久,又将进入酷热的盛夏。伴随着盛夏的到来,一个使用频率很高、误用频率也很高的成语又将频频出现——这个成语就是"七月流火"。在此,笔者不惜笔墨,对这一成语的使用情况加以赘述,以期更多的人能准确理解这一成语,正确运用祖国的传统文化,以免以讹传讹,贻误后人。

三千年前,周成王下面有一个豳国,就是现在的陕西省彬县。豳国很早以前是周民族的农业文化发祥地。那时历法尚未完善,指导农事活动要靠观星。每年夏末,一颗名叫"火"的红星端端正正出现在天空的正南方。凭着祖传观察经验,农夫知道夏天结束了,一年中最忙碌的秋收时节到来了。匆匆又过数日,秋夕同一时刻,农夫又遥望南天,发现那颗大火星较之数日前西移下坠了。再过数日,西移下坠更甚。一个月后的同一时刻,再看南天,大火星已移坠到西边地平线上,翳于云雾,遮于山岳,看不见了,这个过程就叫"七月流火"。"七月流火"语出《诗经·国风·豳风》:"七月流火,九月授衣。一之日觱发,二之日栗烈。无衣无褐,何以卒岁?……"大意是说:"七月火星移向西,九月妇女制寒衣。冬月冷风呼呼叫,腊月寒气又凛冽。没有短褐没粗衣,怎么度过这冬岁?"这里的"七月"是指夏历的七月;"流",指移动,落下;"火"指星名"大火星",即心宿。所谓"流火",《辞海》缩印本第952页释义:"火,星名,即心宿。每年夏历五月间黄昏时心宿在中天,六月以后,就渐渐偏西。时暑热开始减退。"另孔颖达疏:"于七月之中有西流者,是火之星也,知是将寒之渐。"由此可见,"七月流火"虽与节气、气候有关,但绝不是形容暑热之意。中国古典文学专家余冠英《诗经选译》对此说得更为简洁明了:"秋季黄昏后大火星向西而下,就叫作'流火'。"显而易见,"七月流火"的真实意思,是说农历七月天气转凉的时节,天刚擦黑的时候,可以看见大火星从西方坠落下去,是天气"将寒"的标志。然而很多人望文生义,常用"七月流火"来形容天气暑热,这种误用频频见诸各种媒体,一错再错,带来很大的不良影响。甚至有人创造性地用"八月流火"这一令人啼笑皆非的词语来形容暑热!

2005年7月,台湾新党主席郁慕明率团访问大陆,12日应邀在中国人民大学发表演讲。人大校长纪宝成教授代表主办方致欢迎词,他从天气谈起:"七月流火,但充满热情的岂止是天气……"令纪校长始料不及的是,这一句话,竟引起了一场轩然大波。攻之者曰:"七月流火"是国学入门读物《诗经》中的句子,稍有古代文化常识的人都知道,它说的是天气渐凉,而纪校长却当成了天热。中国人大是开设了"国学院"的高等院校,纪校长又是大声疾呼"复兴国学"的代表人物,竟然不识"七月流火"的真面目,岂不令人大跌眼镜?

其实,对"七月流火"的误用,早已有之,纪先生不过身为人大校长,身份不一样,便成了众矢之的。早在2000年7月22日,中央电视台播出"东方时空"节目,内容是讲述26岁的北京交警任永素在摄氏40度的高温下如何辛苦值勤,题目正是《七月流火》。在节目结束时,主播还特意留下一句旁白:"七月流火,昨天北京40度……"2001年7月18日央视体育频道广告:"七月流火!哥伦比亚……精彩的美洲杯足球赛……"最近几年,在中国大陆的媒体上,一到盛夏季节,用"七月流火"形容天气炎热的语例数见不鲜。请看以下几例:

(1)七月流火,深圳湾畔杜鹃开得火样红。(《深圳商报》1973.7.28第6版)

(2)七月流火,窗外吹进来的是热风。伏案备课的王老师,上衣已被汗水湿透,脸上的汗珠不时地滚落在教案本上。(《中国石油报》1994.3.16第3版)

(3)七月流火。北京城建集团七公司410名青年突击队成员在市重点工程——新东安工程建设中展开了劳动竞赛……图为该公司的工人们正顶着烈日紧张施工。(《北京日报》1994.7.26第2版)

(4)贺诚如怀揣一团青春激情的烈焰,直奔七月流火的广州。(《炎黄春秋》2007年第4期)

或许有人说,成语的含义并不是一成不变的,随着时间的推移和实际生活的需要,有些成语的意思会随之发生变化,可能与它的原意大相径庭。诚然,成语在流传使用过程当中,因有意的变通或无意的误解,造成字面意义的变化现象是客观存在的,我们称之为成语的"俗化";但是,这种因"俗化"而产生的新意必须得到公众的认可,并由权威机构予以规范、推广。如"空穴来风",本义比喻流言蜚语乘隙而入,也指传闻有一定根据;"现多用来比喻消息和传说毫无根据。"(《现代汉语词典》第5版,商务印书馆)"美轮美奂",原形容房屋高大华丽;"现在也形容装饰、布置等美好漂亮。"(《现代汉语词典》第5版,商务印书馆)一个成语到底该怎样用,不能凭空想象,主观臆断;并非人们都习惯这样用,它就是正确的。据抽样调查,对"曾几何时"这一成语的使用,有百分之九十以上都是错误的,人们大多把它理解为"曾经"或"在那个时候",而这一成语的正确解释则是"表示时间没有多久(几何:多少)。~,阴谋就被揭穿了。"(《现代汉语规范词典》,外语教学与研究出版社、语文出版社,2004年版)人们习惯于这样使用,只是一种不负责任的盲从,并不等于这种用法就是正确的。时至今日,还没有哪一种辞书收录"七月流火"这一成语,更没有哪一家文字研究部门或一种辞书认定"七月流火"是表示天气酷热的意思,而它的"天气转凉"的意义是有据可查、不容置疑的。因此,在使用"七月流火"这一成语时,一定要慎之又慎,绝不可鹦鹉学舌,人云亦云。

为"加官晋爵"正名

近来翻阅大量高考资料,发现这些资料的编著者都在字形部分不约而同地关注到一个成语——"加官晋爵"。然而,他们又不约而同地把"加官进爵"中的"进"误写作"晋",并强调"进"为错别字,因为"加官进爵"这一成语是加官晋级之意。

毋庸置疑,这样的理解是不科学的,有望文生义、主观臆测之嫌。汉语成语来源复杂,博大精深。要准确理解它们的含义,就必须以求实的态度追根溯源,科学全面地把握理解。不能主观轻率,也不能人云亦云,以讹传讹。其实,"加官进爵"中的"进"并非错别字,这一成语也作"加官进禄"、"加官进位"。如《红楼梦》第五十三回:"新春大喜大福,荣贵平安,加官进禄,万事如意。"目前最新权威辞书《现代汉语规范词典》(李行健主编,外语教学与研究出版社、语文出版社出版)就此专门列出词条:"【加官进爵】指升官晋级(爵:爵位)。"这里的"进"为"到朝廷"之义,进而引申为"出来做官"。(《古汉语常用字典》,商务印书馆第4版)《新华成语词典》(商务印书馆2002年版)第334页也收录了"加官进爵"这一成语,并无"加官晋爵"一说。

据查证,《金史·章宗元妃李氏传》有曰:"(凤凰)向里飞则加官进禄。"明代周楫《西湖二集·巧书生金銮失对》一文记载:"征聘吴与弼进京,加官进爵,将隆以伊傅之礼。"这里的"进"就是指到朝廷,引申为出来做官,即"封侯",并非"晋升"之意。《荀子·大略》曰:"君子进则能益上之誉而损下之忧。"意思是,道德高尚的人做了官就能够增加在上者的好名声,减少在下者的忧患。这里的"进"与"加官进爵"的"进"恰是同义词。在现实生活中,"加官进爵"的正确使用范例并不少见,现摘录数例如下,以正视听:①高阳《玉座珠帘》下册中的"恭王因为皇帝的告诫,记忆犹新,在这些加官进爵事上,要避把持的嫌疑";②"李显不但让活着的武家人加官进爵,对武家死去的祖宗也非常尊重。"("百家讲坛"武则天之三十

——白发余威);③"并且'加官'二字也甚吉利,把他做个话头,即或不甚发笑,就算加官进爵之兆,也未尝不妙。"(《镜花缘》第八十三回)④明·邵璨《香囊记·褒封》:"荫子封妻世应稀,加官进爵人争羡。"⑤王火《战争和人》(一)卷七:"不禁又想:加官进爵,对于我来说,会怎么样呢?我无派无系,上无扎实的后台,下无一群吹鼓手,中央那些人,好像将我忘掉了!"

　　成语是固定短语,更换其中的某个字,或许不会太大影响到成语的含义,但这种做法是极不严谨的。如"语无伦次"不能写作"言无伦次","甘拜下风"不能写成"甘败下风","计日程功"不能写作"计日成功","共商国是"不能写作"共商国事","委曲求全"不能写作"委屈求全","察言观色"不能写成"察颜观色",等等。因为"加官进爵"这一成语在长期流传使用过程中逐渐演变为升官晋级之意,而大多数辞书对这一成语并未明确列出词条,不少资料甚至还有误导之嫌,致使人们莫衷一是,因此,不少人就凭主观臆测,误以"进"为"晋",取"晋级"之意。这种望文生义的做法是极不严谨、不规范的。

"登堂入室"探微

近日拜读《电脑的幽默》一文,散文借电脑打字出现的差错,辛辣幽默地讽刺、抨击了社会上的种种不正之风,读来在令人哑然失笑之余,则给人以更多的启迪,可谓入木三分,是一篇发人深省的好文章。遗憾的是,作者却望文生义,将成语"登堂入室"误用了。文中写道:"的确,如今'偷窃'是越来越'从容'了,小盗'从容'地登堂入室,大盗'从容'地攫取人民血汗。"

在生活中,"登堂入室"的误用数见不鲜,令人担忧。人们大多把这一成语理解为"进入"。请看以下几例:

(1)《网络语言"嬉皮笑脸"泸立法禁其"登堂入室"》(新华网)

(2)夏承宇大大方方地登堂入室,还东张西望地四处打量着。(《向特勤组挑战》)

(3)想到牟那相貌平平的妻子,她妒火中烧,想取而代之,登堂入室,名正言顺。(《一个苦涩的秋天》)

按《辞海》的解释,"登堂入室"也叫"升堂入室",是指人的学问和技能方面有高深的造诣。《辞海》还引用了《三国志·魏志·管宁传》里的一句话加以例举:"游学六艺,升堂入室,究其困奥。"李行健先生主编的最新权威辞书《现代汉语规范词典》(外语教学与研究出版社　语文出版社)对"登堂入室"的注解是:"登上厅堂,进入内室。比喻学识或技艺逐渐达到了相当高的水平。"

那么,学识、技艺的高低究竟与堂、室有什么关系呢?

据考证,"堂",即为"名堂",是古代天子宣明政教的地方。凡朝会、祭祀、庆赏、选士、养老、教学等大典,均在其中进行。汉代建筑遗址发现的"名堂辟雍",就是中国古代最高等级的皇家礼制建筑之一。"辟雍"是名堂外面的环形或圆形水沟,环水为"雍"(意为圆满无缺),圆形像"辟"("辟"即"璧",皇帝专用的玉制礼器),象征王道教化圆满不绝。

后来,"名堂"逐渐演变为一般民宅建筑位居中央祭祀祖先的场所。如果按四合院结构,进入大门就是天井,天井后面的大厅,就是"名堂";大厅之后,才是内室。由"名堂"到内室,犹入要所重地,非亲近贤能不可至。《论语·先进》载:"子曰:由也升堂矣,未入于室也。"意思是说,子路鼓瑟的成就已经进入了厅堂,不过还没有进入内室。孔子这句对弟子技艺的评论,当是"登堂入室"一语最早的来源。其后《汉书·艺文志》记载:"如孔氏之门人用赋也,则贾谊登堂,相如入室也。"此乃汉书对于两人用赋水平高低的评价,其优劣评判之意,一目了然。到了宋代,吴炯在《五总志》里有曰:"如徐师川、余荀龙、洪玉父昆弟、欧阳元老,皆黄门登堂入室者,实自足以名家。"至此,"登堂入室"的结构已固定下来,并借指人们学问技艺达到很高的水平,就显而易见了。

"难兄难弟"是两个成语

"难兄难弟"是个非常有趣的成语。根据读音不同,它一分为二,成为意义完全不同的两个成语。

当成语中的"难"字读阳平调(nán)时,意为不容易做到;困难(跟"易"相对),如:困难、难关、难点等。成语的意思是指兄弟俩一样好,难以分出高低。此意语出南朝·宋·刘义庆《世说新语·德行》篇,文载:陈寔曾说他的两个儿子"元方难为兄,季方难为弟"。意思是元方好得难跟弟弟分高下,季方好得难跟哥哥分高下。今多反其意而用之,指兄弟俩或两个人同样低劣。例如:他们两个成天打打闹闹,偷鸡摸狗,真是一对难兄难弟。

当成语中的"难"字读去声调(nàn)时,意为遭到重大不幸;灾祸。如:大难临头、难民等。语见元·张可久《折桂令·湖上饮别》曲:"难兄难弟俱白发相逢异乡,无风无雨未黄花不似重阳。"这时成语的意思是指共过患难的朋友,或处于同样困境的人。例如:经过这次事故,咱们这些难兄难弟该是大难不死,必有后福吧。